現代調停論

日米ADRの理念と現実

入江秀晃──［著］

東京大学出版会

Modern Mediation:
A Comparative Study of Japan and the U. S.
Hideaki IRIE
University of Tokyo Press, 2013
ISBN 978-4-13-036144-6

目　次

略語一覧

序論　調停をいかに捉えるか……1
第1節　本書のねらい……1
1. 日米比較の視点　1
2. 民間調停　4
3. 本書のアプローチ　5

第2節　調停機関の機能ステージ……6
第3節　本書の構成……11
第4節　用語について……14
1. 裁判外紛争解決手続　15
2. 手続主宰者による分類　15
3. ADR法　16
4. 調停　16
5. mediation　17
6. 民間調停　19
7. 自主交渉援助型調停　19

第1部　米国の調停に関する歴史制度的分析

第1章　日本にとっての米国調停の意義……22
1. 問題の所在　22
2. 米国の調停の理解のために　23

3. 日米対比の歴史的概観　24
　　　4. まとめと展望　30

第2章　制度及び件数の面での考察　33
　　1. 米国調停の現況　33
　　2. 量的発展の経緯　39
　　3. 調停の量的発展の再検討　43

第3章　調停政策の位置づけ　45
　　1. 米国調停の質の議論の発展　45
　　2. 質的発展の経緯　45
　　3. 3つの見方　51

第4章　機関運営　52
第1節　コミュニティ調停の現在　52
　　1. はじめに　52
　　2. コミュニティ調停の現状と課題　55
　　3. フロリダにおける事例研究　58
　　4. 小括　64

第2節　コミュニティ調停機関運営の方法論　65
　　1. はじめに　65
　　2. NAFCM・コミュニティ調停プログラム運営マニュアル　66
　　3. 日本の調停実務から見た『NAFCMセンター運営マニュアル』　73

第5章　手続進行　75
第1節　自主交渉援助型調停　75
　　1. はじめに　75
　　2. 専門家像の転換　75
　　3. 課題（イシュー）の設定　80
　　4. 選択肢の開発　84
　　5. まとめ　86

第2節　自主交渉援助型調停と「情報を得た同意」……………… 87
　1. 問題の所在　87
　2. ブッシュによる倫理的ジレンマの研究　89
　3. モフィットとヘニコフによるジレンマ評価アプローチ　98
　4. ヘニコフとカーツバーグの法情報と扱い方に関する研究　104
　5. 理解に基づく調停モデル　107
　6. 小括――米国調停実務における「情報を得た同意」をめぐる
　　議論の進展　109

第3節　米国調停研究から日本の調停研究へ ……………………… 110

第2部　日本の調停に関する歴史制度的分析

第6章　制度及び件数の面での考察……………………………… 114

第1節　戦後調停制度の沿革と件数の面での考察 ………………… 114
　1. はじめに　114
　2. 終戦から60年代までの調停関連制度　114
　3. 70年代及び80年代の調停関連制度　115
　4. 90年代から司法制度改革期（2004年）までの調停関連制度　118
　5. 司法制度改革期（2004年）以降の調停制度　121
　6. 小括　122

第2節　ADR法制定に関わる諸問題 ………………………………… 123
　1. はじめに　123
　2. なぜADR法が必要とされたか　123
　3. ADR法の成立　127
　4. ADR法への評価と批判　131
　5. 弁護士関与をめぐる議論　133
　6. 業際問題としてのADR法　136

第3節　司法調停と民間調停の比較 ………………………………… 137
　1. はじめに　137
　2.「早い・安い・うまい」への疑問　138
　3. 司法調停と民間調停，それぞれの長所と短所　144

4. 小括　148

第7章　戦前の調停論再評価の可能性 ……………………………149

第1節　戦前期調停論の重要性 ………………………………149

第2節　穂積重遠の調停観と大正期の調停 ……………………150

1. はじめに　150
2. 人物とその時代　151
3. 「裁判所の簡易化」構想　153
4. 調停実務家としての穂積　160
5. 現代調停から見た穂積の構想と大正期の調停への評価　163

第3節　牧野英一の非常時立法論と戦中期の調停 ……………163

1. はじめに　163
2. 牧野英一の非常時立法論における調停の位置づけ　164
3. 伝統の軟化がもたらしたもの　170
4. 戦後の調停制度継承　173
5. まとめ　174

第4節　戦後の調停実務に見る戦前の調停観の影響 ……………174

1. はじめに　174
2. 戦前・戦中期の調停制度への反省　176
3. 戦後調停の硬直化と改革　179
4. 家裁調停における穂積の遺産　182
5. 川島から原後へ　186
6. まとめ　188

第5節　日本における米国現代調停の受容の経緯 ……………189

第8章　機関運営 ……………………………………………192

第1節　日本の民間調停機関のケーススタディ ………………192

1. はじめに　192
2. 弁護士会紛争解決センター　193
3. 司法書士会調停センター　199

4. 市民団体　201
　　5. 小括　203
　第2節　民間調停機関のコスト構造の分析 …………………………… 204
　　1. 問題の所在　204
　　2. 分析結果の概要　205
　　3. 弁護士会仲裁センターの活動と費用構造　206
　　4. 米国における成功報酬料金についての議論　213
　　5. 小括　214

第9章　事例に見る民間調停活動の課題と成果 …………… 216
　　1. 民間調停のメリットを事例で考える意味　216
　　2. 民間調停機関の機能ステージごとの課題と成果　219
　　3. 小括　247

第10章　利用者のニーズと評価 ………………………………… 251
　第1節　調停に関する既往の実証調査研究 …………………………… 251
　　1. はじめに　251
　　2. 一般市民に対する調停・ADRへの認知・意識の調査　252
　　3. 調停における当事者満足度調査　254
　　4. 訴訟利用者調査　258
　　5. 小括　259
　第2節　調停手続に対する期待の構造 ………………………………… 260
　　1. はじめに　260
　　2. 紛争解決サービスに対する期待の構造
　　　──アンケート調査の結果から　261
　　3. 小括　266
　第3節　調停手続の満足・不満足の構造──岡山仲裁センターの
　　　　　利用者アンケートデータ分析 ……………………………… 269
　　1. はじめに　269
　　2. 方法　270
　　3. 分析結果　271

4. 結果の考察　283

第11章　民間調停の促進に向けて　286

第1節　市民にとっての民間調停　287
1. 定まっていない民間調停の位置づけ　287
2. 市民にとっての存在価値の可能性　288
3. 育て，検証することの必要性　291

第2節　裁判所との関係　292
1. 米国とは異なる存在意義に関する説明　292
2. 具体的効果を生む機能　293
3. 継続的な議論の必要性　295

第3節　行政機関との関係　296
1. 行政機関が果たすべき役割について　296
2. 行政機関が関与するADRの共通的課題　297
3. 検討すべき事項　300

第4節　弁護士会との関係　301
1. 弁護士法72条と民間調停の問題　301
2. 通信産業の規制緩和に学ぶ競争政策のあり方　302
3. 競争促進政策として弁護士法規制緩和を行うための選択肢　303
4. 弁護士の能力を生かすために　304

結論　希望としての調停　307
1. 楽観的な見通し　307
2. 社会における必要性　307
3. 担い手に関する希望　309
4. 調停の展望　310
5. 学びの過程にあること　310

引用文献　313
あとがき　327
人名索引　331
事項索引　333

略語一覧

AAA	American Arbitration Association	米国仲裁人協会
ABA	American Bar Association	米国弁護士会
ACR	Association of Conflict Resolution	紛争解決協会
ADA	Americans with Disabilities Act of 1990, ADA Amendments Act of 2008　米国障害者法	
ADR	Alternative Dispute Resolution	裁判外紛争解決手続
CDS	Citizen Dispute Settlement (Florida)	市民紛争和解
CJRA	Civil Justice Reform Act of 1990	民事司法改革法
DRPA	Dispute Resolution Programs Act of 1986 (California State)　カリフォルニア州紛争解決プログラム法	
NAFCM	National Association for Community Mediation　米国コミュニティ調停協会	
NIDR	National Institute for Dispute Resolution	米国紛争解決研究所
NJC	Neighborhood Justice Center	隣人調停センター
SPIDR	Society for Professionals in Dispute Resolution	紛争解決専門家協会
UMA	Uniform Mediation Act of 2001	統一調停法

序論　調停をいかに捉えるか

第1節　本書のねらい

1. 日米比較の視点

　調停は，当事者間の話し合いを調停人が支援して，双方が納得した合意のもと，解決を見つけ出す手続である[1]．たとえば，夫婦が離婚するにあたっては，財産の分割や養育費などの金銭関係の論点と共に，子供の親権，親権を持たない親と子供の面会交流などについて話し合わなければならないだろう．あるいは，まだ完成していない建設工事に関する下請け関係のトラブルであれば，金銭関係の整理と共に，残りの工事を誰がどのように進めていくかという論点でも話し合わなければならないだろう．金銭に代表される権利義務関係の確定にとどまらず，当事者ニーズに即して当事者間のさまざまな調整事を1つ1つ確定していける調停手続は，効果的かつ効率的であるとして，日本で古くから使われ，米国でもこの40年ほどの間に急速に発展してきた．

　本書は，日本の民間機関が行う調停について，米国の調停との比較を手がかりに研究したものである．しかし，単に米国の調停を理想化して，日本に適用すべきという考え方はとらない．そうではなく，米国と日本それぞれの調停の実務実践の文脈・状況をできるだけ正確に認識し，しかる上で日本の状況を改善する方策を探ろうとするものである．まず本節では，本書が何をねらいとし，何をねらいとしていないか，3点に絞って説明したい．

---

[1]　調停についての用語は，改めて序論4節で整理する．

第一に，国民性が違う点を理由に，米国の調停実務は参考にならないとするステレオタイプ化した理解に異を唱える．筆者は，日本の調停実務は，米国の調停から学びうると考える．それは，当事者に満足を与えうる紛争解決システムとしての成熟が認められるからである．しかし，こうした見方への反対意見もある．つまり，米国で標準的とされる，当事者の自己決定を支援し当事者間の交渉を促進するという調停スタイル[2]についての異論がある．国民性が違うので，日本の当事者は自己決定することや交渉することを期待していない，当事者はオカミに任せたいのだから，調停人がその期待に応えてあげて何が悪いのだという疑問である．あるいは，米国では人々が論理的に議論する習慣があるが，日本人は感情に流されてもめている当事者同士で話ができない——同席調停は無理——という考えもある．これらは，しばしば提示される疑問である．日本の調停実務は，米国のそれから学びえないとする立場の前提には，このような見方があることが多い．筆者は，こうした議論の前提には，きわめて疑わしい思い込みがあると考えている．米国にも権威主義者はいるし，日本でも自分のことは自分で決めたいと考える当事者もいる．米国でも調停の話し合いでは紛争当事者が感情的になるし，日本の当事者も論理的に話せない者ばかりではない．端的には，同席の交渉促進型の調停が日本でも実績を上げ始めているというデータがある[3]．さらに，日本の過去の学術的議論においても，交渉支援としての調停観は有力なものとして存在していたという経緯もある[4]．筆者は，国民性よりむしろ制度的な制約，あるいは，制度の背後にある「考え方」が歴史的な制約を受けているのではないかという観点で探求を行う．

第二に，米国の調停を調停人の技法（テクニック）として短絡的に理解する見方に異を唱える．筆者は，調停実務家個人に完結する技法としてではなく，制度との相互作用を含む運動として捉える視角が不可欠であると考える．そのため調停運動が，総体として現実に果たしている機能がどのように発展・変化してきたかを理解しようとする……これが，本書の基本的モチーフである．

---

[2] 米国で標準的とされる調停モデルについては，5章「手続進行」を参照．
[3] 機関レベルでのケーススタディは8章「機関運営」を参照．調停事例については9章「事例に見る民間調停活動の課題と成果」を参照．利用者アンケートデータについては10章「利用者のニーズと評価」を参照．
[4] 7章2節「穂積重遠の調停観と大正期の調停」参照．

より直截的に言えば，米国の調停をコミュニケーションスキルとして矮小化する理解では不充分であると考える．たとえば，米国で標準的とされる交渉促進型の調停スタイルを日本に導入するにあたって，しばしば問われるのは，調停人が法情報を伝えるべきか否かというものである．これに対する筆者の端的な答えは，「調停人が法情報を伝えるあり方は許容できる．ただし，交渉促進と法情報提供の役割混同を避けることは一般に考えられているほど容易ではなく，可能なら避けることが望ましいし，完全に避けることは難しいとしてもその活動を制限する工夫がなされるべきである．その工夫の1つが調停人養成トレーニングであるし，また別の1つは機関内の調停者とは別の担当者による法情報提供である」というものである[5]．筆者がここで問題としたいのは，この問い自身ではない．問いたいのは，なぜ調停実務の改善に着手されることなく，このような問いがいつまでも問われ続けるのか，である．調停に関する議論が，調停実務家個人に完結する技法としての段階にとどまり，社会の中でその活動総体が果たしている機能を見ようとしていないために，たとえ善意に基づく議論であっても，空虚で無益な段階にとどまっていると考えるのである．問われているのは，調停人のテクニックの華麗さではなく，調停運動の有効性と妥当性だと考え，その視角のもとに探求を行う．

第三に，本書は，調停によって裁判を代替できるという議論を展開するねらいを持っていない．そうではなく，調停と裁判は，果たしている機能が異なっていることを明らかにするというねらいを持っている．調停制度には危険性がある．二流の裁判手続として，国家にとって安上がりな，国民にとって押しつけられた手続となりうる．わが国では，戦時中にまさにそのようなものとして調停制度が拡大したという歴史がある[6]．戦後の調停制度に対する警戒が，その後，主として好意的な見方に変わったとしても[7]，調停制度が持つ危険については軽視すべきではない．調停制度を有効なものとして推進しようとする者であるなら，むしろその危険性を正しく認識し，裁判制度と併存し，広い意味での司法の信頼獲得に資する調停制度のあり方を探る姿勢が重要と思われる．

---

[5] この問題は，5章2節「自主交渉援助型調停と〈情報を得た同意〉」で議論する．
[6] 7章3節「牧野英一の非常時立法論と戦中期の調停」を参照．
[7] 戦後の調停観の変遷については，7章4節「戦後の調停実務に見る戦前の調停観の影響」を参照．

安易に裁判を模倣する態度にも，単に司法からの逃避をはかる態度にも，調停の健全な発展はない．だとしたら，いかなる発展のあり方があるのか．本書では，そのあり方を現実に即して詳しく見ていこうとする．

2. 民間調停

本書が研究の対象として取り上げるのは，日本の民間調停[8]である．裁判所が行う調停（司法調停）に比べ，日本で登場したのは比較的新しい．本書が取り上げるのは，その新しさゆえである．新しいからこそ，未熟さと可能性が併存しているからである．政府の主導によらない民間調停の登場は1990年の第二東京弁護士会仲裁センター設立を待たねばならない．そして，国の政策として，民間調停を促進すると位置づけられたのが2004年に成立したADR法[9]であった．

ADR法は，2001（平成13）年6月12日の司法制度改革審議会意見書（司法制度改革審議会 2001）（以下，意見書）を受けて，ADR検討会[10]を経て制定された．意見書では，「現状においては，一部の機関を除いて，必ずしも十分に機能しているとは言えない」という現状認識の元に，「ADRが，国民にとって裁判と並ぶ魅力的な選択肢となるよう，その拡充，活性化を図るべきである」と考えられ（司法制度改革審議会 2001：p.35），その拡充・活性化策としてADR法が制定された．

ADR法施行3年あまりが経過した2010年8月8日の時点では，認証機関は72である[11]．認証機関である事業再生実務家協会の扱う大規模な破綻処理

---

[8] ここで，民間調停は，民間型裁判外紛争解決手続としての「和解の仲介」活動の総体を指す．主な用語の整理は，序論4節「用語について」で整理する．

[9] 裁判外紛争解決手続の利用の促進に関する法律，2004年法律第151号．2004年11月19日に国会にて成立．2004年12月1日公布．2007年4月1日施行．ADR促進法，裁判外紛争解決法とも呼ばれる．

[10] 内閣府司法制度改革本部に設置された．座長は，青山善充（明治大学法科大学院教授）．2002年2月5日の第1回会合より2004年11月8日の第38回会合まで開催された．司法制度改革本部に設置された会議のうち，最も会議数が多く，司法制度改革推進本部解散（2004年11月30日）直前まで開催されたものとなった．座長レポートでは，「当初の予想を超えて難航した」旨が示されている．会議の議事録，座長レポートはインターネット上で公開されている．http://www.kantei.go.jp/jp/singi/sihou/kentoukai/03ADR.html 2010年3月29日アクセス．http://www.kantei.go.jp/jp/singi/sihou/kouhyou/041206ADR.html 2010年3月29日アクセス．

[11] 法務省かいけつサポートWebサイト参照．72機関のうち，日本証券業協会（証券あっせん・

を扱う事業再生ADRはしばしば報道されている．また，別の認証機関としては，下請法関連の（財）全国中小企業取引振興協会及び（財）東京都中小企業振興公社のように分野特化の新しいADR機関の運営も始まっている．このように，さまざまな取り組みがADR法制定をきっかけに，ADRの動きとして束ねられたという効果があるのは確かである．

しかし，件数増加の意味での活性化がなされたとは言い難い．認証機関の申立受理件数に関しては，法務省大臣官房司法制部部長である深山卓也が，データを整理し，2008年度における認証機関全体の申立受理件数を721件と報告している（深山 2010）．認証機関の申立受理件数の内訳を見ると，その多くは弁護士会等の既存機関に限られており，認証制度によって件数が増加したという明確な証拠にはなっていない．

ADR法の成立に向けた議論では，その前提として，「(1) 国民のADRに対する認知・理解の不足，(2) ADRに関する情報の不足によって利用に不安や躊躇がある，(3) 制度上の制約（利用のインセンティブに欠ける）——具体的には，時効中断効がないこと，弁護士法上の制約があること」——の3点が取り上げられる（内堀 2005：p. 92）．確かにこうした不足や制約が存在することは事実であるが，本当にこれらだけが制約要因であろうか．

3．本書のアプローチ

結論から言えば，ADR法は，民間調停の促進のための環境整備として不充分であった[12]．筆者の理解では，ADR法は，民間調停の位置づけに失敗した立法である．ただし，立法に関与した司法制度改革推進本部に設置されたADR検討会の委員や立法担当者だけの責任とも言い切れない．現実に調停が果たしている役割の延長線上で，あるべき姿を位置づけられなかったのは，総体としての日本の調停関係者全体（実務家，研究者双方を含む）の力不足とさ

相談センター）は廃止され，特定非営利活動法人証券・金融商品あっせん相談センターに引き継がれた．また，大阪弁護士会民事紛争処理センターの業務は，公益社団法人総合紛争解決センターに引き継がれている．したがって，72機関には，業務が終了している2機関も内数に含んでいる．http://www.moj.go.jp/KANBOU/ADR/jigyousya/ninsyou-index.html 2010年8月8日アクセス．

12) 6章2節「ADR法制定に関わる諸問題」を参照．

え言えるのかもしれない．

　しかし，わが国の民間調停の実際についてもう少し子細に見れば，萌芽的かもしれないが，確かな歩みを始めている動きも観察できる．あまり恵まれているとは言えない土壌の中で，芽を出し始めたいくつかの動きを，適切に育てる方向の政策に切り替えれば，今からでも社会にとって有用な民間調停促進策を現実化させることが可能ではないか．

　本書の基本的主張は，調停を技法としてでなく，運動として捉え直すべきということである．そして，民間調停促進策は，良き調停運動のための環境整備としてなすべきである．先行的取り組みとして米国の発展史が参考になる．調停運動を理解するには，その働き＝機能を記述しなければならない．

　本書では，このような発想の下に，日米の調停理念，調停実務，当事者からの評価についての現実の姿を探索する．

　まず，日米各国において調停理念に対する議論はどのようなものであったかを見なければならない．そこで，現在どのような見方が存在するかというだけでなく，歴史的にどのような変遷をたどってきたかを詳しく見ていく．

　一方，実態に関してはさらに多角的な視点が必要になる．第一に，制度からくる制約と，制度による支援の仕組みと量（件数）に関する分析，第二に，調停の実務実態の分析（調停機関運営や調停手続の事例の分析），第三に，利用者から見た調停手続へのニーズの分析である．

　それぞれの研究手法も再度あとで触れるが，まずは次節で，調停を機能として捉える方法についての展望を示す．

第2節　調停機関の機能ステージ

　わが国の調停・和解実務における支配的な考え方の特色は，山本克己によれば，「実体志向的な関係論的アプローチとパターナリズムが密接不可分に結びついている」（山本 1998：p. 65）ところにある．平たい言葉で言い直せば，弱者側にも強者側にも「関係」を重視させ，妥協するように説得する考え方が支配的であるということであろう．この結果（妥協による解決）への関心の強さは，手続過程（プロセス）への関心の低さへの裏返しでもある．

わが国で調停制度を論じるにあたっては，一般に，法と規則，あるいは実績そのものが扱われることが多い．裁判は，その手続規律が法として表現されているため，法を論じることで手続を検討することができる．調停でも法及び規則は，なるほど，その手続を規律するものではあるが，調停の生命が柔軟性にあると言われるとおり，法及び規則だけを見ていてもその手続が浮かび上がってこない．戦前の小作調停法等の立案に関与した司法官僚長島毅の言葉を引用するならば，「調停法の手続には空隙と云うより寧ろ空間が沢山ある．……この空間を捉えて立法の不備であると速諒(ママ)するならばそれは訴訟法的頭脳の誤解である」（長島 1924：p. 4）．

本書では，その空間を考えるアプローチとして，手続過程（プロセス）そのものに注目した視点を採用する．わが国で，プロセス志向の調停論は，和田仁孝『民事紛争処理論』（和田 1994：p. 143）によって提唱された．和田は，結論（アウトプット）に着目するだけでは，調停の価値は正しく位置づけられないとし，当事者間の対話プロセスの価値を位置づけるべきとするものであった．調停では，裁判とどう結論が変わるのか，裁判の結論からどの程度までなら乖離が許容されるのかという，現在なお続いている法曹実務家と伝統的法学者の関心の持ち方そのものを問うインパクトのある議論を展開した．和田は近年，プロセス志向の調停論をさらに展開し，法情報提供や事実認定の活動を，「当事者の対話促進」のためにどのように組み込むかという視点で議論している（和田 2007：p. 38）．単なるスキル論ではなく，プロセス内の機能論としての展開が注目される．

和田の『民事紛争処理論』は，当事者の対話によって納得した自己決定を目指すという米国における調停スキルを学ぶ必要性に対する認識も呼び起こした．しかし，ある意味これが行き過ぎ，和田の意図は別として，『民事紛争処理論』で提案されたプロセス調停の考え方は，調停スキルの議論に矮小化された嫌いがある．基本的には，受容した側の関心が調停スキルのみに集まったためではあるが，この時点の和田の議論の中には，調停プロセスにおいて，具体的にどのような機能が存在するかという展開がなかった点も影響したものと思われる．

民間調停機関の機能の内実を具体的に検討しようという試みは，和田の『民

事紛争処理論』より前の棚瀬孝雄の研究『紛争と裁判の法社会学』(棚瀬 1992)に見られる．棚瀬は，裁判外紛争解決機関による合意形成努力の3つの側面として，仲介，判断，強制があるとした(棚瀬 1992 : p. 217). さらに，棚瀬は，仲介から合意へ至る3つの機能として，①チャンネル機能，②客観化，③威圧感(誠実応答義務)を挙げた．また，判断から合意へ至らせるための4つの資源として，①常識，②法規範，③事実関係，④当事者意思(潜在的合意)を挙げた．強制から合意へ至らせるための資源として，①直接コントロールできる資源(具体的には，裁判による支持の可能性によるプレッシャー)，②間接コントロールできる資源(例：行政庁に権威を借りた紛争解決機関)，③社会そのものに内在するプレッシャーの動員を挙げた．紛争解決プロセス内部の機能に着目し，現実の紛争解決にとって，何が役に立ちうるかを分析する視座を与える棚瀬の議論は注目に値する．結論に直接関係する判断と強制に加えて，チャンネル機能などの仲介機能を含めて提示している点が特に，本書との関係では重要である．

しかし残念ながら，このような，現実的に果たしている機能に着目しその内容を具体的に検討しようという姿勢は，わが国の調停に関する議論において意外なほど少ない．上述の和田の議論，及び最近年の棚瀬自身の再議論を除いては，その後の発展が見られなかったようである．

棚瀬の『紛争と裁判の法社会学』で提唱されている機能観を参照しつつ，手続段階ごとに果たしている機能ステージを設定し，分析を加える視点で検討することが有効と思われる．棚瀬のここでの分析は，合意形成へ至る詳細な機能分析の1つのフレームワークを示している．しかし，調停機関が提供する機能は合意形成が中心ではあるものの，それだけではない．たとえば，そもそも当事者の期待が当該機関の提供する機能に合っているかどうかをすり合わせする活動なども含まれる．また，調停機関が当事者ではなく，社会に向かって信頼を獲得するためのアウトリーチ活動も重要である．近年，棚瀬は，裁判外紛争解決手続が「機能的ニッチ」を果たしうるかどうかによって，その存在を定着させるかどうかが決まるという議論を展開しており(棚瀬 2009), その議論の発展，ないし，議論に基づく実践の展開[13]が期待される．

ここで，筆者は，本研究で用いる機能ステージモデルを提案したい．この機

能ステージは，臨床心理学者の下山晴彦（東京大学教育学部教授）の議論にヒントを得たものである．調停と臨床心理は異なるが，臨床実践場面だけに限定せず，社会との関係性の中で役割を見直していくという視点が参考になる．下山は，アセスメント，コミュニケーション，システムオーガニゼーションの3つの機能が臨床心理の活動の総体として存在すると述べた[14]．アセスメントとは，すぐにカウンセリングを行うのか，もっと別の専門家と連携するのがよいのか，あるいは別の手続を先行させてカウンセリングを行うべきなのかといった見立ての活動である．コミュニケーションとは，カウンセリングという臨床活動の実践そのものを指す．システムオーガニゼーションとは，臨床の場そのものの社会的位置を整えるために，さまざまな関係機関との協働関係を構築するといった社会的次元の活動をいう．下山の問題関心は，カウンセラーとクライアントの面接の場面（コミュニケーション）に限定されていた臨床心理家及び学者の意識を，現実に臨床心理家が行っている活動総体に広げ，それぞれの

---

[13] 棚瀬は，裁判所の家事調停において，面接交流の課題解決が不充分であるとして，共同親権の法制化と共に，面接交流に特化した裁判外紛争解決手続の取り組みの必要性を強調し，「子ども志向調停」を提唱している．その中では，受付面談（受任相談）における事件の見立ての活動の重要性を強調している（2010 年 7 月 14 日　東京弁護士会夏期合同研究会報告「家事 ADR の可能性」）．

[14] 下山の定義は以下のとおり（下山 2003）．
　「〇コミュニケーション：コミュニケーションを通して事例の当事者，あるいは関係者との間に専門的な関係を形成し，それを媒介として実践活動を遂行する次元である．この次元では，カウンセリングや心理療法によって個人に関わる際の個人間コミュニケーション，家族などの集団システムに介入するためのシステム論的コミュニケーション，コンサルテーション等によって社会環境の調整を行うための社会的コミュニケーションなどの技能が必要となる．
　〇ケースマネジメント：アセスメントによって事例の状況を的確に把握し，それに基づいて介入の方針や方法を定め（ケースフォーミュレーション），実際に事例に介入し，さらにその結果を受けてより適切な介入の方針や方法を修正して，適切に実践活動を運営していく次元である．ここでは，いわゆる見立ての形成が活動の中心となる．見立ての形成にあたっては，生物―心理―社会の統合モデルに基づき，臨床心理学の各理論モデルに加えて他の専門領域なども参照にして事例のアセスメントを行い，介入していく．個人に介入する場合もあれば，他の専門家と連携してシステムやコミュニティに介入する場合もある．事例検討会やスーパーバイズなどを通じて，ケースマネジメントの技能を高めていくことが求められる．
　〇システムオーガニゼーション：社会システムの中で，臨床心理学の実践活動を社会活動として組織化していく次元である．個々の事例に対応するのではなく，予防活動として心理教育やソーシャルサポートネットワークの構成などを行うコミュニティ活動，他の専門機関や行政機関と協力して新たな援助システムを形成していく協働（コラボレーション）の活動，さまざまな実践活動を統合して臨床機関を運営する組織運営の活動などがある．ここでは，臨床的技能というよりも社会的技能が求められる」．

活動の意義づけや方法論の開発を意識的に行うべきと主張する点にある．この下山の問題関心は，調停においても同様に展開すべきと考えられる．つまり，アセスメント→期待の調整，コミュニケーション→対話の支援，システムオーガニゼーション→履行の支援（及び，アウトリーチなども含んださまざまな機関運営上の活動）と読み替えれば，調停においてもそれぞれの活動が必要と考えられるだろう．調停については，その解決内容が当事者意思の合致と共に，社会秩序と調和しているかという観点での確認が特に重要であるため，計画の調整（結論の創出）というステージも重要となる．

結局，調停の事件ごとに関する機能整理を検討すると，表序-1（調停機関の機能ステージ）のように，臨床実践レベルの4つのステージと，機関運営という合計5つの機能ステージのモデルが考えられる．臨床実践レベルの4つのステージには，期待の調整，対話の支援，計画の調整（結論の創出），履行の支援がある．

なお，ここで提案した機能ステージは，調停機関が現実に提供する機能の連鎖であり，紛争が当事者の内部でどのような変容をたどるかという社会学的議論としての段階論とは異なっている[15]．

このような見方で，調停機関の活動の総体を分析していけば，具体的に当事者にとって問題となっている事項や，調停機関として取り組みうる努力の方向性が明確になると考える．これまでの調停への議論は，「結論の創出」ステージにおいて，裁判から得られる乖離が許容されるか，許容されるとしたらどの程度かといった議論に収斂しがちであった．しかし，一連のプロセスで調停実

---

15) 紛争解決に関する段階論としては，フェルスティナー（Felstiner）らの論考が知られている．フェルスティナーらの段階論は，不可視的な経験が紛争として可視化されるにあたっての専門家・専門機関の影響を理論的に捉えようとするものである．本書の機能ステージモデルはもっと素朴な手続内容を段階的に示しているに過ぎない．フェルスティナーによれば，紛争が紛争として形をなすまでに，ネーミング（問題化），ブレーミング（帰責化），クレーミング（要求化）の段階をたどる．紛争が顕在化するまでには，社会学的に見れば，さまざまな変容をたどっている（Felstiner et al. 1980）．本書との関係で言えば，一般的には，すでに「要求化（クレーミング）」された訴えを聴き取り，必要な調整作業を行う過程が「期待の調整」ステージにあたる．たとえば，法律相談などを通じて，ネーミングやブレーミングの状態にあるものが，クレーミングされる過程を分析することも意義があると思われる．また，自主交渉援助型調停モデル（後述）では，クレーミングされていない気持ちなども含めて聴き取りをするが，こうした過程を通じて調停の内部でクレーミングされる事項も存在するであろう．本研究ではこれ以上の探求を行わなかった．

表序-1 調停機関の機能ステージ

調停機関の提供する機能		機能ステージの説明
事件ごとの活動	期待の調整	当事者の調停手続に対する期待と，調停機関の提供する手続メニューの調整を行う．一般には，申立の潜在ユーザーからの相談，申立受付と相手方への参加呼びかけ（応諾要請）などの業務が該当する．また，当該手続に向かない事案を持つ当事者に別の機関を紹介したり，調停を実施するにしても他の手続を先行させるべき場合に支援したりする活動も含まれる．
	対話の支援	両当事者のコミュニケーションを支援する機能である．両当事者が真に求めるもの（ニーズ）に配慮し，当事者間の事実認識の共通部分と相違部分を確認し，当事者間の気持ちの調整にも気を配りながら，対話を支援する．紛争は，しばしば，コミュニケーションの断絶によって起きるため，コミュニケーションの回復によって解決できる問題も多い．同席（対席）での対話支援と共に，別席（個別面接）による意思の媒介も含まれる．計画の調整と共に調停手続の本体を構成する．
	計画の調整（結論の創出）	両当事者が，当該紛争を含めて，これからどうしていくかを決めていくための調整作業である．結論（アウトカム）の創出であり，一般的に調停手続の出口にあたる．裁定型の調停手続であれ，執行力を付与した手続と組み合わせられた場合であれ，それを受け止めて今後どうするかを決めるのは当事者自身である．
	履行の支援	解決のために約束を守って実行する活動を支援する機能である．一般的には，この点は当事者自身に委ねられ，調停機関が支援する場合は少ない．しかし，調停期日内に現金が支払われる場合や家屋明け渡しに立ち会う方法もある．また，合意成立後に履行状況を確認する場合もある．
機関運営上の活動		個々の事件に関わる部分以外の，機関の内側のマネジメント，外の機関との関係のマネジメントの両面における活動全般を指す．内側のマネジメントには，財務管理，人的リソースの管理，その他の設備の管理がある．外の機関との関係のマネジメントには，信頼度・認知度向上のためのアウトリーチ活動などがある．個々の事件から得られた教訓を社会的に波及させる機能は，履行の支援機能とも境界領域にある．

務の総体を改めて見直すことで，議論可能性が開かれるのではないかと考えられる．

第3節 本書の構成

研究アプローチ

本節では，本書の全体構成に関しての説明を加える．

すで序論1節「本書のねらい」で記したように，①調停理念に関する分析，②制度からくる制約と，制度による支援の仕組みと量（件数）に関する分析，

③調停の実務実態の分析，④利用者から見た調停手続へのニーズの分析，という4つの側面からの研究をまとめる．③調停の実務実態の分析に対しては，序論2節「調停機関の機能ステージ」で見た枠組みを活用する．

主として採用するアプローチは，歴史制度的なものになる．つまり，大づかみに沿革的な進展を，定性的に分析する．ここでは文献の検討が主たる方法になるが，特に①と②についてはこうしたアプローチによって，議論の状況を整理する．

③の調停の実務の分析に関しては，フィールドワークによって入手した情報を中心にその実態に迫ろうとする．質的研究と呼ばれる手法を採用している．

④の利用者からのニーズについては，アンケートデータを使った量的分析を行う．

以上のように，全体としては，歴史制度的アプローチを中心に，質的実証研究・量的実証研究手法を組み合わせた折衷的アプローチと言える．この枠組みを使って，米国と日本の調停の実務を分析していく．

米国の民間調停の研究

本書の研究の主たるねらいは，日本における民間調停の実態の分析と政策のあり方を探ろうとするものであるが，米国の調停から得る示唆は大きいと考えている．つまり筆者は，米国の調停からわが国が学びうる点は多いが，にもかかわらず，これまでの米国調停の受容過程に課題があり，見落としてきた重要な側面があると考える．

①制度と量

まず，日米の概況比較によって，なぜ，あるいはどのように米国の調停を検討するかについての展望を示す（1章「日本にとっての米国調停の意義」）．

続いて，米国の調停がどの程度盛んなのか，そこに至った制度変更には何があったのかを検討する（2章「制度及び件数の面での考察」）．

②提供者の意図

また，米国では調停の理論もさまざまな形で発展してきた．調停政策の位置づけを，理論ないしイデオロギーの変遷として整理し，これが調停実務にどの

ような影響を与えたのかを検討する（3章「調停政策の位置づけ」）．

その後に，機関運営の方法論及び機関運営のケーススタディ研究を紹介する（4章「機関運営」）．ここでは，特に，コミュニティ調停に焦点をあてるが，米国における現代調停の原点がコミュニティ調停にあると考えるためである．

③調停の実務実態

米国調停論の最後に，調停の手続進行に関して，自主交渉援助型調停を取り上げる．自主交渉援助型調停をめぐっては，序論1節「本書のねらい」でも述べたように，わが国でさまざまな議論が錯綜している．自主交渉援助型調停とはどのようなものかについて，調停トレーニング教材の分析から扱い（5章1節「自主交渉援助型調停」），その上で，自己決定を重視する自主交渉援助型調停において，公正さ確保のための〈情報を得た同意〉の問題をどのように扱っているかを検討する（5章2節「自主交渉援助型調停と〈情報を得た同意〉」）．

わが国の民間調停の研究

第2部における，わが国の民間調停の研究に関しても，制度，提供者，利用者との関係で見ていく．実務については前節の機能ステージの枠組みを使って事例研究を行う．その上で政策研究に移るという構成をとっている．

①制度と量

米国と同様に，わが国の民間調停の研究においても，はじめに制度及び件数の面の考察によって沿革を整理する（6章「制度及び件数の面での考察」）．

②提供者の意図

続いて，調停の位置づけに関する理論的検討を行う．本書の1つの特徴は，この検討を大正期に遡る点にある．戦前の調停論は，民間調停ではなく司法調停を対象とするが，調停の政策的位置づけを決定づける「考え方」には大きな影響をいまなお与え続けている．具体的には，穂積重遠と牧野英一という2人の調停に関するイデオローグの思想的相違を軸に，わが国の調停観の変遷を検討し，その今日的意義を探る（7章「戦前の調停論再評価の可能性」）．

③調停の実務実態

わが国の調停の実務に関しては，筆者が行ったフィールドワークの成果を8

章と9章にまとめている．弁護士会，司法書士会，市民団体の調停機関をケーススタディとして取りまとめ，その概況を見る（8章1節「日本の民間調停機関のケーススタディ」）．また，弁護士会の実際の料金体系などの実データを使ってコスト構造を分析する（8章2節「民間調停機関のコスト構造の分析」）．特に財政面で見た厳しい運営実態を浮かび上がらせられよう．また，個別の事例に関して，前述の機能ステージ別に見た実証研究結果をまとめる（9章「事例に見る民間調停活動の課題と成果」）．さまざまな制約からくる現実的な課題を具体的に見た後，にもかかわらず，当事者にとっても社会にとっても確かに価値をもたらしている活動が存在する点を分析する．これらの議論が現状を包括し尽くせているわけではないが，実証的な価値と課題を具体的に明らかにした上での議論が有用と考えるからである．

④利用者ニーズ

利用者側から見て，どんなニーズが存在するのか（10章2節「調停手続に対する期待の構造」），実際に利用した者はどのような評価を加えているのか（10章3節「調停手続の満足・不満足の構造——岡山仲裁センターの利用者アンケートデータ分析」）を実証的に研究する．これらの利用者側からの評価には，量的研究手法を採用している．

これらの検討成果を踏まえて，民間調停促進政策にはどのような選択肢があるのかについて述べる（11章「民間調停の促進に向けて」）．

⑤政策の選択肢

上述の実証研究を踏まえて，わが国における民間調停の拡充活性化の前提として必要な議論の項目の提示を試みた．具体的には，ステークホルダ別に調停政策の方向性を検討する．

第4節　用語について

本節では，いくつかの重要な用語を整理する．ADR法によって基本的な用語の定義がなされたものの，機関によって定義が異なる場合も存在するし，調停観によっても定義が異なる場合もある．

1. 裁判外紛争解決手続

本節では，裁判外紛争解決手続（Alternative Dispute Resolution：ADR）に関する，概念的な整理を行う．

ADRの訳語として，かつては，「代替的紛争処理」などと訳される場合もあったが，現在では「裁判外紛争解決手続」が定着している．ADRを広義に捉えると，裁判所における訴訟手続以外のすべての紛争解決手続が含まれうる．つまり，裁判所における裁判官による和解手続，仲裁，調停，あっせん，法律相談，当事者同士の直接交渉に至るまでADRであるとしても間違いとは言い切れない．また，日本にはあまり見られない手続として，早期中立人評価（Early Neutral Evaluation），サマリージュリートライアルなどの手続も米国等には存在し，ADRの一形態であるとされる．

狭義には，ADRを調停（ADR法（後述）上の和解の仲介）の同義語として用いる場合もある．調停とあっせんは，共にADR法上の和解の仲介に該当する場合が多いが，その用語の区別に関しては必ずしも統一的に定まっておらず，機関ごとに定義が異なっている．

2. 手続主宰者による分類

手続主宰者の団体の性質で見ると，裁判所自身が行うもの（司法型ADR），行政機関が行うもの（行政型ADR），民間の団体が行うもの（民間型ADR）に大別される．

手続主宰者別に見ると，司法型ADRの存在感が大きく，調停の実施件数の面では他の類型を圧倒している．行政型ADRに関しては，相談や情報提供機能が主として位置づけられ，第三者による仲介活動は二次的な位置に置かれているきらいがあるが，無料の手続である場合も多く，それなりに活用されている．一方，民間型ADRに関しては，交通事故を除くと，利用は総じて低水準にとどまる．弁護士会等の法律職団体における活動は，財政的に厳しくボランティア的な位置づけにとどまり，利用はあまり伸びていない．業界型ADRについても調停件数がゼロ件の機関も少なくない状況であり，総じて利用が少ない．

米国においても，司法型，行政型，民間型の区別は存在する．ただし，地域コミュニティのために活動する非営利民間団体が裁判所から財政支援や事件の回付を受け，裁判所ときわめて近い活動を行っている場合も少なくないため，わが国における区別と事情が異なっている．

3. ADR 法

ADR 法（裁判外紛争解決手続の利用の促進に関する法律，2004 年法律第 151 号）は，2007 年 4 月に施行された．2010 年 3 月 25 日現在で 61 の民間紛争解決機関が法務省の認証を受けている[16]．

この法律は民間型 ADR の活性化を意図して立法されたものとされる．弁護士による助言措置を定めるなど，一定の要件を満たせば法務省の認証を得られ，和解の仲介手続を業務として有償で行うことができる．

4. 調停

『広辞苑』第六版によれば，調停の意味として，「①当事者双方の間に第三者が介入して争いをやめさせること．仲裁．②〔法〕裁判所その他の公けの機関が中に立って，当事者の互譲により紛争を円満に和解させること．仲裁と異なり，解決案は当事者の承諾をまって効力を生ずる」とされる．このように，調停と仲裁が国語として混同されている状況が存在する．

有斐閣『法律学小辞典』（金子 et al. 2004）によれば，調停とは「私人間の自主的な紛争解決のために，第三者が両当事者を仲介し，解決合意の成立を目指す手続又は過程」を言う．

法的に見れば，民事調停法，家事審判法，労働審判法などで規定されている裁判所による調停（司法調停），労働組合法や建設業法などで規定されている行政機関が行う調停，民間団体が行う ADR 法で規定されている「和解の仲介」（民間調停）が「調停」と言える．

調停と類似の概念として，「あっせん」がある．ADR 法上では，「調停」も「あっせん」も「和解の仲介」に含まれる．あっせんと調停についての用語の

---

[16] http://www.moj.go.jp/KANBOU/ADR/jigyousya/ninsyou-index.html 2010 年 3 月 25 日アクセス．

使い分けとして，建設業法による建設工事紛争審査会では，仲介者の人数があっせんで1名，調停で3名という違いがある．またあっせんでは案の提示が必ずしもないのに対して，調停は法定上案の提示が可能である（建設業法25条の13第4項）．調停手続は置かず，あっせん手続のみを置く機関もある（たとえば，証券・金融商品あっせん相談センターがある．ここでは，あっせん案の提示を行うものとされている）．このように，調停とあっせんという用語の使い分けに関しては，機関ごとに相違が見られる．

案の提示が，調停とあっせんとを分かつ基準であるという考え方も，ADR検討会第11回[17]などで出され，有力と言えるが，ここでは採用しない．両当事者と調停人の三者で調停案を練り上げるのが調停手続と考えるためである．この考え方は，上記有斐閣『法律学小辞典』の定義と整合しているだけでなく，米国の調停（mediation）の定義とも合致する．

5. mediation

わが国の調停の定義に混乱が見られるように，米国においてmediationの定義にはバラツキが見られる．統一調停法（Uniform Mediation Act of 2001：UMA）で，「当事者間のコミュニケーションや交渉を促進するプロセスを指す」とされる定義が最も一般的なものと言える（表序-2 Mediationの定義例（各主体が提案する定義）参照）．

調停の英訳としては，mediationではなく，conciliationが公定訳として選択されている[18]．しかし，本書では，調停とmediationを対応させて議論する．conciliationも，わが国における「あっせん」と同様に，機関による言葉の定義のぶれがあり[19]，用語間で固定的な対応づけを行ったとしても結局は説明を

---

17) http://www.kantei.go.jp/jp/singi/sihou/kentoukai/ADR/dai11/11siryou1.pdf 2010年3月25日アクセス．
18) 日本法令外国語訳データベースシステム．http://www.japaneselawtranslation.go.jp/ 2010年3月25日アクセス．
19) 「……『conciliation』という単語は，アメリカ人により統一的に使用されておりませんので，研究者にいくつかの問題を生じております．アメリカにおける1つの意味は『譲歩する』や『妥協する』でありましょう．調停者が指名される前に司法センターのスタッフにより電話で事件が解決される場合，conciliationが使われるのが常であります．しかし，アメリカにはフォーマルな『調停裁判所』（conciliation courts）もありますし，さまざまな州にはフォーマルな調停手続を規定する極めて特殊な調停に関する法律（conciliation statutes）もありますので，2つの用語は，

表序-2　Mediation の定義例（各主体が提案する定義）[20]

主体	定義
UMA	調停とは，当事者間の紛争で当事者自身が自発的に合意に達することができるように，調停人が当事者間のコミュニケーションや交渉を促進するプロセスを指す．
ADR Institute of Canada	調停とは，当事者が，中立の第三者を指名し，自由意思に基づく解決を達成することを試みるプロセスのことである．中立の第三者は判断を下さず，当事者はそのプロセス（進行）をいつでも停止することができる．秘密で偏見のないものである．当事者は独立した法的助言を探すことが奨励されており，自由意思に基づく解決が達成され，当事者が合意文書を締結したときのみ拘束力を持つようになる．
Federal Judicial Center（連邦司法センター）"Guide to Judicial Management of Cases in ADR"	調停とは，中立の第三者である調停人が，当事者間の交渉を促進して，当事者の紛争を手助けする，柔軟で非拘束的な紛争解決プロセスである．
AAA[21]	調停とは，当事者が拘束力を持たない合意に至るために中立の第三者が支援するプロセスをいう．
JAMS[22]	評価的調停とは，裁判で導き出されるであろう結果を「試験」することをいう．自主交渉援助型調停とは，コミュニケーションを広げ，解決の選択肢の創造を助けることをいう．
Loyola Law School The Center for Conflict Resolution[23]	紛争にある人々が，中立の第三者とともに，同席し，直接顔を合わせて話をすることをいう．

要するからである．また，現在では mediation という用語が広く使われ，conciliation という用語が用いられている機関が限定されるという事情も存在する．

わが国で，カタカナのメディエーション（またはミディエーション）を用いて，調停と区別する考え方もある．特に，対話促進，交渉援助などの機能を強調する際にこうした用語が活用される場合がある．本書では，わが国の調停も，米国の mediation も，それぞれの内部において多様であるという意味で，調停

アメリカでも同様に絶望的なほど混沌としていると思います」（バーンズ & 小島 1989：p. 279）．
20)　本表は，筆者が作成した．初出は，経済産業研究所「ADR 人材養成に係る海外動向に関する調査研究報告書」(2003)．
21)　American Arbitration Association, 米国仲裁人協会
22)　米国最大の営利民間調停機関．1979 年設立．250 人の中立人（調停人または仲裁人）を擁する．http://www.jamsADR.com/　2010 年 3 月 30 日アクセス．
23)　Loyola Law School：http://www.lls.edu/ccr/training/index.html　2010 年 3 月 30 日アクセス．

と mediation を対応させ，カタカナのメディエーションを採用しなかった．

6. 民間調停

本書において，わが国の民間型 ADR の「和解の仲介」活動総体を「民間調停」と呼ぶ．一般的には，ADR という用語で，民間型 ADR の「和解の仲介」活動を指す場合も多いが，司法調停との区別が不明確になることから，一般的にはあまり使われていない「民間調停」という用語をあえて使用する．

弁護士会紛争解決センターでは，裁判所の活動と区別するために「調停」という用語が避けられ，「仲裁」と「和解あっせん」の2つの用語が一般的に使われている．「和解あっせん」が ADR 法上の「和解の仲介」にあたる．弁護士会紛争解決センターが行う「仲裁」は，実態としては「和解あっせん」に比べれば圧倒的に少数であること，またその少数の例も「和解あっせん」で合意を得た後，執行力確保のために事後的に仲裁合意を行うものがほとんどであることなどから，弁護士会紛争解決センターの主たる活動は「和解あっせん」である．よって，仲裁センターという名称も含めて，「民間調停」の一部とした．

7. 自主交渉援助型調停

facilitative mediation の訳語として，自主交渉援助型調停を採用する．対話促進型，交渉促進型などの訳語もよく使われているが，単に統一するためにこの用語を使った．自主交渉援助型調停の手続の進め方については，5章1節「自主交渉援助型調停」を参照．

第1部　米国の調停に関する歴史制度的分析

第1章　日本にとっての米国調停の意義

1．問題の所在

　米国では調停制度が比較的短期間の間に大きな成長を遂げ，広く活用されている．一方，わが国での民間調停はあまり活性化していない．このことをどのように解釈するかという問題がある．

　まず，司法調停の存在がある．わが国では，司法調停はそれなりに使われている．そして，司法調停には民間調停にない良さが存在している（具体的には，6章3節「司法調停と民間調停の比較」で検討する）．

　司法調停と民間調停の問題を特に詳しく見ると，コスト面の問題が浮上する．民間調停が司法調停と同一条件で競争できている上で，司法調停が選択され，民間調停が選択されないということではない（経済構造は，8章2節「民間調停機関のコスト構造の分析」で見る）．米国における民間調停の一形態であるコミュニティ調停には財政支援がなされている場合が多い（2章「制度及び件数の面での考察」で見る）．

　わが国における民間調停の不活性は，主として制度構造の中にあるというのが，本書全体での仮説である．つまり，提供者側が保有する資源や，提供者側の考え方にその主たる原因があるという仮説を検証する．まず米国における調停の活況について制度的要因を研究し，わが国の調停政策にとって必要な活動を同定するための基礎材料を整理する．つまり，民間調停に関して，どのような育成のための方法があるのかという政策論を探求する．

2. 米国の調停の理解のために

米国の調停の理解の難しさ

本節では，わが国の調停政策に必要な活動を同定するための基礎材料とするため，米国の現在の調停制度の活況が，どのような歴史的・制度的発展を経てきたかを比較分析する．

ところで，米国の調停の状況を捉えるのに大きく分けて2つの障害がある．

1つめは，定量的なデータが乏しいということである．全米において，調停がどの程度使われ，たとえば，裁判に代替することでどの程度の効果をもたらしたのかという全体としてのデータがない．後述するように，実証研究などはむしろさまざまになされているのだが，司法調停を含めて司法統計が完備しているわが国に比べると，いかにも見えにくい．このような点は，米国の学者自身も述べている (Sander 2009 : p. 536)[1]．

2つめは，州による状況がかなりまちまちで，一部の状況を直ちに全米の状況として説明しづらいという点にある．州による違いにとどまらず，州の内部においても，調停機関ごとに違いがあり，かなり多様である（4章1節「コミュニティ調停の現在」参照）．このような多様性の存在そのものも重要であり，いずれ述べるが，簡単に「米国の調停はこのようなものである」と言い切れる点が少ないという問題がある．

米国の状況とはさまざまな意味で対照的であり，学ぶべき事柄が多いにもかかわらず，その焦点を絞りにくいのは上記2点の背景事情が存在するためである．

歴史的な発展経緯の検討

上記のような制約があるが，ここでは，米国の調停発展の概略を，歴史的な経過を中心として，量的な側面と質的な側面の両面から検討する．歴史的な把握を行うメリットは，わが国の状況との相違を，歴史的文脈の違いによって理

---

1) 米国の調停は州によって活発さが異なるが，その状況を把握するための研究も現れている．こうした研究では，調停実施件数など入手困難なデータに代えて，コミュニティ調停センターの数等による指標を提案している（Prause 2008; 山口 2010）．

解できる点にある.

わが国では,明治期の勧解を除けば,裁判所による調停が1920年代(大正時代)から開始され,それが拡大発展して現在に至る.戦後の建設工事紛争審査会などの行政型調停・仲裁の影響も受けて弁護士会紛争解決センターが最初に作られるのには1990年を待たねばならない.おおざっぱに言えば,裁判所内に先に調停手続が作られ,それが確立した後から,裁判所の外に民間調停機関の設立があった[2].一方米国では,1970年代以降に現代調停が発展するが,当初は裁判所の外側で行われていた活動が,1980年代後半以降から1990年代に本格化する制度化の過程で裁判所と連携する方向に進む.米国についてもおおざっぱに言えば,裁判所の外で発展した活動が,裁判所の内側に入っていく流れが存在する.

米国における調停の実態は均質ではないとはいえ,このような基本的なストーリーについての共通理解は存在する[3].厳密性を犠牲にせざるをえない部分は残るが,できるだけ米国で通説的に理解されている標準的な見解[4]を尊重しつつ,筆者なりの解釈を率直に示していく.米国の調停について,量と質についてのそれぞれの発展史を大まかに示し,残されている課題がどのようなものであるかを検討する.その上で,米国の調停の現在とわが国のそれを比較し,どのような点を学びうるかについての考察を得る.

3. 日米対比の歴史的概観

制度/プレイヤー/考え方——米国の状況

本書の仮説は,わが国の民間調停の担い手が持っている考え方と担い手を取

---

2) 大正期に遡ることができる(社)日本海運集会所や,戦後すぐ(1950年)に設立した(社)日本商事仲裁協会など民間紛争解決機関が存在している.
3) ほとんどのロースクール等で紛争解決の教育が行われ,教科書もいくつか刊行され,また,紛争解決分野の専門学術誌が刊行されていることなどから,分野としての蓄積はかなりのものがある.
4) 何を以て標準的とするかはそれ自体問題である.たとえば,メンケル=メドウ(Menkel-Meadow)やコヴァーチ(Kovach)などの学者にしても,調停の価値の信奉者であり,価値中立的とは思えない.しかし,彼女らを調停についての批判的な考え方も広く俎上に載せて検討を行っている標準的なテキストの著者と考えることは差し支えないと思われる.米国の現代調停の歴史を扱った文献としては,たとえば以下を参照(Kovach 2000, Menkel-Meadow 2009, Menkel-Meadow 2005, Barrett & Barrett 2004).

りまく制度の中に，活性化を阻害する要因があるということである．

　本節では，米国が調停を活性化させる歴史の中で，その担い手はどのような考え方を持つに至っているのか，また，どのような資源をどのようにして獲得してきたのかについて考えていく．つまり，制度，プレイヤー，考え方の3つの側面について見ていく．

①制度

　制度的には，財政面，調停への参加誘導の2つの面の支援が大きい．調停は単に1つのビジネス分野というだけでなく，有益な公的サービスとして位置づけられており，公的な財源による財政面での運営支援がある．公的な財源によるものであっても，公的機関がすべてを抱え込んで運営するだけでなく，民間団体の自律的な活動を尊重しつつ支援する場合も見られるなど，寛容な制度となっている．財源支援があるため，低所得層向けの無料の調停手続を提供するなど，正義の拡大に役立つ制度運営を可能にしている．また，手続選択の境界線を厳格にするというよりも，手続が複数存在することが志向され（process pluralism），一種の競争環境が形成されている．そのため，運営者が説明責任を果たしつつ，利用者に向けて改善を進めていく動機づけが生まれている．

　調停への参加誘導については，裁判所による活発な紹介，あるいは調停前置（mandatory mediation)[5]の法制化など，紛争の入口での振り分けで裁判所自身が積極的な役割を果たしている．

②プレイヤー

　プレイヤーについても，弁護士以外の多様な担い手が実務を行える環境が整っている．米国においても非弁行為（Unauthorized Practice of Law：UPL）は重要な問題であり，調停においても弁護士と弁護士以外の緊張関係は存在する．たとえば，ワシントンDCのマルチドアコートハウス構想による調停では，5,000ドル以下の少額事件は弁護士でなくても調停できるが，それより高額の一般民事の調停は弁護士が行っている．領域をめぐるこうした緊張関係は存在

　5）　mandatory mediationとは，調停への参加を法によって義務づけられることを言う．参加に対する強制であり，合意することまでは強制されていない．たとえば，インディアナ州のmandatory mediationでは，2回期日に参加すれば，その後一方当事者が調停から離脱することができる．

しているのだが，歴史的に，非法曹の調停が先行し，弁護士の参入がその後に続いたという経緯もあり，非法曹の調停実践に対して尊重する態度が存在する．2002年に米国弁護士会（American Bar Association：ABA）が調停と非弁行為の関係に関する報告をまとめたが，ここでも，調停が非弁行為にあたらない原則を確認している[6]．

　1970年代に隣人調停がスタートした時点では，宗教，ソーシャルワーカー，活動家など，法曹とは距離のある人々によって開始された．こうした動きは多分に当時の反体制的な流れをくむもので，エスタブリッシュメント＝司法への懐疑が出発点にあった．1980年代以降の調停の制度化の過程で弁護士が調停に取り組み始めたが，隣人調停をその原型として新しくまた法曹の伝統的な思考とは異なる志向性や方法論を持った活動であることが意識づけられたという経緯もある．そのため，米国でも法曹が，非法曹の調停を警戒したり蔑視したりする状況は日本と同様に存在するのだが，法学出身者を含めて分野の創設者たちはむしろ非法曹による調停の擁護に回った．不必要な規制を警戒し，制度化にあたっての配慮を行っている．たとえば，フロリダ州の裁判所付設型調停制度に先立つコミュニティ調停プログラムの調停者に創始者特権（grandfather privilege）を与え（Press 1992：p. 1054），むしろ非法曹が発展させた調停手法を裁判所側が学ぶというスタンスを明確にした．調停運動に取り組む情熱を分野の活力として取り込むことに成功している[7]．

③考え方

　調停をどう考えるか——調停の政策的位置づけについても，歴史的な変遷があった．まず，70年代の動きとして，裁判所の処理能力を超える件数増加を防ぎたいとする「量」についての関心があった．これは裁判所を中心とする，「上からの」考え方である．しかしこのときの発想は，裁判所の判決手続を減らすためにはやれることをなんでもやろうというものであり，調停は中心的な手段というよりも多くの手段のうちの1つであった．仲裁，ミニトライアルな

---

[6] 調停は非弁行為にあたらないとする．法的助言（legal advice）との関連では非弁行為となる可能性があり，これについてのガイドラインも存在する．http://www.mediate.com/articles/abaupl.cfm 2010年3月25日アクセス．また，ABAの専門書籍もある（Bernard 2002）．

[7] メイヤー（Mayer）は，「élan」という言葉を使って，社会運動家の情熱が紛争解決分野に生きていると述べている（Mayer 2004：p. 151）．

どの裁判類似の考え方の手続がむしろ中心であったと言っても良いであろう．

　同じく 70 年代に「下からの」隣人調停の動きも始まるが，これは裁判所とは離れた場所で，法曹関係者とは距離がある運動であった．このような実践の先行があり，実務を身近に持ちつつ，80 年代前半には学際的な理論化が進む．メンケル＝メドウはこの時期を黄金時代（golden age）と呼び，自身の理論の中心部分が形作られたと振り返っている（Menkel-Meadow 2009：p. 426）．このような過程を経て，裁判所の文化や伝統的な法曹の考え方とは異質な現代調停の基礎が形作られる．

　しかし，80 年代は，なお調停はマイナーな存在にとどまり，80 年代後半から 90 年代にかけて進む制度化の過程でも仲裁の影に隠れた付随的な存在であった．マクエウェン（McEwen）は，調停は当事者の満足度が高いのに利用が増えないという「逆説」を指摘している（McEwen & Milburn 1993）[8]．さまざまな制度化が進む過程で，弁護士の調停分野への参入が顕著になり，70 年代の活動家たちの方法とは異なる実務スタイルが出てくる．このような状況で，80 年代後半にブッシュ（Bush）の倫理研究が行われる（5 章 2 節「自主交渉援助型調停と「情報を得た同意」」参照）．これは，現代調停の基礎をさらに見直そうという 90 年代の動きにつながってくる．

　90 年代は，仲裁及び調停の制度化が進むと同時に，こうした動きへの見直しの機運も生まれる．ランド研究所の，ADR は早くも安くもないという報告（Kakalik 1997）はインパクトのあるものであったが，全体として調停の拡大が止まることはなかった．むしろ，仲裁を調停によって置きかえようという傾向が始まり，調停の拡大傾向は止まらなかった[9]．90 年代には，ブッシュとフォルガー（Folger）の変容型調停の提案によって，80 年代の「パイの拡大による両当事者の満足」という楽観的な調停観を反省しようとする．あるいは，リスキン（Riskin）によって 80 年代以降に参入した弁護士が行いがちな評価型調停と 70 年代以来の非法曹による自主交渉援助型調停（ファシリテイティブ調停）の相対化の視座も生まれる（Riskin 1996）．このような考え方や理論は，

　8）　マクエウェンは 1970 年代終わりに実証研究を行った（McEwen 1981）．10 章 1 節「調停に関する既往の実証調査研究」で触れる．
　9）　もっとも州によっては，途中で財源を削減されるなど動きが失速した場合もある．

先に見たプレイヤーが法曹に限るかどうかという問題とも密接に関係しているが，さまざまな理論が登場するとはいえ，基本的なところで，非法曹による調停を位置づける理論が力を持ち続けたところに米国の調停についての考え方の特徴が見られる．

制度／プレイヤー／考え方——日本の状況

他方，わが国ではどのような状況であろうか．制度，プレイヤー，考え方それぞれが米国の状況とは対照的で，現状の延長線上に民間調停の発展の可能性は厳しいと考えられる．

①制度

わが国では，民間調停に関して，財政支援が存在しない．また，裁判所による民間調停への振り分けが行われていない（そのための議論も活発でない）．どちらかというと，執行力付与など，紛争の出口における強制力によって民間調停の実効性を高める議論が活発である．8章2節「民間調停機関のコスト構造の分析」で述べるように，わが国では安価な司法調停が整備されており，実態として当事者の費用負担が大きい民間調停を裁判所が勧めるという場面が考えにくい．9章「事例に見る民間調停活動の課題と成果」で述べるように，民間調停には司法調停にないメリットも存在するので，そのような事情を紹介したうえで当事者に選択させるという考え方も論理的にはありうるのだが，現実にはそのような議論には進んでいない．

②プレイヤー

プレイヤーについては，弁護士会の弁護士法運用上の硬い態度もあり，また，裁判所でももともと調停委員が私設調停するなかれという態度[10]もあり，たとえ公益目的の運動として取り組もうと考えていても動きづらい実態がある．特に弁護士会は他法律職団体の参入に警戒的であり，また自らの民間紛争解決手続運動への取り組みの層も薄く，「自分たちはやらないが他人にはやらせな

---

10) 古くは『調停読本』に書かれている．「調停委員としてその名声を謳われるに従い，地方民から種々相談を受けることが多くないかと思われるが『私設調停所』という様な，あだ名が立つ様になっては大問題である．戒心すべき事である」（日本調停協会連合会 1954：p.184）．

い」[11]という態度が基調である．弁護士以外の法律職団体は，伝統的な代書業務についての先行きの不安などもあり，業域拡大の期待と共に総じて熱心な態度を持っている．そこで，かなりの費用をかけて機関規則や機関の手続実施候補を育成しようという動きがある．ただし，こちらについても「当該法律職団体による当該法律職団体のための活動」という態度が基調である．業域拡大を政治突破するための環境作りとして，それらしい概観を整えて法務省からADR法上の認証を取ることには熱心であるが，市民のためにどのようなサービスを提供するかという肝心の議論がおろそかにされている．業界団体に関しては，監督官庁の影響が強いが，「紛争処理件数の少なさを以て当該業界の問題の少なさをアピールする活動」を基調としていて，積極的に問題解決するというよりも，むしろ使いにくい手続設計を行うことにインセンティブがある[12]．結局のところ，民間調停機関を「作る」インセンティブは，弁護士会，弁護士以外の法律職団体，業界団体それぞれに存在するが，民間調停機関で紛争解決を「行う」インセンティブを持つものはいない．そして実際に使われない調停機関が乱立している．組織の壁を越えた交流や連携は進んでおらず，それぞれの団体内で紛争解決実務を熱心に進めようとしても，団体内で孤立したり足を引っ張られたりしやすい構造にある．

---

11) これは弁護士会紛争解決センターの活動に熱心なある弁護士の自嘲的な発言であった．「弁護士会のADRセンターは，市民型調停を運営するNPO，NGOなどのサポート機関としても機能すべきであろう」（萩原 2007：p. 268）という考え方も存在するが，少数であろう．

12) たとえば，（社）日本損害保険協会は，苦情を受け付けて2ヵ月経過しても解決しない場合に限り，「損害保険調停委員会」の調停手続に申立をすることができる．このように調停という公式の手続以前に紛争を処理したいという業界団体の意向は強い．なお，損保協会の調停手続は，2001年から実効的なものとすべく改善が続けられ，2001年度には1件，2002年度には2件に過ぎなかった申立は，2007年度には26件，2008年度には39件まで増加している．

また，家電製品PLセンター長の横山敏男は，以下のように述べる（山本et al., 2010：p. 43）．「ただし，その相談過程で，今の400件弱ある中で，細部まで見届けてはいないのですが，実質の斡旋に近い形で事件が進行していくということもございます．ですから，この法務省の統計以上に，ADR法の対象となっていない相談業務の段階でかなりのものが解決されているというふうに思っていますし，それでいいのだろうなと思います．よく件数が少ないというご批判は受けますけれども，いや，実はそうではないのですよ，相談の中にも，いわゆるADR法の対象ではないけれどもADRに近い形での業務が遂行されていますよ，こういうことで認識しています」．正規の調停手続（ADR法上の和解の仲介手続）と実質的に近い活動が，非公式な事実上のあっせんによって解決していることを認識し，それで問題ないと考えている．しかし，こうした非公式な事実上のあっせんは業界からの出向者や業界OBなどが，業界に属していた感覚の延長で行っており，中立性が担保されず，不透明である課題が残る．

③考え方

　調停の政策的位置づけに関する議論はあまり深まっていない．わが国では精密司法と呼ばれるような司法体系の論理的整合性の維持という伝統法学的な要請が強く，また，小さな司法を維持しようとする結果として市民への救済を限定する方向の力学も働く．そのような状況下で，調停の柔軟性によって，司法の現実の救済を超える解決を探そうという考え方は今も昔も存在する．したがって，現場の恣意性を拡大するか，それを伝統的な法解釈学によって制御するかという緊張関係が存在する．しかし，それ以上の深まりは稀であり，議論の進展がない（なぜこのように硬直するかについては，戦前の調停理念を手がかりに，7章「戦前の調停論再評価の可能性」で検討する）．特に，米国で見られる正義へのアクセス拡大や当事者の自己決定を目標とし質的に優れた紛争解決手続を目標として「下からの運動」を支える理論がほとんど見られない．正義へのアクセス拡大にしても，当事者の自己決定を目標とし質的に優れた紛争解決手続の考え方はもちろん紹介はされているのだが，それらはあくまで外国の事情であり，わが国の実務家の行動に結びつくような形で広まる動きが見られない．わが国では大正から戦前期にかけての司法調停の開始・拡大期に調停の政策的位置づけの議論は盛んになされる．法によって調停の裁量性を制御しようとする方向性と，調停の柔軟性によって司法の不足を現場で補おうとする方向性が対抗し合っている．しかし，漸進的に改善されるというより，2つの方向性は，睨み合ったまま固まってしまっている状況がある．

4. まとめと展望

小括──手続多元論（process pluralism）と手続割拠（process segmentation）

　日米の調停の歴史をごく概観だけを対比的に見てきた．

　米国の調停においては「下からの調停運動」が「上からのADR政策」に時間をかけて融合した．①社会実験による実務，②学際的な理論化，③非法曹を排除しない謙抑的で支援的な制度化，という流れを経て発展してきたと言えよう．その結果，現実的な手続多元論（process pluralism）の政策として調停が定着しつつある．裁判所を模倣するだけでなく，裁判所の文化を変える触媒としての機能さえ果たしている[13]．調停の爆発（mediation explosion）などと呼

ばれることさえある活況を呈している[14]．

　他方，わが国では弁護士法の存在と弁護士会の態度もあり，「下からの調停運動」が行いづらい状況にある．さまざまなプレイヤーは民間調停機関を作るが，実務に真剣に取り組むというより，機関を作るところで努力が終わっている．あるいは，政治的な思惑を持って組織間で睨み合うところに力が入っている．その結果，運営者自身がどう使って良いのかイメージできていないような，利用実態のほとんどない民間調停手続が割拠する状態（process segmentation）が生まれている．社会実験による実務の研究を先行させずに作られたADR法は，促進法という名の規制法であった．この法は，手続割拠の状況を打破するというより，むしろ強化している．

米国における調停活動の量と質の研究の方向性

　こうして見てくると日米の状況は相当異なる．しかし，それはわが国の調停政策を検討するにあたって米国から学べないということではない．むしろ，米国の調停の現実の総体を理解することが，わが国の調停政策を考える上での参考になる．

　そこで，米国において，調停という手続は，どの程度使われるようになったのか（量的検討）が必要である．日本では民間調停がほとんど行われず，米国では盛んに行われているとすれば，それはどの程度，どのようにして行われているかを掘り下げる必要があるからである．すでに述べたとおり，全国の調停実践の状況を示す統計データは限られているが，裁判に対してどの程度比較しうる存在になってきたのかという問題を考える．そこでは，「下からの調停運

---

13)　「問題解決司法（Problem Solving Justice）」という言葉も登場している．http://www.courtinnovation.org/index.cfm　2010年3月24日アクセス．

14)　伊藤忠法務部の前田一年発言「それから，仲裁とは異なりますが，民事訴訟が継続している中でいわゆるメディエーションという手続，調停と訳すのがいいのかどうか私はよくわかりませんが，そのメディエーションという手続が1990年頃より爆発的に人気を呼んでいるという現象（mediation explosion）がおきています．アメリカの場合は州の裁判所と連邦の裁判所の2層構造になっているのですが，連邦の裁判所，地方裁判所の場合は，ほぼ半数の裁判官が，民事訴訟を申し立てると直ちに裁判所での調停（court supported mediation）を義務づけます．残りの裁判官半分はメディエーションにまず行きなさいと強く推奨しています．ただし，その裁判所でのメディエーションは無償であることも特色です（プライベート・メディエーションの場合には，メディエーターへの報酬がタイムチャージで課せられ双方折半負担するのが一般的ですので，追加費用が必要となるわけです）」（渡部 et al. 2010）．

動」の象徴的な存在で，現代調停文化の原型と言うべきコミュニティ調停に加えて，裁判所付設型の調停，営利目的のビジネス調停などの多様性を見る．

　次に，米国において，調停制度がどのような課題を持っているかについて検討を加える（質的検討）．質的検討は，調停政策の位置づけをめぐる理論的な検討（3章「調停政策の位置づけ」）と，調停の実務に関する具体的なガバナンスの方法論の研究に分けて行う．さらに，調停の実務に関する具体的なガバナンスの方法論については，機関運営レベルと手続進行レベルの2つに分けて行う．第一の機関運営レベルの検討として，調停機関がどのような課題を抱え，それを乗り越えようとしているのかについて，コミュニティ調停の現在に焦点をあてて検討する（4章「機関運営」）．第二の手続進行レベルについては，当事者の自己決定を重視する手続のあり方と，その方法が公正性を害しないためにどのような工夫が可能かを見ていく（5章「手続進行」）．機関運営レベルでコミュニティ調停を取り上げ，手続進行レベルで「情報を得た同意」を取り上げるのは，社会正義の実現，正義の拡大，司法アクセスの改善，質の高い紛争解決といった目標のために，非法曹がどのように関わり続けていけるかという問題に直結しているからである．米国でも非法曹と法曹の緊張関係は存在するが，これまでは非法曹の実践に対して比較的寛容的であった．しかし，近年の制度化の過程で「下請化」とでも言うべき，理念の後退による危機が認識されている．米国における調停運動が劣化する可能性がある重要な問題としてこれらの点を取り上げる．また，わが国の調停政策を考える上でも，非法曹の活力を導入しつつ，社会秩序・法秩序と調和する民間調停をいかに育成するかという観点でこれらの問題を詳しく研究することは直接的に意義があるように思えるからである．

第 2 章 制度及び件数の面での考察

1. 米国調停の現況

量的状況

米国では，調停は確かに多く使われている．2005 年版の「調停人行動規範（第二版）」のリポーターズノートによれば，旧版の作られた 1994 年からの約 10 年間の間に「指数級数的に増加」した[1]と述べられている (Stulberg 2005：p. 1)．

最も活動が盛んである州の 1 つであるフロリダ州（人口約 1,800 万人）のデータでは，裁判所付設型調停について，5,000 ドル以下の少額事件が約 5 万件，5,000 ドル超で 1 万 5,000 ドル以下の民事事件が約 7,000 件，家事は約 2 万件，合計約 8 万件の申立という状況である（表 2-1 フロリダ州裁判所付設型調停及び CDS (Citizen Dispute Settlement) の申立件数，Florida DRC 2006）．

また，州裁判所プログラムに先立って存在したコミュニティ調停である Citizen Dispute Settlement (CDS) は，約 2,000 件の申立を受けている．CDS を除く民間団体の統計は掲載されていないが，かなりの量に及んでいると思われる．

フロリダ州の訴訟件数は，少額 22 万件，一般（〜1 万 5,000 ドル）13 万件，他の民事 8,000 件，立ち退き 13 万件，交通事故が 190 万件などとなっており合計約 240 万件に及んでいる[2]．訴訟提起件数自身は依然として圧倒的と言っ

---

1) 原文では，"the use of mediation has grown exponentially" と表現されている．
2) 調停について統計データの更新がないため，年度の異なる比較となっている．
 Florida Office of the State Courts Administrator (2009) "FY 2008-09 Statistical Reference Guide".
 http://www.flcourts.org/gen_public/stats/ReferenceGuide08-09/County-Civil-Statistics.pdf 2010

表 2-1 フロリダ州裁判所付設型調停及び CDS（Citizen Dispute Settlement）の申立件数（2005 年度）（Florida DRC 2006）

少　　額 （〜5,000 ドル）	一　　般 （5,001〜15,000 ドル）	家　　事	CDS
申立　53,790	申立　6,724	申立　20,835	申立 2,482
調停　37,345	調停　3,571	調停　17,418	調停　　902
成立　24,529	成立　1,897	成立　 9,369	成立　　633

て良いほど大きいが，調停もそれなりの規模に増加していることがわかる．たとえば少額事件についてみると訴訟の 22 万件に対して 5 万件と約 4 分の 1 程度の事件が調停に回っている．

他の州の状況としては，ニューヨーク州（人口約 2,000 万人）で，ニューヨーク州裁判所のプログラム傘下で，約 4 万件の調停の申立を受け付けている（NY CDRC 2009）．また，ロサンゼルスカウンティ（人口約 1,000 万人）では年間 4 万 9,000 件の調停申し立てがある[3]．これらは，比較的活発であるとされる州や地域のデータであり，全米の総体の状況は見えにくいが，1980 年代前半頃の時点ではほとんど姿がなかった調停（特に裁判所付設型調停）が比較的短期間にそれなりの規模に拡大したという事実を認めることはできるだろう．

調停前置と調停人養成

件数以外の状況として，立法状況が重要である．

一般に，調停手続は，申立人が選択しても，相手方が同意しないと実施されないが，調停前置の仕組みがあると応諾が確保される．したがって，調停件数の観点で見た場合，調停前置は大きな影響を持つといえる．

ストリーターシェファー（Streeter-Schaefer）による 2000 年の報告では，26 の州の調停前置が確認されている（Streeter-Schaefer 2004：p. 373）．あるいは，調停の関連立法は 2,200 本以上にも及ぶという報告もある（Stulberg 2005：p. 1）．現在，すべての州が裁判所付設型調停プログラムを有する[4]．

　年 3 月 19 日アクセス．
　3）　カリフォルニア州の ADR 支援策である訴訟提起費用のうち 8 ドルを ADR 予算とするスキームによって運営されている．http://css.lacounty.gov/Drp/DisputeRes.html　2010 年 3 月 16 日アクセス．
　4）　米国州裁判所データベースによる．http://www.ncsconline.org/WC/Publications/ADR/

調停人の養成も盛んである．フロリダ州では，州の調停トレーニングの修了者が1万8,000人おり，州裁判所の認証調停人も5,000人以上存在する[5]．フロリダほどでないにせよ，ヴァージニアやジョージアなど名簿（roster）登載者の数が1,000名を超える州は他にも複数存在する（Young 2006：p. 201）．

待遇面の状況

米国の調停はタイムチャージが使われることが多い．その1つの理由に，日本の弁護士会などで一般的に使われている成立手数料方式の料金体系は倫理上問題であるという考え方が強い（この点は8章2節「民間調停機関のコスト構造の分析」で検討する）．

タイムチャージの状況について詳しい統計などは存在しないと思われるが，1時間あたり900ドルといった高額な場合も現れてきている[6]．フォルバーグ（Folberg）は，自身のタイムチャージは600ドルであるが，JAMSの中では真ん中あたりの水準であると述べている[7]．また，フォルバーグは，1日10時間の課金をすることも稀でない（したがって1日に6,000ドルの収益となる）という報告も併せて行っている（2時間が準備のための時間，8時間を調停での話し合いのための時間として課金する）．このような高額な費用を支払っても，紛争解決のための期間が全体として短縮できれば当事者の全体的な負担が小さくなること，企業間の紛争などではキーパーソン同士が直接詰めた話し合いを行うことで一気に問題を解決し，その当事者にとっての機会コスト（本来の仕事をすることで得られる利益が得られないという意味のコスト）を最小限にできるというメリットのために，このような費用負担を甘受していると思われる．

ただ，現在においても，まとまった報酬を得られる調停人は一握りであり，調停はやりたくてもビジネスとしては成立しないというものも多い．調停で生計を立てていくためのマニュアル本（Mosten 2001）や教材DVD（Lowry 2005）

　SearchState.asp　2010年3月19日アクセス．また，以下も参照．（Young 2006：p. 201）
5)　http://www.flcourts.org/gen_public/ADR/ADRintro.shtml　2010年3月16日アクセス．
6)　2007年1月ハワイ大学バーカイ（Barkai）教授インタビュー．ハワイの状況では，350ドル程度が標準的であり，これは弁護士の標準的なタイムチャージ250ドルよりも高い．
7)　仲裁ADR法学会第5回大会2009年7月11日発言．

なども現れている．また，現代調停はもともとボランタリーな隣人調停から始まっていることもあり，報酬は高くない場合も多い（フロリダ州における事例は，4章1節「コミュニティ調停の現在」で見る）．

このような待遇が良くない調停に取り組むインセンティブとしては，1つには，調停が他者の役に立っている実感という魅力があるが，もう1つには，公益的な調停活動で経験を積み，技法を習得し，次のビジネス機会につなげたいという期待も存在する．そのため，弁護士資格を有する者も，こうした公益的な調停活動に参加する場合が出てきている．

ビジネスとしての調停は，タイムチャージ型の古典的なものだけでなく，企業内の紛争予防・解決のシステムデザインや，公共事業を行う上での地域社会での合意形成のためのファシリテーターとしての形態などさまざまに展開している．いわばソフトウェアとしての調停[8]を多様な場面でビジネス化している動きが見られる．企業内の紛争予防・解決のシステムデザインとは，たとえば，従業員の苦情を誰がどのように受けるのかについて，苦情を受け付けるものに秘密保持の権限を付与すること，あるいは，相談室，調停室の設計を含め規則や環境を整備することをいう．のみならず，企業内部の人材の養成と外部からの資源の調達などを含めて，実効的なシステムをデザインすることも含む．企業内部の人材の養成にあたっては，たとえば，苦情受付者の「話の聴き方」を研修するなどして，そのような役割を担うものの心構えや技術を養成する．あたかも，インターネット技術を用いてイントラネットを構築するように，経験のある調停機関の運営者の技術や考え方を企業内で利用できるようにするというビジネスも広がりが見られるのである．代表的な存在として米国郵政公社（USPS）のREDRESSがある（Bingham & Pitts 2002）が，このような大規模なものに限らず，さまざまなサービスが登場している．

法曹においては，共同法務（collaborative law）の取り組みも新たなビジネス機会として広がり始めている．これは，調停ではなく代理人交渉ではあるが，調停への取り組みが熱心な弁護士によって開拓が続けられている．共同法務においては，両方の代理人が訴訟になった場合に代理人を受任しないという契約

---

8) 和田は，「ソフトウェアとしての調停」を多様な文脈で問題解決に活用できるという（和田 2009）．

の元に，すなわち，両方の代理人が対立的でなく協調的な交渉を行う約束のもとに進められる．当事者としては，自らの権利を守りたいが，相手との関係を壊したくないという場面での利用が有効で，離婚，親族間，あるいはビジネス間でも取り組みが広がっているようである．調停人ではなく代理人として受任できるため，有名調停人として名声を確立していなくとも，まとまった報酬を得やすいという事情も見える．

財政支援

調停人にとって，待遇面はかなりさまざまであるという点は上記に見たとおりだが，機関運営の観点で，財源の実態はどのようなものであろうか．調停人個人にとってのインセンティブの問題もさることながら，調停機関自身が財政的な観点で安定的に運営できるかどうかが組織としての運営の質に大きな影響を与えるからである．

一例として，ニューヨーク州のコミュニティ調停支援スキームのデータを見たい．JAMSのようなビジネスとして成立している調停の分野もあるが，米国の調停の総体としてはむしろ公的資金によって運営されている調停も多い．

ニューヨーク州裁判所は，CDRCP（Community Dispute Resolution Centers Program，コミュニティ紛争解決センタープログラム）と呼ばれるコミュニティ調停支援スキームを持っている．これは，ニューヨーク州裁判所ADR部門の中に置かれている．ニューヨーク州内のすべてのカウンティに調停サービスを提供している．ニューヨーク州のこのスキームは，1981年に始まっているが，ニューヨーク州裁判所ADR部門の1998年設立に併せて財政面を含めた安定した運営基盤が確立した．年間約3万件の事件を処理している．

2005-2006年度では，ニューヨーク州裁判所の財源から68.3%，自治体から10.4%，州から4.5%などがあり，利用料金は3.8%に過ぎない．寄付金やユナイテッドウェイなどの財源も少なくない（表2-2（ニューヨーク州コミュニティ紛争解決センタープログラム収入源（2005年度））参照）．経年変化で見ると，総額の予算規模は2000-2001年度に800万ドル程度であったものが，1,100万ドル強に増加している．利用料金は額面で45万ドルから90万ドル弱程度であり，割合で見れば5%から1割程度を占めているに過ぎない（表2-3（ニューヨーク

表 2-2 ニューヨーク州コミュニティ紛争解決センタープログラム（CDRCP）収入源（2005年度）[9]

収　入　源	収　入（ドル）	％
自治体／カウンティ	1,237,118	10.44
利用料金	450,455	3.80
州	531,439	4.48
社会福祉プログラム（DSS）	474,840	4.01
寄付／補助金	256,554	2.16
青年局	362,949	3.06
ユナイテッドウェイ	181,498	1.53
現物支給（In-Kind）	175,719	1.48
学校区	60,919	0.51
IOLA（Interest on Lawyer Account Fund）	30,825	0.26
小　計	3,762,316	31.74
州裁判所・コミュニティ調停センタープログラム	5,086,576	42.91
州裁判所・管轄地区	3,005,834	25.36
小計（州裁判所）	8,092,410	68.26
合　計	11,854,726	100.00

表 2-3 ニューヨーク州コミュニティ紛争解決センタープログラム（CDRCP）収入の推移

	2000-01	2001-02	2002-03	2003-04	2004-05	2005-06
総額（ドル）	8,883,514	8,674,606	10,773,002	11,311,826	11,502,689	11,854,726
利用料金（ドル）	675,822	888,803	870,820	631,834	708,899	450,455
利用料金割合（％）	7.6	10.2	8.1	5.6	6.2	3.8

州コミュニティ紛争解決センタープログラム収入の推移参照）．

　この点は，わが国の民間が運営する調停機関の財政状況と著しい対照をなしている．わが国の調停機関の財政状況については，8章2節「民間調停機関のコスト構造の分析」で詳しく見るが，外部からの財政支援はなく，利用料金と機関自身の拠出によって運営されようとしている．

　米国では，公益的な運営が行われる場合に，調停人自身の報酬が限定されたものになるが，機関運営そのものに対しては財政的な手当がなされ，安定的な運営を可能にしている．他方，わが国では，たとえ公益的な運営であっても，

9）Community Dispute Resolution Centers Program, Annual Report 2005-2006.

裁判所などの公営でない限りは財政的な手当がなされず，その団体自身の拠出のみによって運営することが求められる．その背景には，米国のボランタリズムとそれを支えるさまざまな社会的な仕組みがある．また，調停は，できるだけ省力化して裁判と同じ結果を提供しさえすればよいと観念的に考え，機関運営に十分な資源確保を行わないというわが国の傾向も影響している．

2. 量的発展の経緯

ここまでに見たように，現在の米国の調停は，申立件数，調停人の報酬，調停機関の財政のいずれの観点でもそれなりの大きさに膨らんでいる．こうした量的発展がどのように達成されたのか，70年代以降の歴史を振り返る中で詳しくみたい．

70年代

調停を裁判所の負担軽減目的に活用しようという政策意図――「上からの」考え方――はどのようなものであったか．1976年のパウンド会議[10]は，当時最高裁長官であったバーガー（Burger）のこのまま裁判件数が増大すれば，米国の司法システムが破綻するという危機感のもとに開催されたと言われる．この会議で，サンダー（Sander）によるマルチドアコートハウス構想が出され，その後の仲裁・調停の拡大の端緒となった．ところで，こうした「上からの」考え方や動きの中で，調停は最初から中心的な存在であったわけではない．むしろ，仲裁やミニトライアルなどの裁判と類似の構造と志向性を持つさまざまな手続でどの手続が有効かを試そうという社会実験的なスタンスが顕著であった．だからこそ，ADRという裁判以外の紛争解決手続全般を示す用語が使われたのである．

仲裁については，1925年の連邦仲裁法（Federal Arbitration Act of 1925）以降，労働分野だけで使われていた．しかし，70年代から80年代にかけていくつかの重要な判例が登場し，さまざまな分野で仲裁が有効になった（Nolan-Haley

---

10) 米国のプラグマティズム法学者パウンド（Pound）にちなんだ，司法システムを見直すために開催された会議．当時の著名な法学者，実務家などが参加した．ADRムーブメントの起源として，言及されることが多い．

2008：pp. 156-159)[11]．特に，契約時における仲裁条項が有効とされ，労働以外のさまざまな分野での仲裁の発展が見られた．このような中で，民間の仲裁事業者の代表的な存在としてAAAなどが件数を伸ばす．

隣人調停センター（Neighborhood Justice Center：NJC）の建設は，1977年に3ヵ所で開始された．しかし，調停は周縁的な存在で，社会実験自身もいつまでも続かないという意識があったようである（McGillis 1997：p. 9）．つまり，最初期において調停は仲裁等の影に隠れて目立ちにくい存在であった．

70年代後半にはJAMSの設立もあった．これは，当初は元裁判官が一人で開始した，スーパーマーケット内での法律相談であった．後に元裁判官中心に250人以上を擁する民間調停サービスを提供する大企業として発展を遂げる[12]が，当初はごく慎ましい活動であったようである．ともあれ，70年代後半はその後の発展に不可欠な重要な種まきが行われた時期であった．

80年代

70年代後半から80年代前半にかけて，社会実験の結果を研究する動きが出てくる．たとえば，マキューエンはメイン州の少額調停を対象として実証研究を行ったが，マキューエンは，調停の利用者の満足度が高いのに利用が増えないという「逆説」を指摘している．調停はマイナーな存在であった．

このような状況下で，民間組織であるヒューレット（Hewlett）財団が果たした役割を見過ごすことはできない．1978年よりヒューレット財団が資金提供を始める（Kovick 2005：p. 5）．1978年から1983年の5年では310万ドルの提供がなされた．1984年に本格開始され，2004年まで20年にわたって継続されるが，その総額は2億ドル以上である．年平均にして，ざっと10億円規模の資金投入が1つの私立財団によってなされたという点は特筆されるべきだろう．ヒューレット財団は，分野そのものが育成されるように実務の場にも，理論の確立を目的として学問分野にも提供された．たとえば，ハーバード大学交渉学プログラム（Program on Negotiation）の設立にもヒューレット財団は貢

---

11) ノラン＝ハレー（Nolan-Haley）によれば，第二次世界大戦後に労働分野の仲裁が活発化し，1970年代以降に医療過誤や消費者分野に至るまで仲裁が有効に変更された．また，以下も参照（フット 2006：p. 33）．

12) http://www.jamsADR.com/aboutus_overview/ 2010年3月20日アクセス．

献している．草創期における現場のインフラ作りと，実務に基づく学際的な理論化を意識的に進めたと言える．

この時期，弁護士は，調停に懐疑的であったとされる（Golann & Folberg 2006：p. 111）．調停を選択することは，当該紛争に弱気で望んでいると相手に思われても仕方がないという考え方が強かった．この考え方に対しては，ADR利用誓約（pledge）を広めるという方法で，地道に調停に対する態度の変化を促すための努力もなされた．企業が，紛争のない段階であらかじめ適切な場合には調停手続を選択することを宣言しておくと，当該紛争に弱みがあるから調停を選択するのではなく，賢明さから調停を選択すると説明できる．

80年代の後半はさまざまな制度化の方向が開発された．安定的な財源として，提訴費用の一部充当をADR財源にするというカリフォルニア州の立法がなされる（Dispute Resolution Programs Act of 1986：DRPA）．提訴費用200ドルのうち，3ドル（後に8ドル）がADRプログラムの財源として充当されるという立法である．その後フロリダ州やミシガン州などでも同様のスキームが使われた．

1988年，フロリダ州は州全体で仲裁と調停を活用できる立法を成立させた．調停については，1975年に作られた市民紛争解決プログラム（Citizen Dispute Settlement：CDS）というコミュニティ調停をベースにして，州全体でサービスを提供できるようにされたものである．この立法に先立つ1986年には州最高裁の中にADRプログラムを統括するセンター（Dispute Resolution Center：DRC）も設立されている．また，1990年には州裁判所の調停人認証制度を開始した．全米で代表的とされるフロリダ州の調停制度の骨格はこの時期に形作られている．

90年代以降

90年代には，80年代の先進州レベルでの制度化が，全米に波及する．まず，1990年，民事司法改革法（Civil Justice Reform Act of 1990：CJRA）があった．この中で訴訟の遅延の解消のため，ADR手続の利用が位置づけられた．ランド研究所の報告（Kakalik 1997）は，この立法の効果に対する検証であり，「ADRは早くもなく，安くもない」という結果は衝撃を持って受け入れられ

た．しかし，ADR の推進という基本的な方向は，この報告によっては変化しなかった．むしろこの報告によって ADR の政策意義に関する議論を，裁判所の負担軽減という点以外に広げた効果もあったようである．また，調停が早さや安さの意味で効果をもたらしているという別の反証も複数現れている（Golann & Folberg 2006：p. 111）．

90 年代後半から仲裁に対する反省も強まる．特に行き過ぎた仲裁条項の普及が消費者保護の観点で問題だとされる議論も広がり始める．結果として，仲裁を調停に置き換える政策も見られ始める（Bush 2002）．

さらに，90 年代後半には，調停前置（Mandatory Mediation）の州レベルでの立法も進む．調停前置の立法化は 90 年代から始まったが，連邦の ADR 手続法ができた前後に，多くの州がバスに乗り遅れるな（jumped on the bandwagon）（Streeter-Schaefer 2004：p. 373）とばかりに進んだ．量的な意味での調停の普及には，裁判所による紹介や調停前置の制度が決定的な意味を持ったようであり，数の意味での飛躍の環境が整う．

ビジネス環境としての調停も，90 年代から 2000 年代に整ってきたようである．たとえば，1995 年ごろでも，民間のタイムチャージとして 150 ドルとうたった広告が目立ったという記録がある（Barrett & Barrett 2004：p. 240）．分野や地域性もあるようであるが，すでに述べたように，高収入の調停ビジネスも成立する．

2000 年を過ぎて，ようやく UMA が，州法で実効化するためのモデル法として作られた．同法は，調停人が調停手続で話された内容を原則として非開示にできるという権利を明確にした上で，たとえば，身体に危害を加える発言が見られた場合などに限って非開示権を制限するという構造を持っている．同法は，調停活動を制限することに抑制的で，たとえば，セクション 9（2）（f）で，「この法は，調停人に対していかなるバックグラウンドや専門性に関する資格（qualification）をも要求しない」という条項まで含んでいる．わが国の ADR 法とは，調停を対象とする点と，良き調停制度の普及という目的はある程度共通するはずであるが，まったく異なる考え方で作られたものと言ってよい．

UMA は，現在オハイオをはじめとする 10 州で採択されている[13]が，カリ

フォルニア，フロリダ，テキサス，ペンシルバニアなどの調停が活発な州でも採択されていない場合がある．ABA の委員会によれば，UMA のような調停を推進する効果の弱い法律を採択すれば，調停への取り組みそのものも弱まってしまうという懸念も示されている[14]．

1999 年に開始されたメリーランド州の調停促進政策（MACRO）は，調停実践のまれな地域であった同州を，5 年程度で指導的な州の 1 つに変貌させた．裁判所内に調停を推進する事務局を備え，財政的な仕組みも整え，またコミュニティ調停との連携も行うなど，調停政策がショーケース的に整理されている[15]．このように，比較的近年においても，当該分野がダイナミックに動いているという点を指摘しうるだろう．

2000 年に公開された映画『エリン・ブロコビッチ』は，JAMS が 1996 年に扱った 3 億ドルの調停事件の実話を元に作られたもので，映画としても成功した[16]．調停は，米国の社会生活の中で，メジャーな存在になっていくのである．

2004 年，ガランター（Galanter）の「消える訴訟」（Galanter 2004）の報告がなされ，司法システム内での訴訟利用低下が問題とされるようになった．その 1 つの主要な原因が ADR と考えられている．

3．調停の量的発展の再検討

この 30～40 年程度の歴史を振り返ると，「上からの」考え方は成功したように見える．つまり，1976 年のパウンド会議以来，裁判所の負担軽減――訴訟経済的な意味での ADR 導入の効果が，30 年後にははっきりとしたものとして観察された，あるいは，行き過ぎかもしれないと考え始められたと概括することができる．しかし，調停制度に焦点をあてて見てみると，少し違って見えてくる．つまり，「上からの」見方では，当初調停があまり視野に入っておらず，本格的な制度化としては 90 年代後半までの時間がかかっている．さまざ

---

13) ワシントン DC，イリノイ，アイオワ，ネブラスカ，ニュージャージー，オハイオ，サウスダコタ，ユタ，バーモント，ワシントンの 10 州である．http://www.acrnet.org/uma/index.htm 2010 年 3 月 20 日アクセス．
14) 「ABA・ADR 委員会」http://www.abanet.org/environ/committees/adr/uma.shtml 2010 年 9 月 9 日アクセス．
15) MACRO では，外国や他の州のモデルとなることが当初から目標に置かれていた．
16) 主演のジュリア・ロバーツはアカデミー主演女優賞を獲得している．

まな活動や実証的な研究の過程で，徐々にその有用性を発見していくプロセスであった．それは，「静かな革命」（Stipanowich 2004：p. 845）とさえ言われるものになっている．最初期には隣人調停センター（Neighborhod Justice Center：NJC）の実験をはじめとして，実践からスタートしている．それが，ヒューレット財団の支援などを得て実践が理論化していく．制度化は，実践と理論化の後に行われる．制度化も，規制的な部分については，なるべく謙抑的に行っている．むしろ，実効性を確保するためのインフラ作りとして支援組織（フロリダ州 DRC など），財源確保（カリフォルニア州 DRPA など），調停前置など，調停を有効に機能させるための制度化に工夫がなされている点が重要であるように思える．

　他方，わが国の ADR 法については，まったく別の過程の「制度化」が見られた．「上から」の関心が，主として，規制的な視線が強く現れた形で立法化された．といって，それに先立つ実践から詳しく学んだという形跡にも乏しい．形式的な規則整備と弁護士関与の義務づけの部分が，営利を目的とせず公益目的で運営しようとする者たちに大きな重荷としてのしかかるものとなった．実効性を確保するための財源確保やインフラ整備の問題からは，皆目を背けてしまっている．

第3章　調停政策の位置づけ

1. 米国調停の質の議論の発展

　米国の調停が量的に発展してきたところはこれまでに述べたとおりであるが，理論や仕組みとして，質的な発展をこれから見ていきたい．量についてと同様に，全米の状況が均質とはとても言えないが，しかし，議論の内容そのものが徐々に成熟しつつあるということは事実であろう．

　量的な議論が，「上からの」考え方の反映として始まったのと対比して，質的な議論は「下からの」考え方が重要と思われる．すなわち，コミュニティ調停のモデルが，裁判の文化とは異なる方法と価値を提案し，それを軸として発展を遂げた（依然として遂げつつある）と見る見方が重要と思われる．

　実態としてのコミュニティ調停については，次章で扱う．本章では，調停に関する理論的考察として80年代，90年代，2000年代それぞれを代表する議論を取り上げる．すなわち，80年代のメンケル＝メドウ，90年代のブッシュ，2000年代のメイヤーの3つの議論である．これらの考え方は，理論上も実践上も大きな影響を与え，現在においても最も重要な論考であることは疑いない．本節では，特に，コミュニティ調停で発展した理念や技法が，彼らによってそれぞれどのように位置づけられたかという展開を見ていきたい．

2. 質的発展の経緯

メンケル＝メドウの問題解決アプローチ

　まず，米国のADRを代表する学者であり，調停の実務家でもあるメンケル＝メドウが1984年に書いた論文 "Toward Another View of Legal Negotiation : The Structure of Problem Solving"（Menkel-Meadow 1984）[1]で論じられた

問題解決アプローチを取り上げたい．

これは裁判が前提としている「論争主義的交渉」(adversarial negotiation) の対極として，「問題解決的交渉」[2] (problem-solving negotiation) のアプローチの必要性とその限界を論じたものである．

勝ち負けをはっきりさせる論争主義的交渉では，ゼロサム交渉を前提としており，最初から妥協が求められる一直線の交渉の構造を持つ．

これに対し，問題解決的交渉では，①当事者ニーズを探り，②利用可能な資源の範囲を拡げ，③公正な解決案を採択するという構造的な流れを取るとされる．

メンケル＝メドウが論じたのは，単に論争主義的交渉では Win-Lose になり，問題解決的交渉では Win-Win になるという結果だけではない．むしろ，出発点の基本姿勢 (orientation) →思考方法 (mind-set) →行動 (behavior) →結果 (result) という関係性を論じたところに特徴がある．すなわち，出発点の基本姿勢が最終的な結果に影響するという関係を論じたのである．

この考え方は，裁判所の外でよりよい紛争解決を目指す調停運動家に基軸となる根拠を与えた．つまり，訴訟経済的動機による上からの ADR 運動では，訴訟という論争主義的手続の実現，ないし簡易な実現が求められるのに対して，下からの調停運動では当事者ニーズを満たしパイを拡大した上での自己決定を図れるという民主的な活動を行っている．……このように，下からの調停運動を自認する者たちにとって，自分たちの活動を正当化できる説明が与えられたのである．調停が，弁護士の日常的活動の延長線上には「ない」という宣言であった．

この視座は，90 年代にリスキンが論じた評価型調停 (evaluative mediation) と自主交渉援助型調停 (facilitative mediation) という調停技法の議論 (Riskin 1996) にも引き継がれ，調停人の行為そのものが，裁判所で裁判官が行う和解の方法とは独立したアイデンティティを持っているという自己像につながっている（調停の進め方及び技法に関する議論は，5 章 1 節「自主交渉援助型調停」で論じる）．また，調停機関も裁判所とは距離を置いた自律性を求めるという議

---

1) 同論文は，小島武司によって紹介されている（小島 1986）．
2) 当事者対抗的交渉と訳しても良い．

論にもつながっている（調停機関における組織の方向性をめぐる緊張関係については，4章1節「コミュニティ調停の現在」で検討する）．このように見れば，問題解決的交渉モデルが提案した視座は，現代においても依然として緊張関係をはらんだ実務を有効に説明すると言ってよい．

メンケル＝メドウの"Toward Another View of Legal Negotiation"に先立って，フィッシャー（Fisher）とユーリー（Ury）の『ハーバード流交渉術』が1982年に出版され，ハーバード大学交渉学プログラム（Program on Negotiation：PON）の開設があった．論争主義的でない別の「原理」または「原則」が発見されたという意味で，現代調停の1つの基礎として位置づけられたのである．

ブッシュとフォルガーの4つのストーリー

80年代にWin-Winのための調停手続という概念は広がっていった[3]．また，前節で述べたように80年代の半ばから後半にかけて徐々に初期の制度化が開始され，それにつれて弁護士による調停への参加が顕著になる．このあたりから，次第に初期のコミュニティ調停の理念の形骸化が意識されるようになる．

1990年の民事司法改革法（Civil Justice Reform Act of 1990：CJRA）でADRのメインストリーム化はほぼ決定的なものとなった．

それを受け，90年代前半には，調停の実践を反省的に見直す動きが見られる．これから述べるブッシュの他には，サンフランシスコ・コミュニティ・ボード・プログラム（SFCB）の実態を批判的に論じたメリー（Merry）とミルナー（Milner）の研究（Merry & Milner 1993），調停実践の多様性をインタビューによって浮き彫りにしたコルブ（Kolb）（Kolb 1994）があった．また，リスキンの論文（Riskin 1996），94年の「調停人行動規範（第一版）」（Code of conduct for mediators）などをめぐって，自主交渉援助型調停と評価型調停の議論も広がる．いわば調停を相対化して見直す機会が現れたと言って良い．そのような流れの中で，ブッシュらは調停の位置づけの再提案を行った．

ブッシュは，フロリダ州において80人以上の調停人へのインタビューに基

---

[3] バレット（Barrett）は，80年代をWin-Winの時代（The Era of Win-Win）と呼んでいる（Barrett & Barrett 2004：p. 209）．

づいた「倫理的ジレンマ」研究を行う（同研究については，5章2節「自主交渉援助型調停と「情報を得た同意」」で改めて扱う）．Win-Winの名の下の浅薄な取引的（transactional）な調停を批判し，コミュニティ調停が本来持っていた両当事者のモラルを向上させる倫理的活動へという一種の原点回帰の主張を行った．これが，ブッシュとフォルガーが示した変容型アプローチ（transformative approach）である．これは，1994年に出版した"The Promise of Mediation：Responding to Conflict Through Empowerment and Recognition"（Bush & Folger 1994, Bush & Folger 2005）で示された．

同書では，調停運動の歴史を，4つのストーリーによって説明している（Bush & Folger 2005：pp. 9-18）．すなわち，満足，社会正義，変容，抑圧の4つのストーリーである．

ここで述べられている満足のストーリーは，先述の問題解決的交渉モデルとほぼ等しいと見て良い[4]．すなわち，当事者ニーズに合致した創造的な問題解決によって当事者の満足が得られ，経済的にも心理的にもコストがかからない方法として調停を見る見方である．

次の社会正義のストーリーは，裁判所と距離がある場所で社会正義を直接実現しようとしたコミュニティ調停の運動を1つの流れとして独立に位置づけられたものである．

変容のストーリーは，ブッシュらが提案する変容型調停を先取りした事実上の活動として，その流れが位置づけられている．当事者間でのコミュニケーションの改善により，当事者双方が成長し，あるいは当事者関係が変化するという「論文等で論じられるよりは，インフォーマルにささやかれることが多かった」（Bush & Folger 2005：p. 15）調停の機能を，調停の目標に設定し直したものがブッシュらの提唱する変容型調停である．これを，問題解決的交渉モデルから独立させたところにブッシュらの議論のユニークさがある．

抑圧のストーリー（oppression story）は，前の3つのストーリーとは異なり，調停を含めたADRを二流の正義の手続と見なし，市民の権利実現の抑圧であると批判する見方である．代表的には，フィス（Fiss）（Fiss 1984）やネー

---

[4]　なお，"Promise of Mediation"で，メンケル＝メドウに関して，1995年の論文が満足のストーリーに，91年の論文が変容のストーリーに該当すると述べている．

ダー（Nader）（Nader 1979）の議論が紹介される．

　この4つのストーリーで示された議論は，変容型調停の運動という自らのグループの活動を位置づけるために展開されたという側面もあるが，米国のADR運動の実態を良く記述する視座でもある．この議論の結果，問題解決的交渉モデルないし満足のストーリーに漠然と統合されていた調停運動において，見落とされがちであった社会正義，変容，抑圧という3つの固有のストーリーに光があて直された．つまりブッシュらは，これら4つの方向性をめぐる緊張関係の葛藤として，改めて調停を見直すという視座を提案したのである．

　当事者が満足し，訴訟経済的にも有効であるという満足のストーリーは，調停を裁判所とは独立し，しかも，裁判所からの支援も得られるレトリックをもたらした．しかし，個別の調停実務においては，安易な取引的話し合いへの誘導を行う危険性，すなわち，否定していたはずの安易に妥協を迫る調停に逆戻りしかねないという問題を鋭く批判したのである．また，調停機関運営レベルで見れば，コミュニティ調停プログラムの制度化によって，調停運動がその最初期に持っていた長所を失っていく危険について論じられた状況にも符合していた．その意味で，これら4つのストーリーが提出する視座とは，調停運動の原点回帰による，調停運動の再活性化の提案とも解釈できる．

　ブッシュをはじめとする90年代のさまざまな議論を通じて，調停は，当事者の自己決定のための手続であるという位置づけが明確になった．と同時に，調停人が中立に振る舞う役割，当事者が良く情報を得る（特に法情報を得て公正な結論を得る）ための配慮をするという役割などとジレンマ関係が生じたとき，どのように考えていくべきかという問題が浮上した（特に情報を得た合意の問題は，5章2節「自主交渉援助型調停と「情報を得た同意」」で改めて扱う）．

メイヤーのコンフリクトエンゲージメントアプローチ

　90年代後半の調停前置（Mandatory Mediation）の普及などを通じて，調停が司法システムとの関係をさらに強めていく．これが，原点としての調停運動を失わせ，事務的な流れ作業に堕する危険な傾向を強く意識させるものとなった．社会の中で大きな役割を担う方向で制度化される一方で，質的な低下の問題がより深刻化してきたと言える．

フォルガーらは，フロリダ州における調停機関の事例研究を 2001 年に世に出した．裁判所に同化してしまう場合，裁判所からは影響をできるだけ受けずに自律して（あるいは唯我独尊で）行う場合，相乗効果が現れている場合のいずれもが観察されることを明らかにした（詳細は，4 章 1 節「コミュニティ調停の現在」で述べる）．

メイヤーが 2004 年に出版した *Beyond Neutrality*（Mayer 2004）は，紛争解決分野が社会の中で充分に役割を果たしておらず，むしろ分野としては危機にあると認識した上で，紛争解決専門家の役割を，紛争のエンゲージメントとして捉え直すことを提案している．

つまり，解決する者という問題解決的アプローチによる定義づけ，変容型アプローチによる当事者を変容ないし成長させる者という定義づけいずれもが問題をはらむため，紛争を顕在化させ，紛争を嚙み合わせる者という定義づけが望まれると述べている．

問題解決的アプローチによる中立的第三者として問題を解決するという役割定義こそが，中立性や，協働といった紛争当事者が直接望まない役割に自らを縛り，そのために社会に果たす可能性が損なわれていると述べる．むしろ題名にもある「中立性を超える」役割の中に自らを位置づけるべきであるという主張である．

変容型アプローチに対し，当事者が当該紛争に対して変容する（または成長する）ことは，紛争専門家にとって二次的な目標に過ぎないとする（Mayer 2004：p. 191）．変容する準備ができている当事者が変容できるために，調停人が触媒となることは望ましいと変容型アプローチへの理解を示しつつ，むしろどのようなフェーズにいる当事者であっても紛争に取り組めるように助ける（エンゲージメント）のが，紛争専門家の役割として適当であるとしている．

このメイヤーのコンフリクトエンゲージメントアプローチは，社会正義の実現を目指した活動家（アクティビスト）による調停運動が実質的にも中核を担っていたと評価し，中立性や Win-Win と言った概念にしばられることなく，時には戦ったり（Mayer 2004：p. 196）[5]，分配型交渉を行ったり（Mayer 2004：p.

---

[5] また，より直接的には，力や権利を使うアプローチを肯定すると述べている（Mayer 2004：

195），という多様な活動を支援することが可能であるし，また，求められていると述べたのである．

　見方を変えれば，ブッシュとフォルガーによって「満足の解決」「社会正義」「変容（成長）」と分けられた紛争専門家の役割を，「社会正義」実現を主たる動機とする「紛争の嚙み合わせ」（エンゲージメント）に再統合する提案とも解釈できる．依然として存在する，調停に対する懐疑的な見方に対抗するために，メイヤーは，「紛争を嚙み合わせる者」という新しい軸を提案したと考えられる．

3．3つの見方

　メンケル＝メドウ，ブッシュとフォルガー，メイヤーと80年代，90年代，2000年代を代表する文献が提案している調停観を検討してきた．

　問題解決的アプローチと論争的アプローチの緊張によって調停を見る見方も依然として重要であるし，変容型アプローチが提案した見方も有効である．メイヤーの見方によって以前のメンケル＝メドウとブッシュの見方が完全にくつがえされたというようなものではない．米国の調停が単に概念的な議論にとどまらず，裁判所付設調停プログラムその他のさまざまな実務的な発展の過程で，議論そのものも見直しを迫られてきている文脈を丁寧に理解する必要がありそうである．

　また，これらの3つの見方に共通して見て取れるのは，調停が裁判とは独立した固有の価値を有するという前提である．裁判が前提とする客観的で公正な手続により紛争を解決する価値を無視しているというわけではない．裁判の持つこのような価値とは独立したところに，調停の価値の実在についての説得的な議論が行われているところこそ注目すべきであろう．

---

　p. 263）．

第4章　機関運営

第1節　コミュニティ調停の現在

1. はじめに

コミュニティ調停への視線

　本節では，コミュニティ調停を中心として，調停機関運営をめぐる議論を検討する．具体的には，フォルガーらの2001年の研究を中心に，コミュニティ調停についての現況を検討する．序論で示した，「調停の実務」の研究のうち，「機関運営」に関わる実態と事例を見ていく．

　2章「制度及び件数の面での考察」で述べたように，米国の調停は量的にかなりの発展を見ている．また，3章「調停政策の位置づけ」で述べたように，質的には，コミュニティ調停の実践が理論化の過程でも重要な役割を果たしてきた．

　ところがまた，本節の中で述べるように，現在はコミュニティ調停自身がさまざまな形に変化し，コミュニティ調停が1つの像を結ぶ時代ではなくなっている．単純な形で調停がロマンチックであった時代は終わったのである[1]．

　それでも，近年でも実際にコミュニティ調停センターを訪問すると，昔ながらのそれを思わせる質素な環境の中で，しかし，情熱に満ちた人々が熱心に調停の良さを語る場面に出会うこともある．近年の調停人気の原型として，コミュニティ調停が持っている当事者を徹底的に支えようというスタンスが横たわ

---

1) メンケル＝メドウは，「ADRのロマンチックな時代は終わった．」と述べている（Menkel-Meadow 1997）．

っている点についての合意は，少なくとも米国ではかなり広いものである．
　トクヴィルは，『アメリカの民主主義』の中で，以下のように述べている．

　　人間の精神の最も大胆な理論が，外見では極めてみすぼらしいこの社会で実行に移されたのである．
　　（中略）
　　わたくしはイギリス系アメリカ文明の真相を明らかにするためにすでに十分のべたのである．それは全く異なった二つの要素からできたものである（この出発点はいつでも心に浮かべられていなければならない）．これらの二要素はアメリカ以外のところでは，しばしば互いに反目して闘っているが，アメリカでは，幾分，一方が他方のうちに巧みに包含され結合されるようになっている．私はこれを「宗教の精神」と「自由の精神」といいたいのである．（トクヴィル 1987：p.85）

　コミュニティ調停が運動として体現しようとしているのは，このトクヴィルの言うところの「宗教の精神」と「自由の精神」の結合であるようにも思える．
　自主交渉援助型調停が持つ当事者自身による決定という価値は，明らかに，「自由の精神」の体現への意思を示している．調停運動が一種の規制緩和論であり，権力によって客体的位置に置かれがちであった市民からの異議申立（voice と choice の回復）という側面を含んでいることは間違いがない．ただし，「自由の精神」の追求は一面であり，もう1つの「宗教の精神」とでも言うべき，道徳的な運動としてのコミュニティ調停を理解しなければその全体像を摑み損ねるように思える[2]．
　コミュニティ調停を原型に持つとされる現代調停の方法論は，直接民主主義の一形態として，これからの民主主義の深化の方向性として語られることも出てきている．調停が政策意義として，単にバラバラの個人の自由の追求というリバタリアン的方向性しか持たなければこのような位置につくことはなかった

---

2) 興味深いことにコミュニティ調停は，宗教そのものとも密接に関わりを持ってきた．特に，クエーカーとの関係は強かったと言われる．たとえば，調停技法をとりまとめたものとして比較的早い時期に完成した *Mediator's Handbook* はクエーカーの出版社から世に出ている（Beer & Stief 1997）．同書は，1982年にすでに完成し，トレーニングなどで使用されていた．

であろう．かといって，単に共同体の再生をナイーブに目指すものでもない（たとえば，コミュニティ調停を体現する象徴的な人物の一人であるデイヴィス（Davis）は，やはりコミュニティ調停を代表する存在であるサンフランシスコ・コミュニティ・ボード・プログラムについて，個人主義への寛容が充分でなかったという見解を述べている（Kolb 1994：p. 247））．

コミュニティ調停の定義

コミュニティ調停は，コミュニティのボランティアによってなされる調停手続を提供するサービスである．

ヒディーン（Hedeen）は，コミュニティ調停センターを以下の4要件で定義している（Hedeen 2004：p. 104）．第一に，ノンプロフィット又は公益機関・公益プログラムによって運営され，調停人やスタッフはコミュニティの多様性を反映した意思決定主体を持っている．第二に，トレーニングを積んだコミュニティボランティアによる調停が行われている．ボランティアは，学術や専門的資格を必要とせず，市民に開かれている．第三に，市民に調停サービスを直接提供している．第四に，支払能力を問わずにサービスを提供している．

わが国でのコミュニティ調停の紹介

米国のコミュニティ調停運動は，日本でもかなり以前より紹介されている．コミュニティ自治を目標に掲げ，専門家への懐疑や，反権威指向などのイデオロギーが存在していることが知られている．しかし，一方で，その理解にはかたよりがある．たとえば，80年代以降に進んだ裁判所によるADRプログラム整備の過程で，裁判所等からの財政的な支援と事件の紹介（Referral）をコミュニティ調停が受ける方向での変化があった．この過程で，調停が本来持っていた柔軟な方法で当事者を丁寧にエンパワーするという理念が形骸化したり，忘れ去られたりしているのではないかという懸念も広がっている（Welsh 2001, Press 1996）．日本でも，アメリカのコミュニティ調停運動の限界ないし衰退を伝える論考がある（和田安弘 1996）．これらが，現実の「一断面」を正しく表していることはほぼ間違いがないが，特に日本でのいくつかの論考が現実の「全体像」を表しているとは考えがたい．コミュニティ調停は，高いクオリテ

ィのサービスを貧しい人々に提供し続けている（Ray 1997）．コミュニティ調停において育まれてきた，当事者を丁寧にエンパワーし，専門知に依存するというよりは当事者相互の努力によって双方が満足する創造的な解決を目指すという現代調停の技法は，コミュニティ調停に限らず，考え方として一般化した．また，米国にとどまらず，さまざまな地域に広がっている．米国における調停のあり方の理想像として，弁護士調停人や裁判所でのプログラムなどでも尊重されている．また，コミュニティ調停センターそのものもセンター数としても増加を続けている[3]．財政支援や事件紹介に関しても，信頼を勝ち取ったからこそ基盤を得たと解釈することも可能である．

2. コミュニティ調停の現状と課題

マクギリス（McGillis）のレポート

コミュニティ調停の総体を報告したものとして，1997年のマクギリスのレポートがある（McGillis 1997）．どのように発展してきたのかと，どのような課題があるかについての分析を行っている．

発展に関しては，歴史的な分析も行い，最も古いプログラムはPhiladelphia Municipal Court Arbitration Tribunalが1969年にAAA，弁護士会，裁判所のジョイントプログラムとして行ったものであると述べている（McGillis 1997：p. 2）．また，コミュニティ調停機関の増加の状況についての分析も行っている．1995年時点ではコミュニティ調停機関数は，約300弱として報告されているが，開始時期としては1983年の34機関をピークとしているといったデータの紹介もある（McGillis 1997：p. 3）．

成果・達成として以下が挙げられている（McGillis 1997：p. 83）．
- コミュニティ調停のプログラム数は非常に増えている
- プログラムは非常にさまざまな分野に広がった
- いくつかの際立った州レベルのサポートメカニズムが登場した
- 非営利のコミュニティ調停プログラムが増加し，一般化した
- 比較研究によれば，紛争解決手続として調停の好ましい結果が示されてい

---

3) 米国コミュニティ調停協会（National Association For Community Mediation：NAFCM）推計によれば，全米に550のセンターがある．

る
- 国際化の方向で成長している

また，課題としては以下が挙げられる．
- コミュニティ調停の認知は依然として低レベル
- 個々のプログラムの財政は依然として低く不安定である
- 予想されていたよりはケース数が伸びず，裁判所のケース削減への影響も小さい
- プログラムは比較的少数の州に集中する傾向がある

その結果として，以下の6つのニーズを提言している．
- コミュニティ調停についての啓発を増やすニーズ
- プログラムの財政を増やすニーズ
- 受付（intake）と紹介（referral）のメカニズムを改善し，ケース数を増やすニーズ
- プログラム運営のトレーニングを拡充するニーズ
- プログラムのプロセスと結果を改善するためのさらなる研究のニーズ
- 米国全土での関心を増やすニーズ

特に，財政面での分析を詳しく行っており，約半数のプログラムが5万ドル～15万ドルの年間予算であり，30万ドルを超える予算を持つのは1割にとどまっている当時の現状を紹介している（McGillis 1997：p. 87）．

また，コミュニティ調停は州による取り組みの差が現在でも大きいと言われるが，当時，コミュニティ調停プログラムが，おおよそ4分の1の州に集中しているという分析を行っている（McGillis 1997：p. 91）．

ヒディーンによるコミュニティ調停の総説的紹介

90年代半ばにまとめられたマクギリスレポートは，現在においても有用な包括的記述を与えているが，それ以降において，メリーランド州が州を挙げてのADRプログラムを成功させるなど，若干の相違点が生じている．

NAFCM[4]の元共同代表で，学者となったヒディーンによるコミュニティ調

---

4) コミュニティ調停に対するアンブレラ機関として，コミュニティ調停に関する情報集約や各種の支援活動を行っている．「コミュニティ調停機関運営の方法論」を参照．http://www.nafcm.

停に関する総説的論文（Hedeen 2004）が参考になる．

　豊富なデータが紹介されており，摑みづらいコミュニティ調停の総体の一部が明らかになる．たとえば，コミュニティ調停センターは，裁判所からの紹介が多いが，46%のセンターで半分以上の件数の紹介を受けているというデータを紹介している（Hedeen 2004：p. 108）．ノースカロライナ州（2000年のデータ）に至っては，75%が裁判所からの紹介である．「わたしたちは，裁判所への代替を作ったのでなく，裁判室の代替を作ってしまったようだ」と，コミュニティ調停センターでの実務家の自嘲的な発言があったことを紹介しているが，裁判所との関係の深さないし依存度の高さがうかがわれる（Hedeen 2004：p. 108）．

　実際の調停の進め方については，コミュニティ調停人は，（リスキングリッド[5]では）自主交渉援助型・促進型（facilitative）で広いイシュー（broad）のスタイルを採用し（Hedeen 2004：p. 112），また，多くのコミュニティ調停では，変容型（transformative）を使っている（Hedeen 2004：p. 113）．さらに，2人調停（co-mediation），パネル調停（panel mediation）モデルが多い（Hedeen 2004：p. 113）．仲裁を行っているのは一握りで，Med-Arb[6]は衰えたと言及している（Hedeen 2004：p. 114）．調停機関の運営については，スキルのある常勤のコアメンバーに頼っている現実についても紹介している（Hedeen 2004：p. 118）．

　コミュニティ調停人になる動機としては，利他主義（altruism）によるというデータがある．他者を助けたい，コミュニティを作りたいという動機と共に，「新しいスキルを学びたい」という動機も強い．交通費が出る程度であまり報酬がないが，職業を見つけるための踏み台という位置づけも生まれていること

---

　　org/　2010年3月25日アクセス．
5）　調停の方向性に関するリスキンの議論である（Riskin 1996）．
6）　Med-Arbとは，調停を行った後，仲裁に移行する手続をいう．わが国の弁護士会紛争解決センターでは，調停で事実上合意した後に執行力付与を目的として仲裁手続に移行する場合もあり，手続としてはほぼ同じものと考えて良い．ただし，米国等では，同一調停人が調停と仲裁を兼ねるのは，役割混同の意味で問題があるとされる場合があり，別の者が仲裁を行う運用としている機関もあるようである．また，近年には，Arb-Medと呼ばれる順序を逆転した手続も現れている．すなわち，提出された情報からあらかじめ仲裁判断を行っておき，一旦当事者に伏せて保管し，その上で調停を行うという手続である．調停がうまくいかなかった場合にだけ，当初の仲裁判断が有効になるスキームである．

もわかる (Hedeen 2004：p. 118).

調停プロセス,調停人に対する満足度は共にきわめて高い (Hedeen 2004：p. 120).

3. フロリダにおける事例研究

研究の概要

変容型調停のフォルガーらが行ったフロリダにおける調停プログラムの事例研究がある (Folger et al. 2001). 同研究では，フロリダ州における6機関について半構造化インタビューを行い，歴史，組織管理 (administration)，予算／資源，ケースマネジメント，調停人，質管理についての分析を行っている.

コミュニティ調停プログラムが，裁判所から支援を受けた結果，同化的 (assimilative)，自律的 (autonomous)，相乗的 (synergistic) の3パターンが現れていることを分析している．裁判所の下請化とでも言うべき状況が進行している場合もあれば（同化的），裁判所からは支援を受けるが影響を抑えながら活動を継続する場合もあれば（自律的），双方の良さが相乗効果を現すように工夫が続けられている場合もある（相乗的）．以下に，6つのプログラムについて，ごくかいつまんだ説明を紹介する．

① Alachua County Family Mediation Program (Folger et al. 2001：pp. 9-21)

コミュニティ調停の丁寧さと，裁判官による公正さチェックによる安心感が相乗効果を生んでいる例である．

首席裁判官の肝いりで1993年に作られた家事調停プログラムである．首席裁判官自らお古のクローゼットを提供したというエピソードも紹介されている．

このプログラムは，5万ドル以下の年収のものに利用を限定し，無料で提供されている (Folger et al. 2001：p. 13). また，このプログラムでは，時間をかけ，丁寧に進めるところを特徴とし，最低3時間，6〜8時間をかけるケースもあるという (Folger et al. 2001：p. 15).

このプログラムは，裁判官の協力体制が敷かれている点，公正な合意を調達するための注意深い手続が設けられている点にも特徴がある．具体的には，本人手続の場合は，「自助プログラムの担当者」によって合意文書のレビューを

受け，最終決定前の担当者ヒアリングの長さを決める（ただし，この自助プログラム担当者は，法的な代理人ではない）．また，最終の期日において，裁判官が合意文書をレビューし，特に，共同親権における移動や，兄弟が別れる場合，性的逸脱など子供の関係の条項を注意する．

DV についてはスクリーニングの質問をするが，調停を行う場合もあるとされる（Folger et al. 2001：p. 14）．

1 ケースあたりの調停人の報酬は 100 ドルであり，交通費も出ない（Folger et al. 2001：p. 17）．調停人の多くは弁護士とメンタルヘルスの専門家である．プロボノで行う調停人もいる．

年度予算は 166,735 ドル（1998 年）（Folger et al. 2001：p. 12）．1998 年は，550 件を扱い 437 件が合意に達している．1999 年は 417 件のうち 304 件が合意している．

同プログラムへの評価は高く，公正，プロフェッショナル，効果的といった賛辞が寄せられている（Folger et al. 2001：p. 18）．

② Broward County Family Mediation Program（Folger et al. 2001：pp. 21-28）

これもコミュニティ調停の丁寧さと，リーガルエイドサポート弁護士の協力などで相乗効果を生んでいる例であるが，扱う件数が多い割に充分に資源が割り当てられないことから，下請化の兆候も感じられる例である．

これも家事調停のプログラムであるが，1980 年に始まり，フロリダ州における家事調停についての先頭ランナーであるとされる（Folger et al. 2001：p. 21）．

3 万ドル以下の年収の場合は無料，3 万ドル超 5 万ドル以下では割引料金，5 万ドル超では通常料金という体系を取っている．

ほとんどは代理人なしの本人手続である．ただし，リーガルエイドサポートからプロボノの代理人がつく場合がある（Folger et al. 2001：p. 23）．

1999 年度の予算は 163,311 ドルである（Folger et al. 2001：p. 22）．調停件数はおよそ月に 60 件であり，合意率はおよそ 85% である（Folger et al. 2001：p. 24）．

インタビューによれば，「場所」は大きな問題であるとされ，たとえば，ディレクターの事務室は実に 12 回以上替わっているという（Folger et al. 2001：p. 23）．

③Hillsborough County Civil and Family Mediation Programs（Folger et al. 2001：pp. 28-52）

　これは裁判所文化に同化してしまった例で，多様性が少なく流れ作業的である．しかし，量的な処理能力は大きい．

　このプログラムは民事及び家事を対象とした都市型で州レベルでも最大規模の裁判所に統合されたシステムとして紹介されている（Folger et al. 2001：p. 28）．同プログラムは，1978 年の市民紛争解決プログラム（Citizen Dispute Settlement：CDS）として開始され，1986 年に改組されたものである．

　家事分野の利用料金は，年収に応じて各当事者，1 セッションあたり 30 ドルから 120 ドルと有料である．民事分野の場合は，少額紛争の場合は無償，その他の場合は 50 ドル均一である（Folger et al. 2001：p. 30）．

　プログラムは，裁判所内の建物にあり，10 の調停室は「審問室（Hearing Room）」と呼ばれている（Folger et al. 2001：p. 31）．セキュリティボタンが各室に用意されているが，使い道がはっきりしないと言われている．狭く，調停しづらい審問室はこのプログラムの大きな欠陥であると捉えられている．インタビュー中，調停は，司法システムの代替ではなく，その一部であるというコメントも聞かれている（Folger et al. 2001：p. 31）．また，民事紛争については合意文書定型書式（boilerplate agreement）が使用されている．

　ユニークな企画としては，家事分野で，裁判所からの命令や一般的な申込の手続に加えて，直接来所（walk-in）手続を毎週木曜日に実施している（Folger et al. 2001：p. 35）．その場合には調停のセッションは 45 分だけが割り当てられる（通常の場合は，2 時間だが，午前と午後に 1 つずつという予定を行う場合が多く，2 時間より長い時間話し合われる場合が多い（Folger et al. 2001：p. 36）．）．

　財源としては，裁判提訴費用の一部が調停プログラムに充当される規則があり，年間予算は，およそ 100 万ドルである（Folger et al. 2001：p. 30）．

　22 人の勤務スタッフと，33 人の契約調停人がいる（Folger et al. 2001：p. 29）．スタッフのうち，11 人は受付（intake）担当のチーム，7 人は書記担当のチームである（Folger et al. 2001：p. 32）．また，スタッフ職員の多くもトレーニングを受けて認証された調停人であり，実際に頻繁に調停を行っている（Folger et

al. 2001：p. 38)．

　受付担当者は月に1,200件の電話を受けるが，一般的な裁判所の手続についての問合せや間違い電話を除くと，そのうち800件が対応の必要なものであり，さらに調停まで進むものは500件程度である（Folger et al. 2001：p. 32)．

　民事の調停人の報酬は，時給16ドルであり高くない．インタビュー中の「昼食代位にはなる」というコメントを紹介している（Folger et al. 2001：p. 39)．調停人は多様であるべきと考えられているが，現実には1人の黒人，2人のヒスパニックを除くと白人（Caucasian）がほとんどであり，スペイン語を話す者は一人もいない（Folger et al. 2001：p. 39)．

　家事の調停人は弁護士である副ディレクター，もう1人の会計士を除くとメンタルヘルスの専門家である．家事調停の報酬は，セッションあたり125ドルである．来所調停（Walk-in）については，1日125ドルである．調停人の，司法システムで最も安く使われているという自己認識についての紹介もある（Folger et al. 2001：p. 42)．

④ Orange County Civil Mediation Program（Folger et al. 2001：pp. 53-61)

　これはさらに裁判所の文化に同化した「効率的に多くの件数をこなす」処理プログラムとして運用されている例と言える．

　1992年に始まった民事紛争向けのプログラムである．

　調停人はボランティアが参加している．200人の応募があり，インタビューなどの選考課程を経て，そのうちの特に良い資質を持つ23人が選ばれたとされる（Folger et al. 2001：p. 53)．現在の調停人の実際は3分の2が引退した者（ビジネス，教育，軍隊など）であり，残りもボランティアが許される状況の者に限られている（Folger et al. 2001：p. 56)．人種等の多様性は高くない（Folger et al. 2001：p. 56)．

　予算は281,000ドル（1998年）で，提訴費用の一部が調停プログラムに充当される州の規則によるものが約85％と大半を占める．残りはカウンティの予算である．

　実績としては，少額紛争について，2,576件中2,118件の合意，少額でない一般民事については1,716件中1,465件の合意を得ている（Folger et al. 2001：p. 55)．

ほとんどのケースは1日で合意に至っている．合意文書は調停人の手書きであり，裁判官のレビューはない．

毎日平均9人の調停人がスケジュールされ，少なくとも2件の調停を行うが，しばしば1日5件行う場合さえもある（Folger et al. 2001：p. 56）．

調停モデルとしては，促進型・問題解決型アプローチ（facilitative problem-solving）であると自己定義しているが，同時に，自分たちの役割を「見つけられていない真実の発見」「種を植える」ことにあると考えている．

⑤ Citrus County Mediation Program（Folger et al. 2001：pp. 61-70）

これは地方での小規模なプログラムの例である．充分な資源が確保されず，メンバーも固定してしまっている．

1994年に開始された民事紛争向けのプログラムである．

1999年の予算は3,500ドルで，州の訴訟定期費用の一部充当財源による（Folger et al. 2001：p. 62）．カウンティの少額訴訟は調停前置とされ，主としてこのような紛争が持ち込まれる．1999年の実績は，338件の少額紛争と6件の民事紛争のうち219件が合意している．2000年のデータでは，346件中276件合意している．金融機関の代理人のようなリピートプレイヤーも多い（Folger et al. 2001：p. 63）．

調停人は，プログラム開始時の24人のうち，12人がそのまま残り，新しいメンバーは入っていない．調停人は職業を引退したシニアである．小さな地方のカウンティであるので，当事者との関係が問題となって調停を実施できないこともある（Folger et al. 2001：p. 63）．

裁判所全体としてもスペース不足に悩まされているが，調停のプログラムも同様で，外の施設を利用する場合もある（Folger et al. 2001：p. 62）．裁判所については拡充計画があるが，調停プログラムについては計画されていない．調停は隔週の水曜日に行われる．

⑥ Leon County Citizen Dispute Program（Folger et al. 2001：pp. 70-79）

これは，自律的なコミュニティ調停を維持しようとしている例である．

1995年に開始された隣人調停センター（Neighborhood Justice Center：NJC）であり，調停及び，対話介入（dialogue interventions）と呼ばれる規模の大きい公益政策的な合意形成活動を行っている（Folger et al. 2001：p. 72）．

対話介入では，たとえば，35世帯が関係するペット問題を話し合う．地域の教会やホスピスなどのスタッフ，あるいは自治体政府とも一緒に仕事をする場合がある．

組織のミッションとしては，「参加と社会変革の価値」であると考え（Folger et al. 2001：p. 75），人種関係，コミュニティ間の難しい紛争にも関わっている（Folger et al. 2001：p. 76）．

1999年の予算は359,071ドル．うち，州の補助は約6万ドルである．運営スタッフはさまざまな財源を得ることが重要と考えている（Folger et al. 2001：p. 71）．

応諾率が悪く，1999年の例では，980ケースのうち74件の調停を行った．センターのポリシーとしては，裁判に行く前の紛争に対応しようとしている（Folger et al. 2001：p. 75）．

事務局には9人のスタッフがいる（Folger et al. 2001：p. 70）．運営者，スタッフの多様性を確立している（Folger et al. 2001：p. 77）．

わが国の調停実務から見たフロリダにおける事例研究

このフォルガーらによる研究を振り返ってみると，理想を掲げつつそれぞれ格闘している現実の調停機関の姿が見えてくる．驚かされるのは，同一の州で，公的な資金が投入されている6つのプログラムが，目標や価値観，方法においてもかなり異なっていることである．フォルガー，ノース（Noce），アンテス（Antes）の3人の著者は，実態的な問題をあげつらうというスタンスを取っていないが，比較することでかなりさまざまな課題が浮かび上がってくる．

たとえば，シトラスカウンティやオレンジカウンティについては，件数は多くとも，単なる裁判所の下請的な運用に陥っているという印象が持たれる．逆にレオンカウンティについては，社会変革のためのアクティビスト型の運用が健在であるとはいえ，応諾率の低さなどが示唆する，一般利用者の信頼性の低さという側面が否定できない．さらに，相乗効果が生まれていると考えられるアラチュアカウンティの例のように，当事者の自主性に配慮しながら，同時に

7）　当事者の自主性の追求と公正さのジレンマについては，5章2節「自主交渉援助型調停と「情報を得た同意」」も参照のこと．

公正さを追求する重層的な手続が組み合わされているものもある[7]．

わが国の調停との比較において注目されるのは，財政支援の内容や件数の多さもあろう．個別に見たように，財政的な状況は必ずしも潤沢ではないが，機関を運用するための最低限の運営費用をまかなえるように安定的な財源が供給される場合も多い．そのような財源の状況で，3桁や4桁と多数の事件を調停しており，ゼロワン機関が多いわが国とは対照をなしている．

また，利用料金について，年収制限を設けて無料でサービスを提供している場合が多いことも注目される．わが国では，法律扶助と民間調停の関係について議論があるが（垣内 2004），現実の民間調停手続でこのような料金政策がとられているところは見あたらない．しかし，民間調停が「正義へのアクセス」を真に提供しようとするのであれば，1つの政策的な選択肢としては考えられるだろう．

6つのプログラムで比較的共通しているのは，調停人の待遇の悪さである．わが国に伝えられる米国調停では，日給60万円程度でも珍しくないというJAMSのような事例[8]もあり，米国における収入機会としての調停の環境は良好であるような印象を持たれる場合もあるが，この研究の中で示されている調停人の実態はそのようなものとはほど遠い．

4. 小括

いくつかのコミュニティ調停の実態を報告する研究を見てきたが，米国の現代調停の原型とも言われるその実態を正確に理解するための努力は必要と思われる．

80年代に，竜嵜喜助は，AAAが表街道であるとしたら，コミュニティ調停の1つであったサンフランシスコ・コミュニティ・ボード・プログラムは裏街道だと述べている（竜嵜 1985：p. 22）．ありふれた紛争を，外見的な派手さもない，お金の匂いのしない場所で行っているということであろう．もちろん，外見のみすぼらしさを見て，切って捨ててしまってよいものではないとも思える．かといって，ミッションステートメントが額面どおりに運営されているセ

[8) 2章「制度及び件数の面での考察」参照．

ンターばかりではないという実態もある．こうした実態の中から，理想として神聖視するでもなく，逆に，アンチエリートのルサンチマンに過ぎないと切り捨てるでもなく，何を学びうるかを考える必要があるように思える．

　また，わが国で取り組まれようとしている民間調停活動には，重要な欠落が存在していることも，米国のコミュニティ調停との比較によって示唆されたように思える．1つは，道徳的な動機に基づき，多様性を内に抱いて，それ自身民主的な活動であることを目指して行われていることである．もう1つは，常に，現実の制度と調和しながら格闘している，運動体としての姿勢を維持していることである．

　コミュニティ調停の運営そのものが，多様性のある，日常的な民主主義の実践というイメージが濃厚に存在している．現実的に白人ばかりになってしまっているセンターも存在するが，しかし，そうなってしまっては問題だろうという意識が残っている．現実には，有能な者もそうでない者もいるであろうが，さまざまな成員がそれぞれ尊重されながら，民主的に，しかし，合理的に活動を進めていかなければならない．次節においては，こうした機関の運営方法を，特に，合理的に行うという観点——しかし，民主的に行うという観点を失わないで——での方法論について紹介を行う．

第2節　コミュニティ調停機関運営の方法論

1．はじめに

　わが国では，ADR法以前は，弁護士会内で参考となる他の都道府県の既設の紛争解決センターの運営を見学するなど一部の活動を除いては，このような民間調停機関レベルでの運営についての議論はほとんど見受けられないように思える．また，ADR法以降，民間調停機関は，ADR法上の認証を求め，それに適用する形で機関の手続を整備する場合が多い．ともすれば，調停規則等の書面上の整合性に関心がとどまり，社会に対してどのような働きかけをするつもりであるのかが不明である機関も多いように思われる．米国における機関運営改善のための方法論と何が共通していて何が異なっているかについて分析

することは，わが国の調停機関運営で見落とされていた視点に気づかせることにもなろう．

本節では，2001年に出されたNAFCMのコミュニティ調停プログラム運営マニュアルを手がかりに，コミュニティ調停機関運営のためにどのようなことを考えなければならないかについての検討を行う．

序論で示した，「調停の実務」の研究のうち，「機関運営」に関わる方法論の紹介を本節で行う．ただし，手続進行における「期待の調整」と呼ぶ，手続開始前の受付段階（intake）場面の方法論も扱っている．この分野も，わが国で意識されている度合いは小さいため，省略せずに扱うこととした．

2. NAFCM・コミュニティ調停プログラム運営マニュアル

NAFCMは，『NAFCMセンター運営マニュアル』（Bellard 2001）を整備し，トレーニングを提供している．これは，前節で見たマクギリスレポートによって課題とされた機関運営の改善を図るための1つの回答でもあろう．したがって，同マニュアルは，個別の紛争解決ではなく，機関ないしプログラムの改善を目指して編集されたものである．

全体構成は，A. 評価，B. 財源開発，C. センター事務管理，D. プログラム開発，E. ケースマネジメントの5つのモジュールからなる．特に，E. ケースマネジメントの内容は，手続開始前の受付段階（intake）場面の方法論（期待の調整機能）が中心となっている．（表4-1「プログラム計画策定のためのABCDE法」参照）

評価

評価モジュールでは，ロジックモデルの使用の有用性を説き，計測可能な目標の設定の方法論を具体的に紹介している（表4-2「計画策定のサンプル」参照）．ゴール，対象，活動を定義し，それぞれが関連づけられていること，また，計測可能な形で計画として落とし込むことの重要性が説かれる（Bellard 2001：p. A-2）．

具体的な方法論としては，ABCDE法と呼ぶ計画策定モデルを紹介している．ここで提供されている方法論は，法律学のそれというより，経営学のもので

表 4-1　プログラム計画策定のための ABCDE 法

A	Audience - Who	誰に向けて？	利用者像
B	Behavior - What	何をする？	行　為
C	Condition - When	いつから？	状　況
D	Degree	どの程度まで？	程　度
E	Evidence	どのように測る？	計　測

表 4-2　計画策定のサンプル（Bellard 2001：p. A-14）

ゴール	2005 年 6 月までに Anycity 市とのパートナーシップを築き，若者暴力事件を 50% に減少させる．	
対　象	2002 年 6 月までに Anycity 市の全学生の紛争解決スキルを増加させ，暴力でなく別の行動を取る能力を身につけてもらう．紛争解決カリキュラムの 90% の理解，及び学校における特定の規則違反の 5% の減少によって計測される．	
	活　動	幼稚園から高校三年生（K-12）を対象とする暴力防止／紛争解決カリキュラムを開発する．	教師とスタッフをカリキュラム実施過程でトレーニングする．
	成功を示唆する測定項目	2001 年 12 月までにパイロットテストができること．また，参加者がセッションについての満足度を報告すること．	2001 年 12 月までにトレーニングが完了し，スタッフがトレーニングについての満足度レポートを書く．
対　象	......	

ある．『NAFCM センター運営マニュアル』の最初のモジュールが「評価」であることも，こうした測定可能な計画策定がいかに重要であるかを意識している現れであるように思える．また，経営学が前提としている，不完全であることを認めて，その上で計測可能な計画を立て，計画と実際のずれを再び前提として次の計画に移行していくという循環的な成長を前提とする思考方法が端的に表現されているようにも思われる．これは，一定の要件を満たさなければ，「資格」を有しないと考える伝統的なリーガリズムの思考方法とはかなり距離がある．

財源開発

コミュニティ調停は主として利他的精神によって運営されているが（Rogers

---

9) 本章 1 節におけるコミュニティ調停の事例研究を参照．

1991)⁹⁾，財源を得るための方法論そのものも研究され，教育されている．『NAFCMセンター運営マニュアル』では，ファンドレイジングにあたって，「お金を得ることは悪ではない……お金は何かを実行するための手段に過ぎない……お金を得ることは困難ではない……時間や準備が必要になること，1つのアプローチが他に通用するわけではないことを理解し，お金を得られるようになることが大切だ」といったスタンスの教育から始まっている．

むろんこれで終わるわけではなく，司法省だけでもコミュニティ紛争解決（Community Dispute Resolution），司法プログラム局（Office of Justice Programs），コミュニティ能力開発・草と種（Weed and Seed），少年犯罪防止局（Office of Juvenile Justice and Delinquency Prevention），犯罪被害者局（Office for Victims of Crime），コミュニティ指向警察サービス（Community Oriented Policing Service），コミュニティ関係サービス（Community Relations Service），国立司法研究所（National Institute of Justice），司法扶助局（Bureau of Justice Assistance/Community Prosecution）を挙げ，それぞれの関心や連絡先を紹介している．また，民間の主な財団の連絡先や過去の補助金実績や，補助金のデータベースを検索する方法なども紹介している．

安定的な財源は望ましいし不可欠でもあるが，一方で1つの財源に頼りすぎて，本来のミッションを見失ってしまう危険があることは認識されている．NAFCMでは，コミュニティ調停として多様な財源を検討すべきとしている．すなわち，(1) 個人の寄付，(2) 料金，(3) 特別なプロジェクト／イベント，(4) コミュニティファンド（例：ユナイテッドウェイ），(5) 会社の寄付，(6) 財団，(7) 政府の7つの財源へのアプローチを具体的に検討すべきとしている（Hedeen 2004：p. 111）．

センター事務管理

センター事務管理のモジュールは，主として機関内部の運営をどのように改善すべきかという視点で作られている．扱われている内容は以下のとおりである．

- ミッション，ビジョン，価値についての声明の開発に伴うスキルと知識を増やす

- ボードのタイプとそれぞれの役割，機能を知る
- センターリーダーシップの良いモデルを知る
- 人事，財務，設備管理を改善するツールについて知る
- センター事務管理についてのアイデアの交換や協調的な問題解決ができるピアネットワークを増やす

ここで，人事，財務，設備管理といった組織運営には欠かせない活動項目を扱っているが，それ以前の，何のためにこの活動があるのかというミッションやビジョンとの関係，また，意思決定とリーダーシップのあり方についての議論を踏まえるという，上位概念の重視が特徴的であるように思われる．

ともすれば，組織を現実的に運営していくためにクリティカルな場面が続くと，ミッションやビジョンに目をつぶり，短絡的に結果を出すことで何とかやりくりしたくなる誘惑に駆られる．しかしながら，目指していることと現実に行っていることのギャップが大きくなり過ぎれば，そのような組織の活動が信用されることはないだろう．たとえば，コミュニティ内の平和を目指すといいながら，内部で権力闘争ばかりを繰り広げていたり，裁判のような杓子定規な紛争処理でない代替手段を提供すると言いながら，裁判所以上に形式的な運用に陥ったりしていては誰も信用しないし利用しないに違いない．あるいは，それぞれが善意での行動をとっていたとしても，組織総体としてはカオスに陥っているような機関がよしとされることもないだろう．

また，注目されるべきところとして，多様性に対する配慮が掲げられている点もある．たとえば，センターの意思決定機関たるボードにおける多様性として，人種，年齢，性別，職業その他の事項への配慮がなされているかどうかについて言及されている．スタッフについても同様である．

プログラム開発

このモジュールでは，ミッションを実現するためにどのようなプログラムを作っていくかという外向きの活動定義を扱う．

第一フェーズでは何をすべきかを決め，第二フェーズでそれをどのように実施するかを決めていく（Bellard 2001：p. D-4）．具体的には，以下の活動が必要とされる．

第一フェーズ：
　①コミュニティ調停プログラムについて新しいプログラムのアイデアを得る
　②上記が自分たちの組織のミッション／価値に合致するかを評価する
　③自分たちの能力とニーズを評価する
　④コミュニティの能力とニーズを評価する
　⑤潜在的な財源を考える

第二フェーズ：
　①ゴール，対象，活動を定義する
　②予算を策定する
　③プログラムデザインと宣伝
　④プログラムを評価するプロセスを整備する

　このうちプログラムデザインに関しては，(1) 場所確保，(2) 備品とテクノロジー，(3) スタッフを決めることと，スタッフの能力開発，(4) パートナーシップの活用と醸成，(5) 紹介の確立，(6) 効果的なコミュニティ関係の創造，(7) 営業開始のセットアップ，(8) コミュニティへのサービスの宣伝，(9) サービス利用後のニーズに対する連絡先を整備といった流れをとる（Bellard 2001：p. D-10）．

　ともすれば，「事務的」と考えられるような内容の活動項目についても，意識的に取り上げ，自分たちのミッションに合う活動として定義できるかどうか，全体として効果的な活動が実施できるかどうかが考えられるように教材が組まれている．

ケースマネジメント

　『NAFCM センター運営マニュアル』の最後のモジュールはケースマネジメントである．本書の機能ステージモデルでいえば「期待の調整」にあたる内容も多く含まれている．

　ケースマネジメントは，紛争解決としての調停手続の前後におけるさまざまな活動の総体を指している．ここで考えられている業務は，調停期日の日程調整と若干の事務的文書作成といった狭い範囲に限定されていない．ここにおい

ても，センターのミッションの関係で，ケースマネジメントという局面で，どのような活動が望まれるのかを考えるべきというスタンスがとられている．

同モジュール全体では以下の項目を扱う（Bellard 2001：p. E-2）．
- センターのミッションと価値がどのようにケースマネジメントプロセスに影響を与えるか
- コミュニティニーズの評価とケース紹介，ケース開発の戦略の関係
- ケーストラックとデータ収集の方法，及び自分たちのセンターにとっての適切なレベル
- ケースの適切さを評価するポリシーの重要さと，ポリシー作成に使用する要因
- ケースフローにおいて鍵となる要素，遂行のためのさまざまな方法，及び自分たちのケースフローへの評価
- ケースマネージャの役割の鍵となる側面，ケースマネージャの役割を深めるさまざまな方法，自分たちのケースマネージャの役割評価
- ケースマネジメントにおける難しい問題について，アイデアを交換し，協調的に問題解決を図るためのピアネットワークをどのように作るか

ケースフローに関しては，①様式集（の整備），②受付，③当事者を話し合いに招く，④調停人の指名，⑤他機関からの紹介，⑥フォローアップと評価という６つの段階を挙げ，それぞれに注意すべき事項の例を紹介している．

信頼性のある手続としてしっかりとしたやりとりを行うという必要性と，個別の紛争解決に際して当事者ニーズをいかにくみ取り親切で実態に即した手続として提供するという必要性の両面をいかに調和させるかという点に目配りが利いているように思われる．

たとえば，受付における最初の接触で入手したい情報として，氏名，連絡先，紹介元，紛争の性質，他の直接関係する当事者，調停への期待，調停への意欲，時間的都合を挙げている．また，提供したい情報として，調停とは何で何とは違うか，調停人の役割，裁判所と調停との関係，調停の潜在的長所，調停における秘密保持，調停におけるロジスティックス（どこで，いつ，どのくらいの時間），調停合意文書の意味，この後どうなるか（たとえば，ケースマネージャが相手方に電話し，申立人にまた電話をかけ……等々）といったものを掲げ

表 4-3 スクリーニングのための質問集の例（Bellard 2001：pp. E-15）

1. すべての参加者が調停に誠実に参加したいと言っていますか？
2. すべての参加者が，自身の満足のいく状態を脅かすことなく，自由に意思決定できますか？
3. 当事者は相手と同じ部屋にいても危険でないと信じていますか？
4. われわれが調停を務めるにあたって充分に安全な準備ができていますか？
5. 参加者は，紛争の何について調停しようとしているのかについて，基本的な合意がなされていますか？
6. 調停可能な課題が存在しますか？
7. その状況において可能な最高のサービスをプログラムとして提供できるスキルや能力を有していますか？
8. 当事者はその紛争を解決する他の手段について充分に情報を得ていますか？
9. もしそうなら，紛争の解決に向かって若干の動きをもたらすために調停が最善の機会を提供していると当事者は考えていますか？

ている．と同時に，「よく世話をするが，中立を保つ（Care, but stay neutral)」，「注意深く聴く」「正確な情報を提供する」「信頼されよう」「尊敬を持って接する」「特別なニーズや文化的差異に合わせる」といった，信頼関係醸成のためのスタンスについても書かれている．

受付段階における業務としては，最初の接触，信頼構築に加えて当事者の特定及び適切さのスクリーニングについての方法論も紹介している．特に「適切さのスクリーニング」については，チェック用の質問サンプルを含めている．

スクリーニングに関して，下記に一部を紹介するが，当事者が調停手続を理解し，適当な期待を持っているか，それにふさわしい手続を提供できるかというマッチングの問題としてスクリーニングを捉えているところが目を引く．また，機械的な振り分けというより，たとえ何らかの課題があったとしても，当事者と調停機関側の合意があれば，多少は乗り越えることも考えて良いといった柔軟さも含まれているように思われる．また，スクリーニングのための質問集自身が複数準備され，単にひな形どおりで複製するというより，自分たちのセンターに合った手続を作っていくための指針を提供するスタンスの資料編成となっている．別の質問集では，アルコールやドラッグの濫用歴についてや，警察への通報に至るようなことがあったかといった，より具体的な質問についても例示されている．

3. 日本の調停実務から見た『NAFCM センター運営マニュアル』

　わが国の調停実務から同マニュアルを見直した場合の特徴を述べてみたい．

　第一に論理的なスタンスである．同マニュアルのトーンは徹底的に現実的で論理的であり，情緒的な記述はほとんど見受けられない．コミュニティ調停自身が，ともすれば，キャッチフレーズ的な「利用者第一」といった上滑りしやすい言葉の議論に陥りやすいテーマであるにもかかわらず，冷たいと受け取られかねないばかりの論理的に一貫したスタンスが目につく．まず，組織のミッションを明確な形で定義する．そして，すべての活動をミッションに紐づける形で計画し，しかもデータによって計画を評価していけるように，最初から考えておくというアプローチを推奨している．わが国の民間調停の活動は，法律職団体同士の職域争いといった動機が語られるなど，公式なミッションに基づいて行動していないという可能性もあるが，それ以前の問題として「公式なミッション」そのものが定義されていない場合もあるように思えるし，数値で活動を管理する計画を持っている場合はほとんど見あたらない．走りながら考えればよい，行動によって信頼を勝ち取るというのはそのとおりではあるが，どこに向かって走ろうとしているかということを言葉によって規定することは重要である．

　第二に，多様性の評価である．コミュニティ調停の価値はコミュニティのニーズをコミュニティのメンバーによって満たそうとする点にあるとされる．この点こそ，直接民主主義としてのコミュニティ調停のあり方が色濃く現れているところであると思われる．多様性は，コミュニティ調停における価値として積極的に評価されている．一方，わが国の場合，ADR 法上の認証機関の場合，調停人（手続実施者）の能力が担保され，暴力団との関係がないことを示していくという必要性がある．調停人の能力担保のためには，法的知識，専門分野における知識，コミュニケーション能力が必要とされ，そのための研修に参加したものの中から調停人候補者が決められる．一見したところ機関における多様性を指向するための障害はないようにも見えるが，現実には，たとえば，法律職団体が調停センターを立ち上げる場合に，当該法律職団体内会員の中から調停人候補名簿を整備する流れになる．その過程において，当該法律職団体以

外からの調停人候補を新たに集める動機に乏しい．結果として，多様性に乏しい調停人候補者リストとなる．意思決定を行う運営委員会のような組織についても同様であり，その中で多様性を確保する方向での動きになりづらい．

　第三に，範囲の広さである．たとえば，ケースマネジメントについては，かなり詳しい内容が書き込まれており，現実の調停センター運営の中から鍛えられてきたノウハウが存在するところを感じさせる．また，財源開発（ファンドレイジング）のような，わが国ではほとんど議論されていない方法論が一定のトレーニング対象として掲げられているところにも驚かざるをえない．序論3節「本書の構成」及び1章「日本にとっての米国調停の意義」で述べているが，わが国の調停機関運営で考えられている業務範囲はきわめて狭い．書面上での規則整備と法務省による認証さえ得られれば，他の活動には関心がないと言わんばかりの現実の動きさえ見られる．自分たちのリソースを地域社会に還元するため，出かけていく活動（アウトリーチ活動）を計画するといった発想には至らない団体が多いように思える．それは，もしかすると，財源が充分に確保されていないという問題にとどまらず，運営者側の意図，ミッションの認識についての問題かもしれず，深刻である．

　第四に，トレーニングプログラムの位置づけが重要とされている点である．たとえば，評価モジュールで挙げられている，若者暴力事件減少のプログラムについても，学生向けに調停トレーニング（紛争解決トレーニング）を提供すること，教師やその他のステークホルダに向けた調停トレーニングを提供することが計画として示されている．わが国の弁護士会の場合には，弁護士であれば当然に紛争解決手続を提供できるとして，調停トレーニングにはほとんどの場合取り組んでいない[10]．隣接法律職団体の場合にも，調停人候補者名簿策定の手段という位置づけにとどまっているように思える．しかし，NAFCMのマニュアルでは，調停トレーニングは，内部の調停人候補者養成にとどまらず，コミュニティに向けたアウトリーチ手段としての戦略的な位置づけを持たされているように思える．

---

[10]　わが国の状況については，7章5節「日本における米国現代調停の受容の経緯」を参照．

第5章　手続進行

第1節　自主交渉援助型調停

1. はじめに

　本節では，米国の自主交渉援助型調停モデルにおいて，調停の手続進行に関して，調停人の役割定義がどのようになされているかを見ていく[1]．機能ステージモデルで言えば，特に「対話の支援」と「計画の調整（結論の創出）」と呼んでいる，調停手続そのものの内容にあたる．なお，結論的に言うならば，自主交渉援助型調停モデルでは，当事者の自己決定を最大限追求する方向で当事者間の対話を支援する役割に徹するのであるが，結論の創出における公正さの確保というジレンマに悩まされる可能性がある．この問題は本章2節「自主交渉援助型調停と『情報を得た同意』」で扱う．

　本節で扱う課題は，調停人の役割観に関する議論である．自主交渉援助型調停とはどのようなものかについて，「問いを立てること」という単純だが重要な問題を中心に，米国における調停トレーニング教材を分析し，調停人がどのような役割を担うべきと考えられているかを明らかにする．

2. 専門家像の転換

問いと答え

　調停は，当事者同士の自主的な話し合いを調停人が援助・支援するシステム

---

[1] 本節は，既出の論考を改訂したものである（入江 2005）．

である．裁判のように最終的な強制力を持たないが，両当事者の間に入り，正しく当事者同士の対話が成立するように両当事者を援助する．対話のプロセスには介入するが，対話の内容への評価に責任は持たない．このような自主交渉援助型調停（促進型調停）のイメージは米国等ではすでに確固としたものであり，調停のスタイルとしては主流（dominant）といってよい[2]．

　自主交渉援助型調停は，裁判に成り代わる新しいシステムというより，社会制度側が充分手当てできなかった本音の話し合いを，公正さを損なうことなく，新しく位置づけ直すものであると理解すべきと思われる[3]．

　自主交渉援助型調停の仕組みについては，本節全体で説明を試みたいと考えているが，とりあえずここでは，無知な当事者に成り代わり事案から要件事実を抽出して法律にあてはめて解釈し，〈答え〉を見つけてあげるという役割ではなく，対話の交通整理をしながら当事者自身がもともと持っていた〈答え〉あるいは潜在的に持っていた〈答え〉を見つける手伝いをすることが自主交渉援助型調停人の役割であると述べたい．

　比喩的に言えば，この専門家像の対比は，産婦人科医と助産師の役割の違いだと言えばわかりやすいかもしれない．妊婦が出産をする場合に，産婦人科医が帝王切開する方法と，助産師が妊婦を励まし，呼吸を整えるのを手伝い，背中をさすって出産する方法が対極にある．同じ子供が生まれてくることを助けるという行為であっても，腹部を切開する手術を行うための専門家たる産婦人科医が持つべき知識と，妊婦自身の力の入れ方抜き方を教え，精神的にも支えようとする助産師が持つべき知識ではおのずと隔たりがあるのは理解されよう．これまでの法曹が医者型の専門家だとすれば，自主交渉援助型調停人は助産師型の存在であると言ってよいだろう．

問いを立てることを学ぶ

　これまでの紛争解決の専門家たちは〈答え〉を知っていることが要求されて

---

2) 実際には，評価型調停の実務も存在するが，評価型であることと調停であることは矛盾するという考え方も有力である．変容型やナラティブ型は，評価型との対比では自主交渉援助型調停と価値や方法を共通にする側面も多い．理念的な展開は，3章「調停政策の位置づけ」を参照．

3) 当事者の自己決定と，公正さのジレンマは5章2節「自主交渉援助型調停と『情報を得た同意』」を参照．

きた．したがって，膨大な理論，知識を修め，人格的にも高潔な人物が比較考量した結果，導き出される答えを尊重する方法が最も望ましいと考えられてきた．

しかし，自主交渉援助型調停人は，これまでの紛争解決の専門家，すなわち法曹のように膨大な法的知識を修得することが求められない．なぜなら，はじめから〈答え〉を知らないことを知っているからである（ただし，当事者が法的情報にアクセスできず不公正な解決になることは許容されない．この問題は5章2節「自主交渉援助型調停と「情報を得た同意」」で検討したい）．自主交渉援助型調停では，〈答え〉は当事者の中にある．自主交渉援助型調停人が知らなければならないのは，当事者が持っている〈答え〉を，適切に引き出すための〈問い〉を立てる方法である[4]．つまり，適切に〈問い〉を立てる能力こそが，自主交渉援助型調停人の核となる能力である．

〈答え〉を知っていることが求められる専門家が習得すべきは，どのような要件を満たせばどのような解釈が成立するかという理論体系である．典型的な事案についてどのような論点があり，どのように比較考量し，どのように解釈するのが一般的であるかを学ぶ．一方，〈問い〉を立てることをどのようにして学びうるかが問題となる．

既存トレーニングの分析

米国等での3～5日程度の集中型調停トレーニングを分析した（表5-1「海外の調停人養成講座」参照）．一般的に評価型ではなく自主交渉援助型の調停人を養成するカリキュラムとなっている．

まず気づくことは，どのトレーニングでも，質問技法その他のコミュニケーション技法が扱われていることである．実際のトレーニングでもコミュニケーション技法にかなりのエネルギーが割かれているのが一般的である．第二に，『ハーバード流交渉術』を基本書とした交渉理論が必ず扱われている．いわば，自主交渉援助型調停の原理として，ゼロサムではないWin-Winの交渉を目指

---

[4] なお，司法研修所でも模擬事例を用いた実習が行われ，やはりここでも〈問い〉を立てることは最も重要な技能であるとされる．しかし，裁判官が判決を書くために必要な〈問い〉と，当事者自身の気づきにつなげるべき〈問い〉では目的が異なる．

表 5-1　海外の調停

分　類	項　目
概　論	紛争理論 コンフリクトの原因として利害や価値観の相違等がある．紛争に臨む態度として協働ほか，妥協や回避があることを学ぶ．
	ADR（紛争解決）のさまざまな形態 交渉，調停，中立人評価，仲裁，ミニトライアル，裁定等さまざまな ADR 形態を学ぶ．
	文化的差異 偏見や差別，文化的グループの名前，偏見への対処の仕方等を学ぶ．
	交渉理論／調停類型 評価型調停と自主交渉援助型調停を学ぶ．
	Transformative（変容型）調停を扱うか
詳細技法	調停プロセス／ステージ
	コミュニケーション 話の聴き方，返答の仕方，質問の仕方，ボディランゲージ等を学ぶ．
	コーカス（別席手続） コーカスについて学ぶ．
	2 人調停 2 人の調停人の役割分担等について学ぶ．
	袋小路対処法（打開策） 調停で行き詰まったときの対処法を学ぶ．
	合意文書の書き方 誰が？　どのように？　何を？　書くかの技術を学ぶ．
法的知識	倫理的問題 調停人が守るべき秘密保持等の倫理・行動規範について学ぶ．
	州の規則 州の規則等法令を学ぶ．
教育手法	エクササイズ（要素技術の参加型練習）
	ロールプレイ（模擬事例を用いた参加型練習）
	ロールプレイの回数
	デモ／フィッシュボウル[11]
	ビデオ
	全体振り返り議論，Q&A
	所要時間数（日数）

第 5 章 手続進行　79

人養成講座

採用数	GMS[5] 委員体験・ 中立人団体	AAA[6] 中立人団体	Loyola[7] コミュニティ 型	Center for Dispute Settlement[8] 企業型
2		○	○	
4	○	○	○	○
1		○		
4	○	○	○	○
2		○	○	
4	○	○	○	○
3	○	○	○	
4	○	○	○	○
2			○	○
2	○	○		
2	○		○	
4	○	○	○	○
2		○	○	
4	○	○	○	○
4	○	○	○	○
1〜8	3	3	1〜5[9]	8[10]
3	○		○	○
3	○	○	○	
3	○	○		○
16時間 〜40時間	16時間 (3日間)	40時間 (5日間)	30時間 (6日間)	20時間35分 (4日間)

すべきという規範が扱われる．第三に，自主交渉援助型調停内部の手続き的な事項が扱われる．すなわち，調停の流れ（ステージ，プロセス）を意識して，各時点で戦略的なコミュニケーションを取れるようになることを学ぶのである．

つまり，標準的な調停トレーニングでは，コミュニケーション技法，交渉理論，調停内部の手続き的事項を三位一体として扱うのである．

3. 課題（イシュー）の設定

これまでに，適切に〈問い〉を立てることこそ，自主交渉援助型調停人の役割であると説明してきたが，まず，紛争現場での〈問い〉としての，複数の課題（イシューズ）を立てる意義と具体的な注意点を述べたい．

自主交渉援助型調停における課題（イシュー）の意味

自主交渉援助型調停では，両当事者の主張（建前，要求，ポジション）と，利害（本音，インタレスト）を分離し，それぞれの利害を満たすような建設的な交渉を行い，両当事者それぞれの「価値観の違い」によって，合意を探る考え方を採用している．金銭等の客観的で一元的な価値基準に一旦落とし込んだ上で，中立の第三者が評価・裁定を行う考え方とは異なっている点に注意した

---

5) Global Mediation Services Ltd.：http://www.global-mediation.com/ 2010年3月25日アクセス．英国仲裁人協会（CIArb）認定トレーニングプログラムを提供．
6) AAA http://www.ADR.org/ 2010年3月25日アクセス．1926年に設立された，仲裁を中心に行う，世界最大のADRを実施する非営利団体．全米に39のオフィスがある．管理スタッフは約700人で，登録されている中立人（Neutrals）約1万人である．
7) Loyola Law School：http://www.lls.edu/ccr/training/index.html 2010年3月30日アクセス．1920年に設立されたロサンゼルスダウンタウンにあるロースクール．スペイン語しか話せないかなり貧しい人向けのバイリンガルなコミュニティベースの調停プログラムを実践している．ロースクールの学生だけでなく，コミュニティ向けのトレーニングも行っている．
8) Center for Dispute Settlement：http://www.cdsusa.org/ 2010年3月25日アクセス．1971年に非営利団体として設立．*Settling Disputes*（1990, 1994）の著者リンダ・R・シンガー（Singer）が代表を務める．全米最大のADRサービスの民間企業であるJAMSと2004年に合併した，ADR Associates（CDSのメンバーを包含する）で用いられている．
9) ロールプレイまたはデモ／フィッシュボウルの回数は生徒に合わせて調整する．高等教育を受けていない受講者などでは，いきなりロールプレイを行うことが困難な場合があるとされる．
10) 9つの事例のうち1つのみデモンストレーションで扱う．
11) フィッシュボウルとは，「金魚鉢」を周りから見るのと同様に，前で代表者が行っている演技を観察することを通じて学ぶことをいう．デモと異なり，生徒の一部が参加する場合を言うことが多い．

い．たとえば，図書館の窓を開けたいAさんにとっては，部屋が暑いことが問題であり，窓を閉めたいBさんにとっては風でページがめくれないことが重要である．クーラーを入れたり，Bさんの位置に風の入らない箇所の窓を開けたりすることは，両方の利益を満たしているが，これはAさんとBさんの価値が違うことによってWin-Winの結論を導き出すことにつながっている．AさんとBさんのどちらが正当か，たとえばAさんとBさんのどちらが先に部屋に来ていたかといったことは聞いても解決につながらないが，なぜ窓を開けて欲しいか，あるいはなぜ窓を閉めて欲しいかが明らかになれば，問題は自然に解決する．

　紛争を，交渉理論に基づいて，課題（例：図書館の窓の開け閉めをどうするか？），主張（例：窓を開けて欲しい─閉めて欲しい），利害（例：暑い─ページがめくれないようにして欲しい）という構造に分析することが自主交渉援助型調停人の役割である．極言すれば，傾聴その他のスキルはこうした紛争構造分析の手段である．自主交渉援助型調停では，すべての課題についてそれぞれの利害まで明らかになればほとんど解決しているという見方になる．すなわち，この紛争を解くための問いを立てることが課題設定の意味であり，自主交渉型調停の最大の山場であると考えてよい．

紛争解決において課題の特定を急がない

　いわゆる評価型調停，仲裁，裁判などの裁定型の紛争解決システムでは，
　①当事者の主張（多くの場合金銭に帰着させた要求：○○円支払え等）を明確にする
　②双方の主張の法的根拠を分析し，中立の専門家が評価を下す
という流れになる．

　もちろん実際には，双方のさまざまな言い分を聞き，感情面を受け止めるということを行っている．しかし，それらは紛争解決のメインの事項ではなく，一応考慮すべき周辺の事情と位置づけられているように思える．

　一方，自主交渉援助型調停では，以下のような流れをとる．
　①相手の発言を妨げないなどの話し合う上での最低限のルールを確立する
　②調停人が，双方から事件をどのように見，どのように感じたのか，現在何

を望んでいるかなどをゆっくり聞く．
③調停人が中心になって，話し合うべき複数の課題（イシューズ）を設定し，どのような順で話し合うべきかを決める．
④話し合うべき課題１つ１つについて，それぞれの本音（インタレスト）を満たす解決策がないか，選択肢を開発する．
⑤双方が納得できる選択肢が見つかると，次の課題の話し合いに進み，同様に繰り返す．
⑥話し合われるべき課題すべてに合意すると，必要に応じて約束事項をメモなどの形にまとめ，双方と調停人が署名し，終結する．

自主交渉援助型調停にはいくつのステージがあるかについては，さまざまな説明があるが，おおよその流れは上記のようなものである．ここで注目したいのは，課題（イシュー）の設定のタイミングの遅さである．評価型調停では，当事者ははじめから主張を明確にすることが求められ，そこから話し合いがスタートする．一方，自主交渉援助型調停では，そもそも何を話し合うべきかが自動的には決まらず，そこが紛争解決の大きなポイントであると考えられている．

課題をどのように設定すべきか

では，具体的にはどのように課題を設定すべきであろうか．

たとえば，姉妹で１個のオレンジを争っているとすると，「このオレンジをどう処分するか」という課題になるだろう．この問いが立てられると同時に，姉妹それぞれは「なぜオレンジが欲しいのか」を考えなければならない．そしてそのこと自身が，利害（インタレスト）の分析そのものになっている．紛争では，一般に主張がかみ合わない状況になっているが，主張を一旦棚上げして，課題・主張・利害の３つに分析し直すのが重要である．当事者の利害がわからない調停人は，主張を聞いて本当に議論すべき課題を探り，両当事者から受け入れられるように課題設定する役割を負うのである．

課題を立てる方法，課題を立てる点で注意すべきポイントを列挙すると下記のようになる．

- 課題は，「何を，どうすれば？」という問いの形で立てる．

- 課題は，複数立てる．
- 課題は，双方が受け入れられる中立的表現を選ぶ．
- 片方が，話し合う必要があると考えている課題は課題として取り上げる．
- 課題は，共有されるべきである．フリップチャートやホワイトボードなどに書きだすのも良い．

　課題の立て方によって，中立性を疑われる危険もあるし，感情面を刺激する危険もある．しかし，落ち着いて，適切な課題を設定できれば，話し合いは両当事者の力で進みだす．

　自主交渉援助型調停人は，主張の背後にある本音に気を配りながら，「何を，どうすれば？」という問いを立てなければならないのである．

課題を複数立てる

　話し合うべき課題を複数個設定するということは，自主交渉援助型調停では常套手段である．前に述べたように，両当事者は，一般に関心の焦点が異なるし，その相違によってこそ両方が満足する解決につながると考えられている．つまり，評価型調停等の裁定型紛争解決では，金銭などの一元的な尺度に落とし込んで線を引くが，自主交渉援助型調停では，関心ある課題をすべて列挙し，1つずつ話し合って解決していく．こうしたやり方の長所として，少なくとも以下の5点を指摘することができるだろう．

① 当事者がこだわっていたポイントをじっくり話す機会ができ，心理的に安心し納得できる
② 主張がかみ合わずに平行線が続くことを制限できる
③ 課題に対して主張が出てこないとき，隠された本音が存在することがわかる
④ 片方が特に失うことなく，相手が満足するような課題が見つかる場合がある（例：「その点については，申し訳ないと思っていたのですよ……」といった謝罪）
⑤ 1つの課題では申立人側を満足させ，別の課題では相手方が満足するといった，一種の取引・交換が可能になる

課題を話す順序

すでに述べたように自主交渉援助型調停では，課題を複数立てるべきと考えられている．たとえば，家を1,000万円で買いたいと思っている買い手側と，1,500万円で売りたい売り手側では，家の価格という1つの課題のみが話し合われるべきであるように思えるかもしれない．しかし，その交渉をどこで行うか（場所），いつまで行うか（期限），どういう頻度で行うか，支払条件，売り手は他の取引候補とコミュニケーションをとっても良いか（排他取引）など，さまざまな課題がありえる．どちらか一方でも気になる事項で，議論すべきものはすべて課題としてリストアップするべきと考えられており課題そのものもブレインストーミング的にできるだけ広く洗い出すべきとされる．

議論すべき順序としては，易しい課題を先に片づけるのが一般的なやり方である．逆に，重要な課題から話をすべきという考え方もあり，さまざまなバリエーションがある（ムーア 2008：p. 221）点は指摘しておいたほうがよいだろう．むしろ重要なのは，課題をどのように扱うかに，注意を払って戦略的に行い，行き詰まったら別の方法を試す柔軟性を持つことであり，調停トレーニングではこうしたスタンスで作成されるケースが一般的であるように思われる．

4. 選択肢の開発

適切な課題が設定されたら，すなわち，しかるべき問いが立てられたら，いよいよ答えを探すための話し合いになるが，ここでも調停人は急いで答えを見つける役割にはない．自主交渉援助型調停では，さまざまな選択肢を十分に検討した上で，当事者が選択して合意に達するべきであると考える．つまり，ここでも「この課題についてどんな選択肢があるでしょうか」と，〈問い〉を立てるのが調停人の役割になる．第三者が最適な妥協線を提示し，説得して納得を得たほうが「効率的」という理解もありえるが，当事者の本音を満足させることなく導き出された「解決」には問題があり，真に納得した「解決」こそを目指すべきと考える自主交渉援助型調停では，粘り強く選択肢を開発しながら，それぞれの当事者の本音を探るのである．ここでは，選択肢開発のポイントを考えたい．

答えを与えるのではなく選択肢を開発する

たとえば，かつての日本商事仲裁協会の商事調停規則14条3項では，調停人は一方から要請されれば「解決案または見解を述べなければならない」とされていた．この調停規則では，評価型調停が想定されて作られたものと考えられるため，自主交渉援助型調停とはやや異なる点が含まれている[12]．選択肢を追加する方向での提案なら行ってもよいといわれるが，自主交渉援助型調停では，選択肢を見つけるのは基本的には当事者の役割である．なお，その後，日本商事仲裁協会では規則の改正が行われ，「解決案の提示が出来る」[13]とされた．

選択肢の開発時には，選択肢の評価をしない

選択肢の開発時は，ブレインストーミングのルールすなわち，以下の4項目を守るべきとされている．

- 批判一切お断り
- 自由奔放
- 量を求む
- 組み合わせ・改善

現実的でない選択肢を含めて，どんどん追加する方向で議論を進める．課題の特定時と同様に，フリップチャートやホワイトボードを活用し，選択肢を実際に書き足していく方法が有効と考えられているが，こうした備品を使わない場合もある．重要なのは，新たに出てきた選択肢を評価して，選択肢が生まれそうな創造的な話し合いの雰囲気を壊してはならないということである．

どんな事例にも選択肢はある

選択肢はどんな場合にもある．自主交渉援助型調停では，BATNA（Best Alternative To a Negotiated Agreement，不調時対策案），すなわち，もし合意できなかったときの次善の策を考えるべきだとされる．BATNAは，「最低でも○○円欲しい」という要求を単純に明確にすればよいという考えではない．

---

[12] ただし，「見解」は，必ずしも法律評価・見解を意味しないので，自主交渉援助型調停を「国内商事調停規則」の元に実施することが可能という見方もありうると思われる．

[13] 日本商事仲裁協会，商事調停規則17条3項「調停人は，いずれかの当事者の要請があるときは，当事者に解決案又は見解を提示することができる」．

最低線はむしろ当事者を真の利害ではなく主張に執着させるため，合意への邪魔になる可能性もある．『ハーバード流交渉術』では，家族が家を売る場合に，売れるまでずっと売りに出す，賃貸に出す，駐車場にする，ペンキを塗ることを条件に誰かに無料で貸すといった具体的な選択肢の中でとりうる最良のものを BATNA にすべきだと述べている．

このように，選択肢は金銭の支払額だけに限らない．むしろ，金銭以外の選択肢をどのように開発するかが 1 つのポイントである．「謝罪すること」，「相手の顔を立てる行動をとること」なども重要な選択肢である．課題に対して，自分が欲しいものだけでなく，自分が提供しうるリソースは何かについても同時に考える機会を与え，相手方が何にこだわっているかを知る機会にもなる．ここでの話し合いが，交渉そのものを進めている段階になる．

5. まとめ

自主交渉援助型調停は，評価型調停その他の裁定型紛争解決システムとは異なる規範及び理論に基づいている．すなわち，交渉を単なる駆け引きテクニックの寄せ集めと見るのではなく，双方の価値観の違いを活用して Win-Win の合意に至れると考える交渉理論が核にある（なお，現在では，素朴な Win-Win 型合意形成としての調停論は批判を受けている．理論的な展開については，3 章「調停政策の位置づけ」を参照．ただし，交渉理論は調停理念及び技法にとって，依然として重要と思われる）．

本節では，自主交渉援助型調停が，交渉理論，手続き的事項，コミュニケーションスキルの三者一体となって成立させられていることを見た．特に，話し合いの結果や落としどころというものではなく，進め方・プロセスを管理する点が重要である．

そして問いを立てること，質問をすることは，単に事実情報の収集や当事者の言い分を聞く力にとどまらず，調停の流れを適切にコントロールするための推進力を持つし，課題・主張・利害という交渉理論の構造に分析することで自然と問題解決に導く力を持っており，これを学ぶことがとりもなおさず自主交渉促進型調停を学ぶことと考えられる．

さらに，この重要な質問技法は，トレーニングできると考えられており，そ

のことが調停運動の実践を可能にしている．なぜなら，トレーニングできるからこそ非法曹や非エスタブリッシュメントが調停人となる道が開かれ，調停運動が民主性とスケーラビリティとを持てるようになるからである．

「対話の支援」として考えられているモデルの内容を簡単に記したが，この自主交渉援助型調停モデル自身も多様化してきている現状がある．ただし，ある程度はっきりした共通理解も存在するという事実への評価も軽視すべきでないように思える．

5章2節「自主交渉援助型調停と「情報を得た同意」」では，「対話の支援」が公正性との緊張をはらむ場合に，どう考え，どう対処しうるのかを具体的に検討する．なお，本節でみた内容は，トレーニングで扱われるのが最も適切と思われる．

第2節　自主交渉援助型調停と「情報を得た同意」

1. 問題の所在

米国調停への古典的批判

調停への批判として，貧しいものの方がより大きな影響を受け，公正な解決が得られないという批判がある．最も有名なものはフィスのものであろう．その理由として，①情報がなく結果を予想できない，②目先のお金が欲しいので，少ない金額で合意する，③裁判に行く費用の問題で仕方なく合意する，という理由が挙げられている（Fiss 1984）．見かけ上，両当事者が合意しているといっても，その合意の前提条件が整っていないため，弱者側が影響を受けるという考え方である．

本節では，古くからあり，依然として，完全な解決策の形成が難しいこの問題を考える．自己決定支援を旨とする調停過程において，「情報を得た同意 (informed consent)」は，どのように問題になり，どのような対処方法があるかを検討する[14]．

---

14) 本節は，既出の論考を改訂したものである（入江 2010c）．

米国の調停実務が，いくつかの重要な批判を受けていることは事実であるが，だからといって調停の実践が行われなくなったというわけではない．批判を受けつつも，その批判を糧とすべく，さまざまな研究や実践が行われている．逆に，米国ではすべて理想的な調停が行われているかといえば，その想定も無理があると言わざるをえない．

特に，自主交渉援助型調停の考え方が，canon という言葉が使われる程度に通説化した米国では，当事者の自己決定の追求と共に，いかにして公正で社会に調和し妥当な結論を得るかという点が問題になる．特に弱い側の一方当事者が適切な情報に接することなく解決すれば，結果的に二流の正義の手続に堕しているのではないかという懸念がある．そこで，本節では，米国における調停において「情報を得た同意」が，具体的な紛争局面でどのように対処すべきかについての議論に絞り，検討を加える[15]．

「情報を得た同意」が問題となる理由

評価型ないし教化型の調停であれば「情報を得た同意」はさほど問題とならない．そこでは，判断するのは調停人の役割であり，当事者は調停案に同意するかどうかだけを決めることが求められる．評価型ないし教化型の調停で問題となるのは，調停人の判断が正しいかという点と，当事者が素直に調停案についての説得を受けるかという点にある．

紛争当事者の自己決定を重視する，自主交渉援助型，変容型，ナラティブ型などの調停（以降は，広義の意味で自主交渉援助型調停という用語で代表させる）では，当事者が解決案を選択する主体という役割が求められる．調停人は，選択肢としての解決案を充分に広げ，当事者がそれぞれの選択肢の持つ意味をよく理解できるように援助する役割がある．

すなわち，当事者の自己決定の持つ意味が違っている．評価型・教化型では，調停案に同意するかどうかを決めるという局面に，自己決定が必要とされる場面が限定される．一方，自主交渉援助型調停では，調停プロセス全体で，自己

---

[15] 「情報を得た同意」については，理念的な検討も可能であり，また，必要でもあろう．しかし，あまりに焦点がぼけることを避けるため，本節では，現実の調停で調停人と当事者が遭遇する問題への具体的な対処というレベルに絞って議論する．

決定を行うことが要求される.

そのため,自主交渉援助型調停では,調停人は見解や心証の開示はできるだけ控えるべきと考えられている.たとえば,スタルバーグ(Stulberg)とラブ(Love)の著書 *The Middle Voice* では,FAQ の形式で,「どちらの言い分が公正または理にかなっているかと聞かれたら心証を言うか?」という問いを立て,端的に,「言わない」と記載している(Stulberg & Love 2008 : p. 135).また,別の箇所では,「法情報を提供してよいか?」という問いについて,ファシリテーター・調停人の仕事は,中立評価者・仲裁人・法曹・カウンセラーと異なるため役割混同はできるだけ避けるべきとした上で,どうしても必要な場合には,役割が異なることを明確にし,両当事者が了解したのちに助言すると述べている(Stulberg & Love 2008 : p. 147).

調停人は,基本的に情報提供という側面では謙抑的なスタンスで当事者に接するべきだが,同時に,当事者の決定が公正で良い解決案と呼べる範囲に収まっているかどうかについて積極的な役割を果たすべき場面もあると考えられている[16].調停人の見解を説得するだけであれば,情報提供を謙抑的にするということすら不要であろうし,逆に当事者の決定内容に調停人が無関心であってよいとするならば「当事者が良いと言っていればどんな解決でも良い」と言えるので調停人にとっては楽ではある.しかし,これらの両極の態度では,良い調停を行うことは難しい.であるとすれば,このような議論を避けるべきではない.微妙な問題であり,結局は,ケースバイケースと言わざるをえない場面も多々残るが,それでも,調停をより良いものにしていくためにこうした問題を正面から扱うべきと言えるはずである.

2. ブッシュによる倫理的ジレンマの研究

研究の意義及び方法

紛争解決の実務についての具体的な研究なしに,思弁的な批判を加えるとき,調停の実務を改善するどころか,見当違いな規制につながるおそれさえある.ハイキングの登山者に一律に酸素ボンベを持たせるようなちぐはぐな規制[17]は,

---

16) この点への誤解は多い.詳しくは,以下を参照(入江 2009).
17) ADR 検討会に参加していた,廣田尚久の発言がある(廣田 2004 : p. 60).

登山の危険について，実態から乖離した場所での思弁的な議論から生まれるはずである．そうではなく，ハイキング登山でも実際にヒヤリとした場面を実証的に分析すれば，どこにその危険があるのかが明らかになるであろう．ヒヤリハットの研究（ヒヤリとした，あるいは，ハッとした場面を抽出し，事故の防止につなげる研究）は，医療現場その他さまざまな分野で取り組まれている研究手法である．演繹的な思考方法では議論が問題を同定することは難しいが，現実の事故が起こってからでは取り返しがつかないという種類の問題について，現場でヒヤリとした場面の何分の一かは事故につながるという仮説の元に，ヒヤリとした原因そのものについての対処を考えようとするものである．調停人の倫理についても，その取り返しのつかなさを考えればこのようなアプローチが有効であると思えるだろう．

　ブッシュは，1994年に出版した *The Promise of Mediation*（Bush & Folger 1994）によって，変容型（トランスフォーマティブ）調停を提唱したことで知られるが，本節で紹介する倫理的ジレンマの研究もよく知られている．これは，1988年から89年にかけての冬に，フロリダ州を対象フィールドとして80人強（35人：コミュニティ，30人：離婚，15人：民事）の調停人に対するインタビューを行い，その結果を基に論じたという大規模な調査である．NIDR（National Institute for Dispute Resolution）の報告書として1992年に公表された（Bush 1994）．調査のインタビューの対象者はフロリダの調停人の総体を表すように科学的なサンプリングが行われたわけではない（Bush 1994：p. 6）．しかし，コミュニティ，離婚，民事と主な分野それぞれから調停人が選ばれており，主要な領域がカバーされている．当時のフロリダ州では，調停人の概数が700人である（Bush 1994：p. 6）ので，1割を超す調停人へのインタビューを行ったといえる．

　また，インタビューの内容も率直かつ素朴なものであり，調停人自身に直接，「調停人として一連の行動をとることが適当かどうか重要な懸念があると感じた状況．すなわち，調停人としてそうすることが正しいかどうか確信が持てないような状況」（Bush 1994：p. 7）を聞いている．すなわちここに記載した状況そのものを「倫理的ジレンマ」として定義し，インタビューを繰り返し，報告者であるブッシュが「分析的な研究というより記述的な研究」（Bush 1994：p.

40）として取りまとめたものである．

　この研究の主要なメッセージは，実務家である調停人自身は気づいている重要な問題がたくさんあるにもかかわらず，政策的には等閑視され，正面から取り組んでこられなかったという状況への批判である．この調査のインタビュー中で，トレーニングで扱われていなかったことへの不満が聞かれ，あるいは，グループインタビューとして実施した際には，他の人の経験を聞けてためになったという声も聞かれたというエピソードを紹介しているが（Bush 1994：p. 44），こうしたエピソードそのものが倫理的ジレンマという課題への不作為に対する実務家による批判が顕在化された例であろう．したがって，1994 年に ABA，AAA，SPIDR が「調停人行動規範（第一版）」を制定するが，ブッシュの研究が，その制定の直接のきっかけの１つとなったとも見られる．また，調停人倫理教育のきっかけになったとも考えられる．そのような意味で，調停実務の改善に役立ち，また，政策的にも取り入れられるインパクトを持った重要な研究として位置づけられるであろう．

　ジレンマのカテゴリー
　当事者が納得して，当事者の自己決定として紛争解決を行うことが調停であるという考えに正面から反対する者は少ないであろう．また，調停の結果が公正であることに異論を唱える者もほとんどいないであろう．抽象的には，こうした概念に反対する者はいない．しかし，こうした複数の理念がせめぎ合っている具体的な状況下で，調停人としていかに振る舞うべきかについてを考えれば，それは容易に答えが出る問題ではない．調停人向けのトレーニングプログラムなどが整備されている米国においてすら，充分に扱われてこなかったといえる．どのような状況下でこうしたジレンマ状況が現れているかを同定することがまず必要になる．

　ブッシュ自身は，この研究について，①ジレンマのカテゴリーについての理解が進んだ，②フィールド（コミュニティ，離婚，民事）共通のジレンマが明らかになった，③ジレンマの階層構造が明らかになった，④これらのジレンマの背後に，自己決定能力に関する懸念が，共通に横たわっている，といった点を成果と見なしている（Bush 1994：pp. 40-44）．特に，①のジレンマのカテゴリ

ーについての理解として，具体的には，(a) 同意と公開のジレンマのようなよく知られているもの以外にも新しいカテゴリーのジレンマがあることがわかった，(b) サブカテゴリーが明らかになった，(c) 具体例が提供された，(d) 調停人の理解している内容が明らかになったという点を挙げている．

　実証研究に基づいているため，すべてのジレンマ状況は，具体例を伴っているが，そのような具体的な状況から帰納的に構造化された点に，本研究の特徴がある．

　その結果として抽出された具体的なカテゴリーは，表5-2（ジレンマのタイプ）に示す．

　実際には古くより知られていたジレンマ状況もあれば，あまり意識されていなかったものもあると思われる．「情報を得た同意」に関しては，「D　『情報を得た同意』を確実にする」という節が設けられているほか，「C　秘密保持」「E　自己決定を保護する／非指示性（nondirectiveness）を保つ」などさまざまなカテゴリーで問題になっている大きな課題であることがわかる．一方，「情報を得た同意」以外の倫理的ジレンマとして，たとえば，調停終了後の調停人と一方当事者の関係（B-1-(b)）などもある．

「情報を得た同意」に関係するジレンマ状況事例

　現実に起こった事例が具体的に記載されていることがこの研究を魅力あるものにしている．「情報を得た同意」に関連する事例について，いくつかを紹介する．

- ローンの支払いをめぐるビジネス調停で，借り手から第三者にわたった譲渡証券が主な物件であったが，合意に達した．借り手は，調停人に秘密として，裁判を望んだとしてもそのための費用もないし，勝てるかどうかの確信も充分でないと話した．そして，借り手は，相手にそれを知られたくないと言っており，彼自身についての情報を明らかにすることを拒んでいるような場合，調停人はそのような情報を明らかにすべきだろうか，あるいは調停を打ち切るべきだろうか？　調停人は，秘密を守って手続を進めた場合はどうか？　もしそうなら，秘密性は守られるが，合意や公正さの価値が損なわれるおそれがある．（C-2-(a), p. 17）

表 5-2　ジレンマのタイプ（Bush 1994：p. 9）

A　能力（コンピテンシー）の範囲内を保つ
　1.「診断」能力が欠けているとき
　　（a）　過去に暴力があったことを診断する
　　（b）　精神的無能力を診断する
　2.　実体的または技術的能力が欠けているとき
B　不偏性を保つ
　1.　当事者または弁護士との関係の観点
　　（a）　開示と異議申立の権利放棄後
　　（b）　調停終了後に生じた関係
　　（c）　階級や集団の関係が存在したとき
　2.　調停中の当事者に対する個人的な反応の観点
　　（a）　当事者への反感
　　（b）　当事者への同情
C　秘密保持
　1.　部外者への対処
　　（a）　暴力や犯罪があるという主張がされたとき
　　（b）　裁判所や紹介機関との連絡
　　（c）　当事者の弁護士との連絡
　2.　当事者間
　　（a）　開示が「情報を得ていない」合意を防ぐ可能性がある
　　（b）　開示が「情報を得ていない」行き詰まりを打開する可能性がある
D　「情報を得た同意」を確実にする
　1.　一方当事者を強制（coercion）する可能性があるとき
　　（a）　相手当事者によって
　　（b）　当該当事者の代理人または助言者によって
　　（c）　調停人の「説得的な」方法によって
　2.　当事者の能力が欠けているとき
　3.　当事者が知らないとき
　　（a）　事実についての情報を当事者が知らないとき
　　（b）　法的または専門的情報を当事者が知らないとき
E　自己決定を保護する／非指示性（nondirectiveness）を保つ
　1.　当事者に解決案を提供したいとき
　　（a）　当事者の要求によって
　　（b）　調停人自身のイニシアチブによって
　2.　当事者間で作られた解決案に反対したいとき
　　（a）　解決案が違法なとき
　　（b）　解決案が弱い方の当事者に不公正であるとき
　　（c）　解決案が賢明でないとき
　　（d）　解決案が調停外部の人にとって不公正であるとき
F　カウンセリング及び法的助言と調停を区別する
　1.　当事者が専門情報を必要とするとき
　　（a）　治療上の情報
　　（b）　法情報
　2.　プロとしての判定を表明したいとき
　　（a）　治療上の助言

      (b) 法的助言
G 調停の結果として当事者が傷つけられる危険にさらされるのを避ける
  1. 調停が状況をさらに悪化させる可能性があるとき
  2. 調停が微妙な情報を明らかにする可能性があるとき
  3. 調停が不利な約束をもたらす可能性があるとき
H 当事者による調停手続の濫用を禁止する
  1. 当事者が情報を隠すとき
  2. 当事者がうそをつくとき
  3. 当事者が相手をひっかけて情報を引き出す（fish）とき
  4. 当事者が時間稼ぎをするとき
  5. 当事者が脅迫するとき
I 調停人自身の利害の葛藤を扱う
  1. 裁判所または紹介機関との関係が生じる
  2. 弁護士または他の専門職との関係が生じる

● 傷害事件の調停で，加害者が案を提示したが，被害者はより高い要求を維持している．加害者が調停人に秘密に話したところでは，被害者は犯罪容疑者であり，彼のケガは主張しているほどの深刻さはない．調停人は，犯罪容疑者である事実を明らかにすることで，加害者側の提示を受け入れるだろうと確信したが，加害者側がそれを言うのを頑固に拒む．調停人は，秘密性を維持すべきだろうか？　（C-2-(b), p. 17）

● 夫が妻を脅し続け，妻が恐怖を感じているように見える場合．打ち切るべきか．（D-1-(a), p. 18）

● 多数当事者の傷害事件．調停人は，その被害者が状況を理解していないように見ている．しかし，弁護士が本人に話させることを拒否している．（D-1-(b), p. 18）

● 離婚調停で，妻が親権を持つことを夫が宗教上の理由で拒否している．妻は不貞を行ったので，妻は「罪人」であり，夫は妻の影響を子供が受けないようにする道徳的な責任を感じている．調停人は，妻側は子供にとっての必要性を根拠にした議論ができると知っており，それは夫側にも影響を与える可能性がある．しかし，合意に達するために（あるいは他の理由でも），宗教上の原則を妥協するように依頼することが適当と言えるのか．どんな場合なら許されるのか．（D-1-(c), p. 19）

● 契約不履行の調停で，ほぼすべての合意条項が決まり，当事者Ａから当事者Ｂに支払う損害額も決定した．コーカス（別席手続）で，Ａが，Ｂ

への支払期日前に破産処理を行うと告げた．つまり，Bはわずかの担保財産の一部を除いて金銭回収ができないということになる．(D-3-(a), p. 21)

● 離婚調停で，1点以外すべて合意できた．合意できないのは，婚姻の主な資産と言えるビジネスについてである．両当事者は単に数字について合意ができない．当事者の両方が調停人に決めてほしいと言っており，その決定には従うことまで約束している．調停人は，このイシューについて結論を出すことに同意すべきか，特に当事者が合意している場合に？　あるいは，当事者からの依頼があっても，決定する役割は拒絶するべきか？　もし調停人が当事者の申し出を受け入れれば，合意は成立するが，明らかに当事者の自己決定という価値を弱め，結論についてのコントロールを行ったということになる．しかし，それは他ならぬ当事者自身の要求なのだから，自己決定に反しないという見方もある．しかし，もし当事者が少しでも結果に対して結論を出しうると知っていたら，自己決定の潜在力と結果についての調停人の不偏性という力を弱める可能性もある．(E-1-(a), p. 22)

● ビジネス契約についての調停で，原告はもともと20万ドルを請求しており，被告は7万5,000ドルを支払うと提示していた．3時間の話し合いで，15万ドルと11万ドルまで近づいた．コーカスなどを行ってもこれ以上進歩が見られない．当事者双方が調停人に調停人自身の意見を求めた場合，調停人は案を提示するべきだろうか．この問いは，上記に似ているが，案が拘束的とはされていない．押しつけになる危険も，その案で和解する可能性も少ない．しかし，不偏性の観点でのリスクはむしろ大きいかもしれない．特に，その後の話し合いでも案の提示が続くようであればなおさらである．(E-1-(a), p. 23)

● 夫が面接交渉権まで放棄したが，それは州法に反している場合．(E-2-(a), p. 24)

● 傷害致死の事件で，少数民族の子供を含む生存者の調停で，その生存者の配偶者と加害者が生存者1人あたり2万ドルで和解しようとしている．また，その合意は公式文書とする準備を行っている．しかし，その州法では，

和解に先立って，少数民族の保護の観点で，保護者の選任を必要とする．（E-2-(a), p. 24)
● 屋根の追加工事に合意したが，業者はライセンスを持っていない場合．（E-2-(a), p. 24)
● 離婚調停で，建設作業員の夫が自分で，居住用の家屋を建てたと言っている．したがって，それは自分の個人的な所有物であると言っている．彼はこの点について強硬である．妻は自分の根拠が不確かなように見える．また，夫を怖がっている．そして，夫にその家を渡しそうになっているが，他には資産がない．調停人は，妻は怖がっていると見ており，夫の法的な議論はまったく根拠がないと知っている．(E-2-(b), p. 25)
● 専業主婦とビジネスエグゼクティブの夫．弁護士なし．夫が資産分割の合意についての文言を決めるのに有利な状況．妻が押し切られそう．もし妻がこの問題について知識があれば，妻はそのような合意文言が非常に不公正だと気がつきそうである．(E-2-(b), p. 25)
● 傷害事件で，被害者の弁護士は50万ドルが堅いと思われるものの半額で合意しようとしている．他の弁護士ならばもっとうまく交渉するというような状況である．この被害者の弁護士は，加害者の弁護士と自分の事件の両方を読み誤っており，非常に低い提示を行っている．加害者の弁護士はその状況を理解しており，それにつけ込んで不公正な合意をとりつけようとしている．(E-2-(b), p. 25)
● 離婚調停で，夫は妻の心臓の状態では自動的に第一親権を持てなくなると言っている．妻は，調停人に本当にそうなのかを聞いてくる．調停人は，経験豊富な離婚弁護士で，夫は法について間違っていると知っている．(F-1-(b), p. 30)
● 傷害事件の調停で，当事者の代理人弁護士は，被害者の傷害の程度と原因を確定するための証拠についての許容性（admissibility）を論じている．もし，許容されれば，被害者は多額の勝利につながる．調停人は，弁護士として，同じ裁判所で同じ論点を取り上げて提訴した経験があり，ほぼまちがいなくその裁判官はその証拠を認めると考えている．(F-1-(b), p. 30)

- 雇用者と被雇用者についてコミュニティ調停で，従業員による損害に対する請求．雇用者は，損害を支払わなければ給与を支払わないと脅している．従業員は，雇用者にはそうする権利はないと言っている．調停人は，弁護士として，給与債権差押えの手続を取られない限り，給与を支払わないのは法律違反だと知っている．(F-1-(b), p. 30)
- 傷害事件の調停で，被害者は加害者の申し出を拒否しようとしている．しかし，調停人の意見では，被害者にとって裁判で実際に得られるであろう金額と同程度かむしろ多いように思える．被害者は調停人に意見を求めていない．しかし，まだ実際に拒否するまでには猶予がある．(F-1-(b), p. 30)
- 離婚調停で，妻は夫の申し出である資産を受け取る和解を受け入れた．調停人の意見では，夫側は非常に寛大な申し出をしたと思える．妻は，調停人に，これは良い合意だったかを聞いてきた．(F-2-(b), p. 32)

わが国の調停実務から見たブッシュ研究

わが国の調停実務家から見れば，ジレンマに見えないものも少なからず含まれているであろう．たとえば，離婚調停の財産分与をめぐる事例（E-1-(a) 例1）では，両当事者が調停人に調停案としての金額提示を求めているが，調停人は当事者の自己決定の観点で提示すべきかどうかを逡巡している．わが国の民間調停手続では，規則によっては，両当事者が調停人に調停案を求めた場合には調停人は「案を提示しなければならない」場合さえあり，調停人が案の提示を行うことへのためらいは少ないと思われる[18]．しかし，こうした見方は，米国でも存在する可能性も高い．調査対象が，コミュニティ調停モデルを政策的に採用したフロリダであり，自己決定理念の実現を中心に置くべきと考えているブッシュのバイアスがかかっている可能性がある．別席を主体とし，教化的・指導的な調停が行われることは米国でも存在しているからである[19]．この

---

18) 自主交渉援助型調停の調停スタイルを行おうとしている司法書士会などでは，このようなジレンマは，より直接的に理解されるであろう．
19) たとえば，"When Talk Works"ではさまざまな調停実務家がインタビューに答える形で，さまざまな調停実務スタイルが存在することを示している．エンディスピュート創設者であるグリーン（Green）は，別席を繰り返すシャトル調停を行っている（Kolb 1994）．

ようなわが国の実務家が持つであろう違和感は，調停における自己決定理念が，米国では主流化した考えであり，わが国では充分に主流化しているとは言えない状況から説明できると思われる．むしろ興味深いのは，自己決定理念の実現を尊重するべきと考えている米国の調停人でも，単に「案の提示をしなくて良い」という結論を出しているわけでもない点にあろう．『ブッシュ・倫理的ジレンマ』では，ジレンマ状況の提示までであり，どのような対策案があるかまでは記載されていない．「額を含めた解決案を決めるのはあなたたちです」と突き放す方法と，「……ドルが妥当と考えます」と結論を提示する以外にも，たとえば，「決め方をブレインストーミングする」（くじで決める，足して二で割る，ベースボール仲裁，関係者にインタビューする，類似事例を調査する……）等，現実的にはいくつかのアプローチがあると思われる．ただし，わが国の一般的な調停実務家からはそのような受け止め方は一般にはなされないかもしれない．

また，離婚調停後に，夫が面接交渉権を放棄した点が州法に反するなど，わが国の法と異なるような事例（E-2-(a)）が紹介されている．また，宗教や民族の問題が明確な形でジレンマ状況に結びついている例などは，日本でも存在するにしても，かなり質的に異なってきそうである．

このような制約はあるにせよ，ここで紹介しているジレンマ状況のほとんどは，わが国の調停実務にとっても，直接的にも役立つように思える．しばしば，文化的な相異が調停実務のスタイルの違いの「原因」として説明されるが，紛争当事者や調停人自身の人間味あふれる悩みや行動は，むしろいずこも同じであるという印象につながるのではないだろうか．たとえば，法情報の観点でも，米国では弁護士数も多く，法アクセス環境が整備されているという文脈で日米の違いが言われるが，誤った法情報や解釈に基づいて頑固な主張をする当事者に悩まされる調停人の姿が，こうした事例中にはっきり表れている．

3．モフィットとヘニコフによるジレンマ評価アプローチ

当該論考及び著者について

本節で紹介するのは，モフィット（Moffitt）とヘニコフ（Henikoff）の「調停人の行動規範の再モデル化」（以下，『再モデル化』（Henikoff & Moffitt 1997）で

ある．同論文は，規模もさほど大きなものではないが，1つの明確かつ有用なフレームワークを示していると思われる．

ヘニコフは元ハーバード調停プログラムのトレーニングディレクターであり，モフィットは元ハーバード調停プログラムの代表であった[20]．モフィットは，その後，オレゴン大学法学部の准教授となり，2005年にハーバード大学交渉学研究プログラム（PON）で出版した *The Handbook of Dispute Resolution* (Moffitt & Bordone 2005) の編者を務めるなどの役割を担っている．

同論文は，ABA，AAA，SPIDRが1994年に策定した「調停人行動規範（第一版）」(ABA et al. 1994) を批判する形で書かれている．「調停人行動規範（第一版）」は，調停人の行動をガイドするためには，あいまいすぎる「臆病な記述」として批判し，代替案としてのフレームワークを提示している．

なお，モフィットは「調停人行動規範（第二版）」（2005年版）(ABA et al. 2005) についても，問題が改善されていないと批判している (Moffitt 2006)．

このモフィットの批判を受ける形で，同規範の策定に関わったスタルバーグ (Stulberg) が，「調停人行動規範」を擁護する形でモフィットへの再批判を行っているが，その際には，「モフィット教授の提供するフレームワークは，教室や実務家の議論としてはすばらしい．しかし，そのアプローチを，目に見える『コード』として翻訳できない」(Stulberg 2006：p. 35) と述べている．

スタルバーグによれば，それが概念的に賞賛されるものであっても，確固としたものへの欲望を抱くアプローチは，人間の経験の持つ豊かさや予測不可能性を過小評価あるいは無視する代償を支払ってしか手にすることはできない (Stulberg 2006：p. 34) のであり，そのため，「調停人行動規範」は，1つの価値（ないし標準）を中に持つということはしていない (Stulberg 2006：p. 34)．

スタルバーグも言外に指摘しているように，「調停人行動規範」は，妥協の産物であり，あいまいさを含んでいる．ヘニコフとモフィットのモデルは，1つのフレームワークとして，実務家に指針を与えるものとして構想された．

---

[20] ヘニコフとモフィットは後に結婚している．

構造と事例

『再モデル化』が提案する枠組みは単純である．①当事者の自己決定，②中立性，③情報を得た同意の3つを，いわば独立変数として扱い，それら3つのバランスをとりながら，調停人として行動すべき内容を選択すべきとしている．

つまり，調停人として，しばしばこれらの目標が相反することを知り，そのジレンマに正面から向き合いつつ，あるべき姿を模索していくというアプローチである．

後述するように，具体的なジレンマ状況を設定し，それに対する参考となる思考プロセスを描写している．のみならず，単に，描写しているだけでなく，具体的に思考が可能な枠組みを提示している．

特に，情報を得た同意については，「プロセス」についてのものと「内容」についての両面があり，双方共に必要だとしている（Henikoff & Moffitt 1997：pp. 103-104）．つまり，調停手続は当事者の自主性に基づいて進められるといったプロセス面での情報を得た同意と，たとえば離婚後の支払金額の性質といった実体（内容）面の情報を得た同意が必要になる．

①当事者の自己決定，②中立性，③情報を得た同意の3つの緊張関係としては，テナントと大家の紛争で，大家の法律違反で3倍の損害を受け取れる場合の例が挙げられている．これは，情報を得た同意が損なわれている問題として紹介されている．テナントにその権利を気づかせると，中立性は少し損なわれるが，インフォームドコンセントについて大幅に改善できる点も併せて考えるべきという形の紹介になっている（Henikoff & Moffitt 1997：p. 105）．

以下に示す分析例（Henikoff & Moffitt 1997：pp. 109-111）は，選択肢創造の際，実際にどのように振る舞うべきかという難しい問題への「答え」を提供するわけではなく，思考のためのフレームワークを提供している．

①難しい問題：選択肢の創造

これまでのところ，当事者がいくつかの解決案を出している．調停人が見たところ，両当事者は疲れ，創造的な考えがでてきそうになく，このまま解決に行きそうに見える．現在の案でも，一応，両当事者の利害に合いそうだが，調停人は，もっと魅力的な解決案があることに気づいている．このままでは，お

そらく，当事者はその解決案を発見しないだろう．調停人としてどうすべきか．
　②情報を得た同意
　本件での調停人は，各々の当事者にとって，情報を得た同意のレベルを脅かす状況に置かれている．両当事者は調停人の解決案を発見していないので，その紛争に関係するすべての情報に接することなく，決定を下すというリスクを冒している．このケースでは，得られていない情報は，両当事者が選択できる選択肢の範囲に関係している．明らかに，両当事者は，彼ら自身の意思決定できる〈すべての〉関連情報を手にしていない．しかしながら，問題は，どのレベルの情報があれば，調停人が問題と感じず，当事者自身で進めていって充分といえるかである．このケースでは，調停人によっては，当事者にその選択肢を伝えなければならないと考えるだろう．しかし，別の調停人は，調停の結論に影響を与えるほどに重大な情報ではないと考えるかもしれない．
　③中立性
　調停人が，当事者にその選択肢を伝えるあらゆる行動は，調停人の中立性を脅かす可能性がある．第一に，もし調停人が提示した選択肢が一方の当事者に大きな益を作り出した場合，他方の当事者が調停人の偏りの証拠としてその提案を受け取る可能性がある．さらに微妙な場合，一方当事者にとって，当事者自身が好んでいる潜在的な解決から，調停人の不適切な影響によって，当事者たちにとってはっきりとしない新しい選択肢に焦点が移動させられたと受け取られるかもしれない（調停人の提案が調停に不適切な影響力を与えていると受け取られる可能性もある）．提案が客観的には中立で，双方にとって益があるとしても，一方当事者はバイアスが懸かっていると解釈するかもしれない．
　④自己決定
　調停の文脈と当事者の社会的能力（sophistication）によって，あらゆる調停人の提案は，当事者の自己決定レベルを脅かすおそれがある．多くの裁判所付設調停プログラムに参加している当事者は，調停人を権威あるものと受け取っている．たとえ調停人自身は当事者に結論を下したつもりではなくても，紛争解決手続に慣れていない当事者は，調停人が結論を決めたと見てしまう場合もある．このような場合，もし，調停人が提案をしたら，当事者はそれを受け入れなければならないと受け取るかもしれない．あるいは，当事者が調停人の

役割を理解している場合でも，単に調停人から提案されたというだけでその提案に釘づけにされてしまうかもしれない．このような状況下では，当事者は調停の良さの1つ，つまり各々の当事者がニーズにあった最善の解決内容を自分たちの手で作り出すという機会を失う可能性がある．当事者が調停人に従う程度にはきわめてばらつきがある．ある当事者に不適切に影響を与えた調停人の活動が，別の当事者には適切である可能性がある．

⑤他の問題

調停人は，「調停人の提案する選択肢が当事者にもたらす便益」を正確に推し量るべきである．もし，調停人が何回もセッションを重ね，当事者にある利害をしっかりとつかめれば，調停人は有益な選択肢を開発できるかもしれない．逆に，数時間しか経っていない当事者と調停人の場合には，まだ隠れている利害や懸念が残っている可能性も高い．このような状況では，調停人は当事者の自己決定を脅かすだけでなく，当事者が作り出す可能性のある別の選択肢の価値を破壊するおそれもある．

⑥調停人にとって可能性のある選択肢
- 調停人の考えについて，沈黙を守り，当事者自身が出した提案の中から当事者が選ぶのを支援する
- 当事者にきわめて誘導的な質問をして，それを発見させる
- 当事者に，調停人の考えを共有したいかを聞き，それから，中立性，自己決定に関する懸念を説明する
- 当事者に，調停人の考えを聞きたいかどうかをたずねる
- 中立性と自己決定に関する懸念を伝えた後に，調停人の考えを伝える
　　（例：わたしは解決の選択肢を考えつきました．しかし，その前に私が強調したいのは，これは1つの解決の可能性ある方法に過ぎず，もし，利害に合致していなければ，その案は無視していただいて結構ということです．）
- 当事者に複数の選択肢を示す（調停人が最上と思えるものもその中に含める）
- 当事者にその選択肢を言う
- 他には？[21]

(注) このリストは網羅的なものでなく，調停人が取りうる範囲を示している．それぞれの活動には，費用と便益がある．リストの順は何ら評価を含んでいない．

当該論考の意義

上記の分析例は，具体的な紛争事例よりは抽象レベルが高い．にもかかわらず，調停で頻発する場面での，具体的な思考順序を示していると言えるだろう．

最終的なリストには，「調停人が自分の考えを言う」ということも「調停人が自分の考えを言わない」ということも含まれている．さらに，あえて複数提案して，その中から当事者に選ばせるとか，調停人の意見を言うべきかどうかをまず確認するというやり方も含まれている．そのどの行動が最適であるかを一般的に示すことはしない．

特に社会的弱者である一方当事者に対して，自己決定に先立って，充分な情報提供が存在することが望ましいという点については，米国であれ[22]，日本であれ，同意しやすいであろう．問題は，いかなる方法によってそれが現実化するのかという問題である．上記の分析例を見れば明らかであるように，調停人が安易に，「弱者保護」の位置取りを行って，「強者」への説得といった活動には移行しない[23]．

そうではなく，いずれの価値をも軽視できないという立場に立って，悩みを正面から悩もうというアプローチを勧めている．これは，別の見方をすれば，社会正義と私的自治の拡大というマクロな政策目標が，1つの紛争解決という

---

[21] このリストに含まれていないようなやり方もありえるだろう．たとえば，誘導的でない質問を議論しながら，選択肢を増やしていくやり方もあるかもしれない．あるいは，口頭でアイデアが出て入れば，ホワイトボードなどに書き出して，ブレインストーミングに移行するというやり方もあるかもしれない．

[22] 調停手続の中で，社会的弱者たる当事者が充分な手続を得られていない実態を指摘している研究がある（Fox 1996）．

[23] 日本の調停実務家であれば，このようなまどろっこしい考えをとらず，自身のアイデアを当事者に受け入れるように，むしろ積極的に「説得」してよいと考えるかもしれない．①当事者の自己決定，②中立性，③情報を得た同意は，いずれも些末な問題であり，「調停人が良いと考える解決案を受け入れさせること」こそ，良い調停と考える立場もなくなっているとは言えないだろう．しかし，そのような調停人中心の見方による紛争解決が，当事者あるいは社会にとって価値があるかどうかは別問題である．実務家が「良い」と思っているのだからそれ以上追求しないということでなく，その「良さ」について，実証的に研究することが求められていると思われる．

ミクロレベルで，どのように調和しうるのかを考えることこそが調停であるという，新たな調停観の提示と言えるかもしれない．単なるジレンマ状況の記述を超えて，思考の枠組み提示を行っているところに特徴があると言える．

後にメイヤーが，紛争を嚙み合わせる存在としての"コンフリクトエンゲージメント"概念を提唱している（Mayer 2004：p. 192）．これは，変容型調停の反省としての側面も持つ提案であるが，紛争の内容や場合によっては，「力」を使った「紛争」「闘争」を選んでもよいし，紛争専門家は，実際にそのようにして当事者の紛争を「嚙み合わせる」役割を担ってきたと考え，その役割を引き受けようというものである．メイヤーの考え方は共感を集めているが，むしろヘニコフとモフィットのモデルにおいて，紛争の本質に向き合い，紛争に合致した「嚙み合わせ」方が示されているように思える．

4．ヘニコフとカーツバーグの法情報と扱い方に関する研究

当該論考の位置づけ

『再モデル化』では，調停人自身がジレンマ状況を深く理解し，その上で当事者に接する中で最善の方策を探そうという意味で，調停人のスキルベースのアプローチと言える．『再モデル化』の一方の著者であるヘニコフがカーツバーグ（Kurtzberg）と法情報の提供方法についての論考（Kurtzberg & Henikoff 1997）（以下，『法からの逃避』）を書いている．『再モデル化』がスキルベースの議論であるのに対して，『法からの逃避』は，機関としての可能なアプローチを整理している．この中でヘニコフらは，4つのモデルを，現実の機関に即して検討している．特に，70年代以降，州法の改正があり，賃借人の権利が強化された借家紛争（賃借人賃貸人紛争）を対象に扱っている．第4番目のThe Center for Mediation in Lawのモデルは，後述の「理解に基づく調停モデル」と同一であるため，これを除いた3つのモデルの要点を紹介する．

法情報提供へのアプローチ

①ハーバード調停プログラム（HMP）

第一の方法は，ハーバード調停プログラムで取られている，純粋な自主交渉援助型と呼ばれるモデルである．具体的には，法情報の一切の提供を避ける．

ここにおいても，4つの可能性があるとされる．すなわち，(1) 法的論点を無視する，(2) 弁護士に相談するように言う，(3) リアリティテストの質問をする，(4) 法的論点が気になるなら裁定的手続を勧める，といった活動を行う．

HMPがこのような手続をとるのは，(1) 不正確（ロースクールの学生や地域の参加者[24]が法律を充分熟知していない），(2) 法情報提供と法的助言の境界線を引きづらいためであるとしている．

純粋に自主交渉援助型といえるスタイルであるが，必ずしもこのような機関ばかりではない．

② Mediation Works, Inc（MWI）

第二の方法は，MWIと呼ばれる非営利企業のモデルである（Kurtzberg & Henikoff 1997：pp. 92-101）．MWIは，調停トレーニング（紛争解決トレーニング）と調停サービスをニューイングランド全体で提供している．MWIでは，30時間の自主交渉援助型のトレーニングに加えて，マサチューセッツ州の賃借人賃貸人法と，上級の調停トレーニング15時間を提供している．

MWIの方法は，はじめの挨拶（オープニングステートメント）で，必要なら参照できる正式な条文があることを伝え，要求があった際には，条文そのものを見せるというアプローチを採用している（Kurtzberg & Henikoff 1997：p. 94）．

この方式をとった理由としては，①中立性，②不正確を避ける，③非弁行為（UPL）を避けるためであるとされる．

また，ディレクターであるドラン（Doran）へのインタビューによれば，賃借人（テナント）は，法的権利に気付いている割合が非常に低く，弁護士をつけている割合，賃貸人60.4%に対して，賃借人はわずか7.8%に過ぎない（Kurtzberg & Henikoff 1997：p. 95）．

賃借人に有利な結果として，アルコールリハビリテーションプログラムに参加すれば，立ち退きを避けることができる，といった創造的条項が生まれている例も紹介している（Kurtzberg & Henikoff 1997：p. 96）が，ヘニコフとカーツバーグは，条文そのものを見せるというアプローチに対して，効果に疑問を投げかけ，厳しい評価を下している．

---

24) 32時間のトレーニングプログラムに参加した学生または地域住民が，ボストンの裁判所の6管轄区域内で，少額事件の調停を提供する．

③ Hampshire Community Action Commission Housing Program（HCAC）

第三のアプローチは，HCAC と呼ばれるホームレス問題と闘う草の根の反貧困プログラムの例である（Kurtzberg & Henikoff 1997：pp. 101-110）．

HCAC は，そもそも賃借人が，一方的に立ち退きを迫られる事態を避けることが調停プログラムの目的になっている．HCAC は，無料のカウンセリング，無料の情報提供，無料の調停という3つの無料サービスを行っている．情報提供サービスは，賃貸人，賃借人双方に提供している．

明け渡しを避けることが調停プログラムの1つの目的であり，その意味で，賃借人保護という党派的なプログラムではあるが，賃貸人側は，そうしたプログラムの目的を知っている上でも，このプログラムを中立と見なしている場合がある（Kurtzberg & Henikoff 1997：p. 106）．

HCAC の方式では，賃借人全員に無料カウンセリングを勧めている．

調停人自身は，立ち退き等の執行に関わる手続法については積極的に情報提供を行うが，実体法については情報提供を行わず自主交渉援助型のアプローチを採用している．

著者らは，実質的な問題解決にかなり役に立っていると評価している．しかし，勧めている無料カウンセリングサービスを，半分弱の賃借人が使わないという実態があり（Kurtzberg & Henikoff 1997：p. 110），このように手厚いサービスを行ってもなお，充分に情報を得ない賃借人が残る．

当該論考の意義

調停への批判として，当事者の自己決定や中立性の名の下に，法を無視し，特に弱者が半ば自動的に合意に従わされているというものがあり，実態を見れば，確かにその批判があたっているところがある．しかしながら，理想型としての司法制度との比較という観点だけでなく，現実社会で実際にどうなっているか，また調停プログラムがどのように代替しているかという観点で見れば，調停プログラムが弱者側である賃借人（借家人）によりメリットをもたらしているという状況が，調停プログラムの実態研究を通して明らかになっている．

また，紹介したように，一口に自主交渉援助型調停スタイルが採用されていると言っても，HMP 型のナイーブな調停プログラムだけが米国の活動のすべ

てではない．進化の途上にある存在として，調停プログラム自身が，さまざまな工夫の元に行われていることがわかる．

5. 理解に基づく調停モデル

当該論考の位置づけ

ヘニコフとカーツバーグの『法からの逃避』でも紹介されていたフリードマン（Friedman）とヒメルスタイン（Himmelstein）の『理解に基づく調停モデル』（Friedman & Himmelstein 2006）を取り上げる．フリードマンとヒメルスタインは，Center for Mediation in Law の共同設立者であり，その機関の方式を実務に基づいて紹介している．同機関では，自主交渉援助型でありながら，法の問題も正面から扱うアプローチを採用している．後に述べるように，当事者は代理人弁護士に伴われていることが半ば前提とされ，代理人弁護士と弁護士調停人が法についても，当事者利害の伴うビジネス的な話題についても総合的に話し合うことが構想されている．

紛争における法の存在は，部屋の中に巨大な象がいるようなものである（Friedman & Himmelstein 2006：p. 529）という．法を単に追い出すというアプローチがあり，それは，象が部屋に入るのをおそれるようなものである．逆に，元裁判官などの調停人が，法を使って裁判同様の言語と思考過程を使って，裁判同様に調停を進める場合もある．この場合は，法が圧倒的な存在である．理解に基づく調停モデルは，法的現実と，ビジネスまたは個人的な現実の両面を扱おうとする調停スタイルであり，象＝法を「扱える大きさ」に小さくするという発想に立っている．

モデル構造

理解に基づく調停モデルは，多くの調停モデルと同様に，利害を重視し，同時に，法を扱うことも重視する．「理解に基づく」としているのは，法の強制力，説得力を頼らず，理解そのものの力に寄ろうとしている（Friedman & Himmelstein 2006：p. 524）．

理解に基づく調停モデルが持つ2つのゴールは，

①当事者に，法と可能性のある法的結果について教育する

②裁判所が下すであろう結論から離れて創造的な解決を生み出すように支援する

というものである（Friedman & Himmelstein 2006：p. 526）.

　方法論としては，4つの原理に則っている（Friedman & Himmelstein 2006：pp. 524-525）．第一に，理解を深めること．つまり，強制力や説得に頼らず，相互理解を重視する．具体的には，問題の個人的またはビジネス的側面と法的側面の両方を同様に重視する．第二に，表面的に見える問題の背後にある問題を扱うこと．つまり，ほとんどの紛争はお金や誰が誰に何をするというだけではないという理解に立ち，怒りやおそれや，責任を分担すること，認めてもらいたいという欲求などさまざまな感情が紛争には存在しているという見方を持っている．第三に，当事者の責任である．つまり，もっとも良い解決は当事者自身が知っているという単純な前提に立っている．第四に，同席で進めるということ．具体的には，コーカスを使わない．また，当事者と代理人の両方が出席しているという米国の調停スタイルで，コーカスをまったく採用しないものは珍しいと思われるが，これを徹底している．

　具体的な話し合いの流れであるが，まず代理人弁護士が中心に法的な議論を行い（会話1），後に当事者中心にビジネスまたは個人的な議論を行う（会話2）という流れをとる（Friedman & Himmelstein 2006：p. 530）．会話1で，調停人は，法的見解を提示する第三者として振る舞ったり，あるいは，その判断の前提となる事実関係を明らかにするための質問をしていったりする存在ではない．むしろ，互いの代理人弁護士に主張をさせて，その内容が理解できるように展開する方向で努力する．ある程度言い分が明らかになった後に，調停人が「両方の弁護士が，一生懸命にそれぞれを守ろうとしています．でも，どちらの弁護士も，リスクがないとはおっしゃっていませんよ」（Friedman & Himmelstein 2006：p. 533）といった介入を行い，法的なリスクを双方の当事者が理解した後に，会話2＝ビジネスの議論に入っていく．その後は，当事者が自らの利害を評価し，当事者本人たち同士でむしろ解決案を作るために調停人が手伝うという自主交渉援助型調停のモデルで展開する．

当該論考の意義

　法律専門家が当事者の問題を流れ作業的な切り取り方で処理するのとは対極の，かなり洗練された「法の飼い慣らし方」の方法が，実務の中から体系化されつつある．それ自体が驚くべき到達であるように思える．また，調停人や調停機関が，裁判の負の側面だけを言いつのらなくともよく（Friedman & Himmelstein 2006：p. 543)，伝統的な司法システムである公的な手続と自然に調和している点もこのモデルの強みであろう．

　しかしながら，いくつかの問題があろう．まず，すべての当事者に，代理人弁護士がついて話ができるという状況そのものが限定的である．代理人がついていない場合には，調停人自身が法を紹介するか，代理人をつけるように勧めるとされているが（Friedman & Himmelstein 2006：p. 552)，調停人自身が法を紹介する場合に，理解に基づく調停モデルがうまく機能するかという点には疑問が残る．代理人から「法的リスクがある」と言われるのは受け入れられても，調停人から「双方にリスクがある」と言われた場合にそのまま受け入れるというより，調停人が頼りないとかはっきりしてくれないという解釈に結びつきやすいと考えられるからである．

　また，同モデルへの懸念として，ヘニコフとカーツバーグは，調停を法曹だけしかできなくなる可能性がある点を指摘している（Kurtzberg & Henikoff 1997：p. 115)．特に，非弁行為の問題が，能力のある非法曹の調停人を排除するのであれば，いかに理想に近い方法であっても，自分たちとしては推薦できないと言っている．

6．小括――米国調停実務における「情報を得た同意」をめぐる議論の進展

　米国で一般的に行われている調停実務が，法的な議論よりも利害や納得，自己決定，Win-Winといった価値に焦点をあてるものであると紹介されている．これらは，間違っているわけではない．しかしながら，米国での調停運動を，「言い換え」に代表されるような，単なるコミュニケーションスキルに矮小化して理解を行うことは，不充分でもあり，不適当でもあろう．特に，わが国の法アクセスが充分とは言い難い点を考慮すれば，本節で述べたような，「情報

を得た同意」の問題，あるいは，調停における公正性の確保についての取り組みについて，真摯に学ぶ意義は米国以上にわが国で大きいと思われる．

『ブッシュ・倫理的ジレンマ』においては，調停実務における，自己決定と情報を得た同意の緊張関係の実態を，紛争事例に即して見ることができた．

『再モデル化』では，調停人自身が，当事者の自己決定，中立性，情報を得た同意の緊張関係を検討するための枠組みが示された．

『法からの逃避』では，調停機関として，紛争解決が法から逃避しないために，たとえば，調停とは別の無料カウンセリングや無料情報提供サービスと組み合わせるといった工夫が可能であり，また，実際にそのようにして効果を上げている取り組みがあるということを理解できた．

『理解に基づく調停モデル』について，両当事者に代理人がついているというやや恵まれた状況下ではあるが，法的な議論を調停内で行い，さらに，両当事者の利害を満たすためのビジネスの議論も併せて行うという枠組みについて検討した．

当事者の自己決定という私的自治の問題を損なうことなく，情報を得た同意が実質的になされ，公正さも確保され社会正義の実現のために役立つ状況をいかにして作り出すかという，実際的な取り組みについて，さまざまな工夫を見てきた．

これらの文献を改めて見直すと，現実認識→個人としての取り組み方法確立（スキル化）→組織としての取り組み方法確立（制度化）→ビジネス化，といった流れの中で，調停実務そのものも進化の中にあるというマクロな状況も理解できよう．

第3節　米国調停研究から日本の調停研究へ

米国における調停の制度的側面（2章「制度及び件数の面での考察」），理論的側面（3章「調停政策の位置づけ」），実態（4章「機関運営」，5章「手続進行」）に分けて見てきた．

2章で見たように，社会の中での存在感も大きくなってきているし，3章で見たように理論的な展開も充実している．しかし，4章でみたコミュニティ調

停の実際（4章1節「コミュニティ調停の現在」参照）にしても，5章で見た〈情報を得た合意〉の問題にしても，まだまだ課題は多く，それぞれの課題に対して実務に取り組みながら，理論化も試みるといった状況にある．つまり，米国調停そのものが依然として成長しつつある．その総体を可能な範囲ではあるが，できるだけ丁寧につかみとろうと努力してきたつもりである．

　理想的な状態に達していなくても，米国の現代調停には確かに，本質的な活動が埋め込まれているように思える．現実の課題の多さや，見た目の派手さ／みすぼらしさに目を奪われることなく，正確に理解することが重要と思える．特に，コミュニティ調停が，自由を追求しつつも，道徳的であろうとしていること．裁判所からの支援を得つつ，裁判所の文化とは異なる固有の価値を守ろうとしていること．多様性を追求しつつも，合理的で効率的な機関運営を行おうとしていること．紛争の個別性に寄り添い，当事者の自己決定を最大化しようとしつつも，公正さ確保の観点で並々ならぬ努力が払われていることを見てきた．つまり，それ自身，葛藤のさなかにある調停運動の現実をみようとしてきたのである．

　2部ではわが国の調停についての研究をまとめる．わが国においても，制度的側面，理論的側面，実態（機関と手続）の順で考察する．また，量的研究手法を用いて，利用者ニーズに関する分析も行う．

　3部では，政策を検討する上での選択肢を整理する．

　米国の状況とはさまざまな意味で対照的であるのは，すでに1章「日本にとっての米国調停の意義」で見たとおりだが，詳しく見ていけば必ずしも相違点ばかりではない．

　何が違っていて，何が共通しているか，何が足りないのか，そのうち何は改善できるのか，といった問題を考えていく．

第 2 部　日本の調停に関する歴史制度的分析

第6章　制度及び件数の面での考察

第1節　戦後調停制度の沿革と件数の面での考察

1. はじめに

第2部では，日本の調停を分析する．本書の主題は民間調停であり，民間調停における実務や利用者からの評価を扱う．しかし，その前提として，司法調停を含めた制度や，調停に関する考え方を扱う．

さて，本節では，わが国の調停及び ADR に関する制度面で見た沿革と，どの程度活用されているのかという件数の面での簡単な考察を行う．ここでの主題は，特に民間機関における調停活動を分析する上での現況認識の整理にある．ADR 法に関しては2節「ADR 法制定に関わる諸問題」で扱う．また，司法調停と民間調停の中身の分析と比較研究は6章3節「司法調停と民間調停の比較」で行う．戦前期の調停制度及び調停論の変遷に関しては，7章「戦前の調停論再評価の可能性」で扱い，ここでは戦後に絞り，かつ，ごく概略的な状況整理にとどめる．

2. 終戦から60年代までの調停関連制度

司法調停関連の制度

司法調停について，戦時中に作られた人事調停法と戦時民事特別法を引き継ぐ形で，家事審判法（1947年法律第152号），民事調停法（1951年法律第222号）が成立した．家事調査官制度は1951年から開始され，1954年に家裁調査官制度に拡張される．

表6-1 司法調停の件数（日本調停協会連合会 1954：pp. 398-399）

	家事 (家事審判法 1947)	民事一般 (民事調停法 1951)	合計 (旧法手続含む)
1950（昭和25）年	41,412	—	97,712
1951（昭和26）年	37,920	7,725	96,714
1952（昭和27）年	38,187	30,657	98,850
1953（昭和28）年	38,351	33,240	104,117

件数で見ると，終戦前の人事調停では3,000〜6,000件程度で推移していたのに対し，家事審判法が施行されると1948（昭和23）年には32,384件を数えるなど，一気に増加している．1953年には司法調停の合計が10万件を超え，戦前のピークであった1935（昭和10）年前後に近づいている．

行政機関関連の制度及び民間調停機関

行政関連機関としては，建設工事紛争審査会（1949年法律第100号・建設業法）と労働委員会（1946年法律第174号・労働組合法）が，あっせん，調停，仲裁を行う機関として作られた．建設工事紛争審査会に関しては，標準約款に建設工事紛争審査会の利用を含めるといった実効性確保のための制度も作られた．建設工事紛争審査会と労働委員会は，あっせんは1人，調停は3人で行う手続となっている．

民間機関としては，大正期から仲裁と調停を行っていた（社）日本海運集会所があった．また，1950年に日本商工会議所内の国際商事仲裁委員会が設置され，1953年に（社）国際商事仲裁協会が設立された．これは2003年に（社）日本商事仲裁協会と名称が改められたが，ADRに関する専門誌である『JCAジャーナル』を発行するなど，重要な役割を担っている．

3. 70年代及び80年代の調停関連制度

司法調停関連の制度

1974年に調停委員の待遇改善を中心とした法改正があった（1974年法律第55号・民事調停法及び家事審判法の一部を改正する法律）．この改正により，調停委員は裁判所の非常勤職員と位置づけられた．従来は実費弁償の性質を有するに過ぎない旅費，日当及び宿泊料の支給の他に，給与の性質を持つ手当の

支給が行われることになった[1].

この法改正の背景には，民事調停件数の減少があった（小山 1977：p. 80, 石川・梶村 1986：p. 134）．佐々木吉男による民事調停批判（佐々木 1974）も影響したと思われる（佐々木の批判に関しては，7章3節「牧野英一の非常時立法論と戦中期の調停」を参照．実証研究としては，10章1節「調停に関する既往の実証調査研究」を参照）．

待遇改善に加えて，調停委員として関わっていない他の調停事件について「専門的な知識経験に基づく意見を述べ」られるようになった（民事調停法8条）．

この制度改革の後，弁護士を含めた専門職が調停委員に就任する割合が増加したと言われる．「徳望家」としての調停人から，「専門家」としての調停人へと位置づけが変わったと言えよう[2].

行政機関関連の制度及び民間調停機関

60年代より公害問題や消費者問題が顕在化し，これに対応する形で公害等

---

1) この改正を進めた矢口洪一は以下のように回顧している．
「……その昭和四十五年ですが，調停制度というものを改良しなければいけない，と考えたわけです．見直しをするための審議会の予算を，ごく僅か取りまして，規則を作りました．それまで，いわゆる調停委員というものは，調停委員候補者に過ぎず，その名簿の中から，事件ごとに，『あなたを調停委員にします』『あなたを調停委員にします』とやって，その事件が終わったら，任務終了でした．当時，出頭手当は一件当たり千円前後でしたので，『それじゃあ，駄目だ』と思いました．やはり，非常勤職員にしなければいけない．予め抽象的に非常勤調停委員に任命して，その調停委員に適当に事件を割り当てる．そして，事件を割り当てられて出頭してくれば，それには調停委員手当を出す．委員手当は，これまでの日当の三倍ぐらい支給できることになります．また，府県単位の委員会の委員ということで，横並びがありますから，ベースアップもできることになります．
そうなれば，裁判所職員経験者を調停委員に任命することもできるのです．いずれにしろ，今までのような制度では駄目だ．調停委員制度審議会というものをつくって，そこで一年揉んで，やろうじゃないかということで，予算を取った．調停委員制度の大改革でした．それまで，どうしてこんなことを考えつかなかったのかと思いました」（矢口 2004：p. 159）．
2) 旧規則である調停委員規則（1951（昭和26）年裁判所規則第11号）2条は，「調停委員となるべき者は，徳望良識のある者の中から選任しなければならない」としていた（日本調停協会連合会（編）1954：p. 390）．1974年法改正によって，徳望の文字が消える．新規則「民事調停委員及び家事調停委員規則（1974年（昭和49年）最高裁判所規則第5号）」の条文は以下のとおり．
「1条 民事調停委員及び家事調停委員は，弁護士となる資格を有する者，民事若しくは家事の紛争の解決に有用な専門的知識経験を有する者又は社会生活の上で豊富な知識経験を有する者で，人格識見の高い年齢四十年以上七十年未満のものの中から，最高裁判所が任命する．ただし，特に必要がある場合においては，年齢四十年以上七十年未満の者であることを要しない．」

調整委員会（1972年法律第52号，公害等調整委員会設置法），国民生活センター（1970年法律第94号，国民生活センター法）が設置された．

　公害等調整委員会には，都道府県単位に地方の委員会が置かれている．公害等調整委員会においては，あっせん，調停，仲裁の手続がある．また，因果関係の存否や損害賠償責任の有無を裁定する手続も有する．公害等調整委員会は，職権で調査する機能が広く認められ，また，その調査費用も国が負担できるという特徴を持ち，水俣病の事件や豊島の産業廃棄物事件など社会問題化した紛争解決でも活用された．公害等調整委員会には，裁判所からも人的な支援がなされ，現役の裁判官，書記官等が担当している．

　消費者保護に関しては，市区町村及び都道府県にも消費生活センターが置かれているが，すべての市区町村に存在するわけではなく，現在約500程度である．相談業務が主体ではあるが，消費者と企業の仲介（あっせん）も行っている．こうした業務の多くは，消費生活相談員と呼ばれる専門職が担うこととなった．多くは女性が担当し，自治体の非常勤職員とされている場合が多く，待遇面では課題があるとされる．70年代ごろは，商品の品質をめぐる苦情相談や，その商品の妥当性をめぐる商品テストが重要であったが，次第に悪質商法における売買契約の問題の割合が増加していった（細川 2007：p.105, 大村 2007：p.345)[3]．苦情相談のピークは，架空請求の問題が爆発的に増えた2004年度の約190万件である．2006年度におけるあっせん件数は，約5万6,000件である[4]．消費生活センターによる「あっせん」とは，消費生活相談員が消費者と事業者を仲介する事実上の調停であるが，①電話で消費者の申出をとりつぐ，②パターン2：電話をかけたり来訪を要請し，センターが事業者等と交渉を行う，③センターで，当事者（相談者・事業者等）が同席して交渉を行うなど，さまざまなやり方で行われているようである．

　民間の機関としては，1978年の（財）交通事故紛争処理センターの設立（1974年の交通事故裁定委員会が前身）がある．被害者の救済を目的とした紛争解決手続を実施するため，相談業務とともにあっせんを行っている．日弁連

---

[3] 細川幸一によれば，80年代から商品からサービスへ，商品それ自体から販売方法や契約内容に相談が変化し，90年代以降さらにその傾向が増したと指摘している．

[4] 内閣府「国民生活センターの在り方等に関する検討会」第5回（2007年7月6日）参考資料1 http://www.caa.go.jp/seikatsu/ncac/5-sann-1.pdf 2010年8月17日アクセス．

が直接運営を行う（財）日弁連交通事故相談センターも同様の業務を行っている．これらの機関の設立にあたっては，弁護士会内で厳しい賛成・反対の議論があった（山本・山田 2008：p. 223, 大川 2010：p. 4）．

（財）交通事故紛争処理センターと（財）日弁連交通事故相談センターで，合計，年間1万件程度の調停を実施している．0件ないし1件の民間型ADR機関が多い現状では，これらの機関の実績は突出している．これは，①裁判所が主導的な役割を果たし，損害額算定基準（たとえば「赤い本」という略称で親しまれる『民事交通事故訴訟損害賠償額算定基準』の出版がある）を整備したことによって，裁判所の外でも予測可能性の高い客観性を担保した紛争解決が可能になったこと，②損害保険会社が経済負担を行って事務局機能を整備し，当事者が経済負担を行わなくとも紛争解決が可能となったこと，③一方または両方の当事者が損害保険会社の場合が多いが，損害保険会社は片面的な拘束義務を負うこと，といった背景事情が存在すると考えられる．弁護士が民間調停に本格的に関与するきっかけになったのもこの交通事故関係の動きを端緒とする．

4. 90年代から司法制度改革期（2004年）までの調停関連制度

司法調停

民事調停に関して，1993年に「民事調停事件処理要領案」がまとまる．調停に代わる決定（民事調停法17条）の活用が位置づけられ，実際に運用が変更された．調停制度においてめったに運用されない"伝家の宝刀"から，調停が成立する見込みのないあらゆる場合に利用されるべき"日常の包丁"ともいうべきもの」（石川・梶村 1986：p. 230 梶村）とされたのである．実際に，1990年には全体の1.2％に過ぎなかった調停に代わる決定が，2005年には実に65.3％にまで増加している（山本・山田 2008：p. 182）．その多くは当事者が期日に出頭しない場合とも言われ（山本・山田 2008：p. 185），また特定調停も多いと思われるが，民事調停そのもののあり方を変えた（あるいは変化を決定づけた）ものの1つと考えられる．また，この要領案によって，専門家調停委員の活用がさらに促進されることになった．

1999年には民事調停の特別法として特定調停法（1999年法律第158号，特

定債務等の調整の促進のための特定調停に関する法律）が定められた．これは金銭債務に特化した調停手続である．たとえば多重債務に陥った個人の債務整理に用いられる場合が多い．一般の民事調停が5万件弱で推移しているのに対し，特定調停は2003年に50万件を超えたことからもわかるとおり，利用の多い手続となる．特にグレーゾーン金利についての過払い問題の処理に使われることも多かった．

　家事調停に関して，2003年に養育費算定表が策定された（東京大阪養育費等研究会 2003）．これは夫と妻の年収及び子の数によって養育費を機械的に算定する仕組みである．離婚後の養育費の多くが支払われていないという状況[5]に対する1つの改善のためのアプローチとも思われる．客観的で，事案間の公平性を保つためには効果的な手法であると思われる．

行政機関関連の制度及び民間調停機関

　1990年に第二東京弁護士会が仲裁センター（第二東京弁護士会仲裁センター．以下，二弁仲裁センター）を立ち上げる．これは，行政とはまったく無関係のものであり，分野についても無限定に開始されたという意味で，インパクトを持つものであった．端的に言えば，オカミ主導ではなく，むしろオカミの活動を疑う視線を含んだ民間調停活動としてはわが国初めてのものであった[6]．二弁仲裁センターは，申立件数ベースでは1997（平成9）年の183件などの実績を挙げている．近年ではやや減少しており年間100件程度となっている．弁護士会紛争解決センターは，2010年5月時点で，30に及んでいる．ただし，センター数が15であった2001（平成13）年に申立930となるが，その後申立件数としては伸び悩み，2008年で1,085となっている（日本弁護士連合会 2008）．（弁護士会紛争解決センターに関しては，8章1節「日本の民間調停機関のケーススタデ

---

5) 現在でも，養育費の支払い状況は悪い．厚生労働省「平成18年度全国母子世帯等調査」によれば，離婚した父親からの養育費の受給状況は，「現在も受けている」が19.0％に留まっている．http://www.mhlw.go.jp/bunya/kodomo/boshi-setai06/02-b16.html　2010年8月19日アクセス．

6) もちろん，たとえば，大正期に始まる東大セツルメントの中にも紛争解決支援としての法律相談活動があり，そこではエスタブリッシュメント批判の視線はある（7章2節「穂積重遠の調停観と大正期の調停」参照）．また，戦後の党派的な組合活動としての紛争解決機能が役に立った側面はあったはずである．しかし，わが国のADRの歴史は，概して「上からの」動きとして作られ，それゆえに「上に対する批判」を形作ることが少なかったと言えよう．

ィ」以下で改めて詳しく扱う).

住宅紛争審査会は，1999年の品確法（1999年法律第81号，住宅の品質確保の促進等に関する法律）によってできた．評価料が財源となり紛争解決の利用は安価に設定されている．指定住宅紛争処理機関として各弁護士会が指定を受けているが，実質的には，各弁護士会紛争解決センターの活動をベースにして作られた手続と解釈した方がわかりやすい．

PL法（1994年法律第85号，製造物責任法）の制定に伴って業界型のADR機関も作られた．具体的には，（財）家電製品協会が設置した家電製品PLセンター，（財）自動車製造物責任相談センターなどが1995年に設立された．当時は，米国で巨額の製造物責任を問われる判決も増加しており，わが国でも同様の傾向が現れるのではないかという議論もあった．PLセンターは，民間型に分類されるが，実際には監督官庁の影響が大きいようである．

また，業界型ADR機関としては，証券業協会のあっせん部門は70年代より存在していたが，1998（平成10）年以降に実効化したとされる[7]．この背景には，証券取引法（現金融商品取引法）の改正により，証券会社が顧客に損失補塡することの禁止が厳格化され，紛争解決手続を経ない限りは顧客に金銭を渡せなくなった点がある．

個別労働関係についての立法もなされた（2001年法律第112号，個別労働関係紛争の解決の促進に関する法律）．労働局内に窓口が置かれる行政型ADRである．2008年には・総合労働相談件数が約114万件，民事上の個別労働紛争相談件数が約24万件，助言・指導申出件数が約7,800件，あっせん申請受理件数約7,800件と高水準の利用がある[8]．

男女共同参画社会基本法（1999年法律第78号）の制定に前後して，自治体内に女性センターの設立の動きも見られた．配偶者からの暴力問題に悩む当事者のためのシェルター活動もある．

---

7) 2007年12月19日日本証券業協会インタビューによる．
8) 厚生労働省報道発表資料 2010年5月26日「総合労働相談件数 過去最高を更新 雇用調整関係事案 引き続き高止まり《平成21年度個別労働紛争解決制度施行状況》」．http://www.mhlw.go.jp/stf/houdou/2r98520000006ken.html 2010年8月15日アクセス．

5. 司法制度改革期（2004年）以降の調停制度

司法調停

民事調停と家事調停は司法制度改革において直接の議論の対象とならなかった．

家事調停について，件数の増加が目立っている．家事調停は年間で1999年度に109,263件（新受）であったのが，2009年度に138,240件（新受）と，10年間で27%増加している．

司法制度改革の結果として生まれた労働審判制度（2004年法律第45号，労働審判法）は，労働分野における司法型ADRである．期日は3回までに限定した手続であるが，申立を書面でなすだけでなく，第1回期日よりも前に相手方も答弁書と共に書証を準備する必要があり，弁護士代理が事実上必要とされる手続ながら，2009年には約3,500件の申立を受けるなど利用が活発である[9]．

司法制度改革では，司法アクセスの改善を目的として法テラス（日本司法支援センター）が作られた（2004年法律第74号，総合法律支援法）．法テラスでは，電話による紛争解決手段情報の提供に加えて，Webサイトによる典型的問題の解決方法紹介も行っている．

行政機関関連の制度及び民間調停機関

民間調停を活性化するためにADR法が制定された（2004年法律第151号，裁判外紛争解決手続の利用の促進に関する法律）．ADR法の制定に関しては，別に改めて論じる（本章2節「ADR法制定に関わる諸問題」参照）．

2007年から施行されたADR法が，機関の設立等にもたらしたインパクトのみを挙げる．

①弁護士隣接法律職である司法書士，土地家屋調査士，社会保険労務士，行政書士などが自らの主宰する民間調停機関を立ち上げ始めた．

②弁護士会にとっては認証を取得する機関（愛知，横浜，京都など）と認証

---

9) 菅野和夫によれば，制度設計を行う上での目標は年間2,000件であった（2010年5月13日東京大学社会科学研究所セミナー「雇用労使関係の変化と労働審判制度の意義」）．労働審判制度の実態に関しては，以下を参照（菅野 2008）．

取得を選択しない機関（二弁，東弁，岡山など）に分かれた．ADR法は弁護士の助言措置（ADR法6条5号）を置いたため，弁護士は他法律職団体を含め認証機関に関与する役割を担うことになった．

③既存の業界団体の主宰する民間調停機関もADR法上の認証を取得する場合が見られた．たとえば，いくつかのPLセンター，証券業協会なども認証を取得した．

④下請ADRのように行政施策と連動するものが出てきた．

⑤事業再生ADRも産活法（1999年法律第131号，産業活力の再生及び産業活動の革新に関する特別措置法）の2007年改正によって実現したものである．「事業再生実務家協会」がADR法の認証とともに，産活法における特定認証紛争解決事業者として活動している．有名企業の案件を扱うため新聞報道される場合があること，他の手続と異なって申立が最低800万円とも言われる高額な水準であることなどの特徴もある．

金融ADRは，金融商品取引法（1948年法律第25号）の2009年の法改正（2009年法律第58号，金融商品取引法等の一部を改正する法律）によって，金融業界の紛争解決への法制化もなされた．業界企業側への片面的な参加義務を定めるなど，業界型ADRを実効化するための措置がなされている．全国銀行業協会（全銀協）・あっせん委員会は，ながらく典型的なゼロワン機関であったが，2008年は33件，2009年は88件など，取り組み姿勢を本格化させつつある．

6. 小括

戦後の調停制度の歴史の1つの特徴は，行政型ADRが，その時代に問題となった社会事象ごとに個別に作られていったという点にもあろう．行政型ADRでは，あっせんだけでも数万件規模の消費生活センターのように利用がさかんなものもあれば，利用件数が少ないものもある．以降の章においても本研究では充分に扱えなかったが，こうした点も，より詳細に分析される必要があると思われる．

司法調停に関しては，件数的に見ても存在感が大きい．民間調停の存在感との比較が問題になるが，次節にADR法という現在の民間調停促進政策を見た

後，3節「司法調停と民間調停の比較」で取り上げる．また，戦前からの連続性と断絶性が問題になるが，これは7章「戦前の調停論再評価の可能性」で扱う．

第2節　ADR法制定に関わる諸問題

1. はじめに

本節では，ADR法の制定に関わる諸問題を整理する．ここでは，ADR法における各論というより，ADR法はどのようにして制定され，今までどのようなことが達成として評価されてきたか，また，どのような点が課題として浮かび上がってきたかといったごく総論的な内容に限定して扱う．

ここで扱う主題は，ADR法の制定理由，財政面に関する問題，弁護士との連携の問題，ADR法の評価と批判であるが，すでに行われている議論の整理にとどめる．今後の政策の方向性に関する試論は11章「民間調停の促進に向けて」で行う．

なお，ADR法に関しては，すでにさまざまな出版がなされている．まず，立法担当者による関連資料を加えた議論の経緯に関しての出版（小林 2005）があり，認証制度に関する解説も出されている（内堀 2005，内堀 2006）．また，認証制度について，ユーザである機関側に近い立場からの解説もある（和田・和田 2008）．ADRの利用状況を特集した『仲裁とADR　Vol.5』の各論考も参考になる．

2. なぜADR法が必要とされたか

意見書の論理

司法制度改革審議会意見書では，「現状においては，一部の機関を除いて，必ずしも十分に機能しているとは言えない」という認識を示した．その上で，「司法の中核たる裁判機能の充実に格別の努力を傾注すべきことに加えて，ADRが，国民にとって裁判と並ぶ魅力的な選択肢となるよう，その拡充，活性化を図るべきである」（司法制度改革審議会 2001：p.35）とされた．

しかし，充分に機能していないから機能させるように拡充，活性化を図るべきというだけでは，施策を立てる理由になりえていない．機能していないなら消滅してもさしつかえないからである．何が目標とされたのであろうか．「事案の性格や当事者の事情に応じた多様な紛争解決方法を整備することは，司法を国民に近いものとし，紛争の深刻化を防止する上で大きな意義を有する」（司法制度改革審議会 2001：p. 35）とされた．要は，正義の総量を拡大する手段として ADR が有効であるから，現実の ADR を活性化すべきとしたのである．

意見書を取りまとめた司法制度改革審議会のメンバーであり，ADR 検討会に先だって，「ADR の在り方に関する研究会」を主宰した竹下守夫は，小島の学説，すなわち，「社会における正義の総量を最大化するためには，裁判を中心として，その周囲に仲裁，調停など多元的な『法道』を配した総合的な正義のシステムを構築すべき」（竹下 2010：p. 2）という考え方と，ほぼ同じ志向を持つと述べている．

財界からの提案

意見書に先立つ 2000 年に，経団連傘下の 21 世紀政策研究所が「21 世紀日本の司法制度を構想する」という報告書を取りまとめている（21 世紀政策研究所 2000）．同報告書は，竹下も参照しており（竹下 2010：p. 6），ADR 検討会へも影響を与えたと見られる．

同報告書は，基本的な視点として，①裁判所運営の効率化，②民間の知恵・知見の活用，③国民の適切な税負担，という発想を元に，さまざまな具体的な提案を行っている．経済基盤として司法制度を適切に効率的に整備するために民間活力を利用しようという発想であるが，「適切な税負担」という歯止めに言及することも忘れない．うがった見方をすれば，これまでの小さな司法に不満もありながらも，恩恵が大きかった財界としては，司法制度改革の中であまり大きな司法を実現されては困るという発想も隠されていたのかもしれない[10]．

同報告書は，「国民の信頼に支えられた ADR が数多く誕生すれば，民事司

---

10) しかしながら，ADR とともに提案されている項目としては，少額訴訟対象の拡大ほか，基本的には司法の使い勝手をよりよくする内容となっている．単に，小さな司法を維持せよというメッセージではなく，効率的に機能する司法に改善せよという基調で書かれている．

法全体に柔軟性がもたらされると同時に裁判所の負担軽減にもつながる」(21世紀政策研究所 2000：p.7) と考えた．レビン小林の著作も引きつつ，「裁判機能を純化して，裁判官が真に法律関係ないし事実関係に争いがある事件に集中できるような環境を整える」ために，カウンセラー的な役割その他は代理人やADRが引き受けるべきと考えた．

なお，同報告書が提案している内容を要約すると，以下のようになる．
① 弁護士法72条の緩和
② 裁判所調停前置主義対象事件の拡大
③ ADR認証制度の導入
④ 裁判所によるADR利用の推奨
⑤ ADR利用促進のための方策
　（ア）　裁判所によるADR利用推奨
　（イ）　消滅時効の中断
　（ウ）　債務名義付与
　（エ）　ADRへ当事者を強制的に呼び出すための制度
　（オ）　不調時のADRで争いがない旨の一種の訴訟契約を締結
　（カ）　不調時に訴訟費用をADR費用と相殺
⑥ 証拠保全的な手続き制度の導入―利害関係人の証言協力

矢口洪一の見解

最高裁判所元長官の故・矢口が司法制度改革全体に対してどの程度の影響を与えたのかは定かではないが，矢口の考え方と，司法制度改革で公式に打ち出された方向の親和性が高いことは認められるように思われる．

矢口が，御厨貴からのインタビューの中でADRの位置づけに言及している箇所がある．矢口は，明治以降のわが国の司法制度について，御一新から終戦までの第一期，戦後から司法制度改革審議会意見書以前までの第二期，意見書以降の第三期の3つに歴史を区分する見方を紹介している．第一期は，大きなことは全部行政庁が行うという時代，第二期は統治のための「法の支配」の時代，第三期は予測可能性が低下した中で訴訟を闘わざるをえない時代と述べている．第三期たる現代にあっては，

……それでもO・J・シンプソンのようなことになる可能性がある．それが訴訟です．その怖さを考えたら，多くの弁護士が必要となるんです．弁護士を充実させると，訴訟に物凄く費用が掛かりますから，その意味で国民に親しむ訴訟ができるかどうか分からない．その穴を，どう埋めるかというのがADRです．あらゆる当事者が，裁判所に持って来る前に，話を付ける．……そうして最後に残ったものを，判決で解決する．（矢口 2004：p. 243）

という考え方を示している．

ムード

ADR法がなぜ必要とされたかについて，通常は，司法制度改革意見書について触れられるにとどまるケースが多いように思える．しかし，本当のところ，誰が何のためにADRに関する法制度を必要としたのかについて，はっきりしたことがわからない．

意見書は，「諸外国においては，競争的環境の下で民間ビジネス型のADRが発展」（司法制度改革審議会 2001：p. 35）していることにも触れられているが，それ自身も影響している可能性がある．つまり，外国で発展している「らしい」ので，わが国でもひとつ導入を研究してみよう．しかし，わが国にはすでにADRらしきものがある．しかし，あまり使われていないのではないか．では活性化をしたら，という"ムード"である．このムード自身がADRの法制度へと走らせた大きな要因である可能性がある．

立法担当者であった小林徹は，ADR立法作業は，「司法のフロンティア」であったと回顧しているが（小林 2005：p. 3），その言葉からも論理と必然性を充分に検討できていなかった苦しさがうかがえる．また，竹下は，ADR検討会が司法制度改革の各検討会の中で会議開催回数が最も多く，また，時期的にも最後まで会議が続けられた状況について，「ADR自体が甚だ多様なものを含み，また理論的にも未開拓の分野であることを根本的理由とする．しかし，直接的には，前述のとおり，審議会における議論が，ADR基本法の具体的内

容をイメージできる程度にまで煮詰められないまま，「最終意見書」の提言がなされたことに，その理由の一斑があったのではないかと思う」(竹下 2010：p. 5) と述べる．

矢口のような歴史観に基づく ADR の必然性，また，財界が言う小さな司法に徹するためにいわば補完するための ADR という考え方もあり，意見書の言う正義の総量拡大という大義もあった．しかし，根本的には，なぜ，誰のために，何を，どうしたらよいのかが誰にもわからないまま ADR 法の制定に進んでいった可能性が高い．

3. ADR 法の成立

構造

ADR 法は，第1条にあるように，①基本理念の定義，②国，自治体の責務，③認証制度を定めることで，国民の手続選択を容易にし，もって国民の権利実現に資することを目的としている．

ADR 法は，③に関係する規制法的性質に着目して議論されることが一般的であるが，①，②に関係する基本法的性質も有している．

認証制度における効果は，(a) お墨付き効果（国に認証されたことを表示できることそのものの効果），(b) 弁護士法72条の除外，特に弁護士以外が和解の仲介を行って報酬を得られる効果，(c) 時効中断効がある．

一方，認証の要件としては，6条の16項目がある．すなわち，1号—紛争の範囲，2〜4号—手続実施者関係，5号—弁護士助言，6〜13号—手続進行関係（10号—資料の保管），14号—秘密保持，15号—費用算定，16号—苦情．

弁護士との関係で言えば，弁護士以外が報酬を得て調停を行う上では規制の緩和になるが，認証要件の6条5号によって弁護士の関与の元で実施しなければならないという意味で新たな制約と交換しなければならない．

また，紛争の範囲を特定すること，手続実施者について名簿と関連規則を整備することが必要となる．

財政的問題

ADR 検討会でも，法律扶助対象化を含んだ議論がなされている（たとえば，

第 8 回，第 12 回など）．民間調停の運営が財政的面で問題となる側面は，たとえば第 2 回に大川宏が発言している[11]し，学者委員，実務家委員もかなり共通した認識を持っていた[12]ように思える．

しかし，現実には法律扶助を含め，財政支援の仕組みを作ることはなかった．竹下は，既存の制度でも ADR に法律扶助が利用可能であるため新しい制度を必要としなかったという説明を加えている[13]．しかし，「予算がつかなかったので実現化されなかった」とする説明（山本 & 山田 2008：p. 259）もあり，むし

---

11) 「……財政援助ですが，これについては，寄附金控除制度をもう少し大掛かりに広げていただく．これは基本法の範囲外ではあると思いますが，この二弁の決算書の中にも 1 回だけ 2 万円という寄付がありますが，この辺りは今後，たとえば公益事業に関して寄附した場合には，税金が免除されるという仕組みを設ければ，多少なりとも増えてくる．

　特に欧米と比べると，日本の寄附制度については非常に貧弱であります．たとえば 007 のショーン・コネリーが最後の映画に出たギャラ約 4 億円を若い映画関係者を育てるための基金として寄附したとか，去年もマイケル・ジョーダンというバスケットボールの選手が復活したときに，同時多発テロの被害者のために全部を寄附したというようなこともあります．日本ではそういうことは全然行われていない．これは基本法の範囲外だと思いますが，そういった制度に向けての第一歩をつくれるんではないかということがあります．

　もう 1 つは，保険制度，あるいは類似の制度を採用する．これは住宅紛争審査会の中で評価料という形で，その評価料が財源になって，審査会の運営経費が出てくるという制度ができております．類似の制度を多くしていただきたい」（ADR 検討会第 2 回（2002 年）大川宏発言）．

12) たとえば，山本和彦は，第 12 回に，「B to C の ADR については，市場原理に委ねればうまくいくということでは必ずしもない，多くの場合ペイしない可能性が高いけれども，社会的には ADR を整備する必要があるという部分が大きい印象を持っておりまして，そうだとすれば，国が積極的に関与する必要があるのではないか」と述べている．また，最終回である第 38 回には，三木浩一は「政策型の ADR に予算を投入するということが考えられるわけです．先ほども言いましたように，この種の ADR は利用者の利用手数料だけで運営していくというのが難しいというものが少なくないわけです．端的に申せば，税金を一部投入することによって低額な利用料で，特に弱者の側が気軽に利用できるようにするということは国家全体から考えてみますと，それによって紛争の泥沼化や，あるいは将来生ずる紛争が未然に抑止できるというようなことで，私自身は国家全体ということでは，かえって予算の節約ということになる可能性も少なくないだろうと思っております」と述べている．また，その三木の発言を受けて，綿引万里子（東京地方裁判所判事）も，「紛争の解決というのは絶対ペイする仕事ではないと思います．経済的にみてもうかる仕事では決してない」とし，「下手なビジネスになっていってしまったら，これはとんでもないことになる」「儲からなくてもよい解決をという基本理念があって，そういう ADR が健全に育っていってくれればと，これは何か祈るような気持ちですと申し上げるよりほかない」と述べている．こうした発言からうかがえるのは，ADR 検討会の委員は，予算化させる権限の外側での議論を余儀なくされていたという事情である．

13) 「……法律扶助の対象化については，既存の制度上も ADR による和解交渉が民事裁判に先立ちとくに必要なものと認められれば，扶助の対象とされる余地があり，現時点でさらに法制上の措置を講ずる必要性に乏しいなどの理由から，結局，……消極的意見が多数を占めたようである．（注）…なお，ADR の法律扶助対象化については，現在の日本司法支援センターの『業務ハンドブック』では代理援助対象になるとの扱いとなっている」（竹下 2010：p. 6）．

ろこちらが常識的な解釈であるように思える．

衆議院第161回国会法務委員会第3号（2004年11月2日）で，法務省大臣官房司法法制部長寺田逸郎は以下の発言を残している．

> 現行法上は民事法律扶助法でございますし，先ほど成立いたしました総合法律支援法にもその規定が受け継がれているわけでございますけれども，法律上は，認証ADRかどうかにかかわらず，ADRにおける和解交渉が民事裁判手続に先立つもので特に必要と認められるものであれば，これは法律扶助の対象になるということになっております．したがいまして，その代理人に支払うべき報酬を扶助協会の方で立てかえるということになるわけでございます．この実績でございますが，これは必ずしも明らかではございません．基本的には今訴訟中心になっておりますので，ADRの利用というのは基本的には例外的なものだというふうに私どもは聞かされております．

結局，ADRを含めた和解交渉そのものが一応法律扶助対象であるが，運用上はほとんど機能していないということであろう．

ADR検討会第26回（2003（平成15）年12月1日（月））には，法律扶助に関して，「将来にわたっての検討課題とする」と先送りの方針を明らかにされた回において，事務局をつとめた小林の，「これではADRは育たないという御意見もあるかもしれませんけれども，基本的には，やはりADRの発展はADR自身の努力に待つところも大きい……そういった考え方が，やや冷たいのではないかという御議論もあろうかと思いますけれども……」といった発言が残されている．

弁護士助言措置

ADR法の立法においては，弁護士法72条の緩和については，意見書でも示されていた．21世紀政策研究所の報告書にも盛り込まれていた．現実的にも，弁護士会から圧力を受けることなく報酬を得て民間調停を行うことは，特に隣接法律職にとっては念願の活動であったはずである．

ADR 検討会ではさまざまな弁護士が関わっているが，弁護士の態度は一様ではない．たとえば，ADR そのものを積極的に進めようという立場の廣田尚久は弁護士であるが，自身の私案[14]においても基本法の中に，「調停」は，弁護士法 72 条の除外対象とすべきとしている．

他方，弁護士法 72 条の緩和に対して慎重であるべきとする議論があり，これが日弁連の公式見解となる．第 14 回検討会では，日弁連として提出した文書で，弁護士と共同するだけでなく，弁護士から助言を受ける体制を作る条件で，弁護士法 72 条の緩和を認めるという考え方を示している．

これに先立つ第 13 回では，高木佳子が，以下の提案を行っている．

　①弁護士が一定の関与（弁護士と共同でまたは弁護士の助言を受ける）をすることを条件として，非弁護士も手続主宰者になれるものとする（現在は共同しても弁護士以外のものは主宰になれない）．（イメージとしては民事調停，家事調停における調停委員の関与を考えると分かりやすいが，これに限られない．非弁護士も研修等により紛争解決に必要な能力は法的知識・能力を含めて習得することになろうし，弁護士の助言・共同関与により，本来弁護士法 72 条が要求した資質は満たされることになると考えてよいのではないか）
　②また，一定の実績と信頼性のある機関における ADR については，非弁護士が手続主宰者となることは弁護士法 72 条との関係で違法視しないというこれまでの扱いを確認する（特例扱い）．（日本商事仲裁協会，海運集会所，弁護士会仲裁・あっせんセンター，知的財産仲裁センター等がその対象として考えられる．既得権的な考え方にならざるを得ないか．経過規定に適用除外規定を入れるイメージ）（高木 2003）

この高木の提案の線で現実に立法が進んでいったように思われる．弁護士助言の問題は，施行後は，その助言の態様をめぐる議論につながっていった．「共同関与」は，弁護士と非弁護士の手続実施者が常に同席して手続を進める

---

14) 廣田は，ADR 検討会第 32 回（2004（平成 16）年 5 月 24 日）に「調停の促進に関する基本法（案）」として私案を提出している．

イメージである．「助言」は，これに限らず，後ろに引いた位置から関与するイメージである．この提案は，法務省がサンプルとして示した4つの協働形態[15]につながっていく．

もう1つの高木の「既得権的な考え方にならざるを得ないか」というコメントの意味が大きい．この②の発言は，非認証ADRに関して，弁護士会は既存機関を黙認するが，新設機関は認めないと意味しているに等しい．弁護士会は法務省に対して，認証機関において，共同関与から助言へ譲歩するが，新設・非認証ADRには弁護士法72条の厳格適用で行きたいと，交換条件の提案を出しているように見えるのである．

非認証ADRについては，弁護士法72条に関しての立法措置はなされていないため，法務省側が弁護士会の言い分を却下したと見なせるのか，あるいは，法務省は弁護士会が既存の権限を使って自主的に活動することを黙認するということにしたのかは定かではない．

しかしながら，意見書で示されていたADR活性化のための弁護士法72条緩和をめぐる要求は，「弁護士助言による認証制度」という形での，一応の決着を見たことになる．

4．ADR法への評価と批判

評価

ADR法には，基本法的側面と認証制度の側面がある．基本法的側面としては，①ADRそのものの認知度が上がった，②国がADRを促進する立場を明確にした，③概念整理ができ共通の議論の環境が整った，という側面があるように思われる．

たとえば，2008年度の内閣府調査で，認証制度の認知度の低さ（3.9％）が問題とされるが（深山 2010），「裁判外紛争解決手続（ADR）というものがあることを知らなかった」と回答されたのは36.2％に留まり，逆にいえば半数から6割以上の国民がADRを知っているということになる[16]．座談会でも，

---

15) ガイドラインでは，(a) 共同実施型，(b) 別室待機型，(c) 連絡対応型，(d) 中段保留型，の4つの協働形態が示されている（法務省 2006）（和田・和田 2008：p.77）．
16) 同アンケートデータに関しては，10章1節「調停に関する既往の実証研究」を参照．

現場アンケートなどを踏まえて「だんだん浸透しつつある」(山本ほか 2010：p. 46 青山理恵子発言) といった声も出ている．

また，国が ADR 促進の立場を明確にしたというメリットも確かにあるように思われる．ADR は外国のものという議論はあまり聞かれなくなった．

さらに，相談，調停，あっせん，和解，仲裁など，さまざまな機関がさまざまな概念で言葉の使い分けを行っていたが，ADR 法が定義を与えたことで，議論を行う環境整備には役立ったものと思われる．ただし，こうした基本法的側面についての評価に関してはさほど議論されていないように思える．

認証制度について，実際上の効果として，青山は，①ADR 機関の知名度向上 (これを最大の効果としている)，②お墨付き効果 (公正適正を担保)，③業務改善効果・ガバナンス改善効果，④弁護士法 72 条の特例効果，⑤利用のための目安効果，を挙げる (青山 2010：p. 11)．

②のガバナンス改善効果に関して，和田直人は，隣接法律職団体にとって，ADR 法認証のための議論が，結果的に利用者に意識を向けるきっかけになった点を指摘している (和田直人 2008：p. 36)．

批判

ADR 法の特に認証制度についてさまざまな批判がなされている．比較的包括的な整理をしている安西明子は，①認証は権威による信頼担保であり，ADR 本来の自律性，柔軟性，多様性をつみとりかねない，②法やそれ以外の専門性により紛争解決機能を図ろうとする基本理念 (3 条，6 条 1 項) にも疑問，③あっせん・調停だけを認証対象とすること，④認証が利用促進につながらない (出口の特典ための入口を規制する構造)，⑤手続 (実施者) の中立・公正性や適正性の捉え方が静止的，抽象的としている (安西 2007：p. 29)．

特に①の自律性と柔軟性を損なうという批判は強い．

ADR 検討会の委員であった廣田は，検討会内でも第 35 回検討会 (2004 年 6 月 14 日) で「認証制度を導入しても……やがて ADR の衰退を招く致命的な弊害がある．……このようなことに国の予算を使うべきでないことは，もはや明白である．……役人のポストをつくるだけだと批判されても，反論はできない」と，激しい反対意見を出している．

また，④と関連して，そもそもADRの促進につながっていないという批判は強い．たとえば，中村芳彦は，議論の逆立ちであるという．

> すなわち，この議論は，まず立法によってADRが活性化されるであろうことを前提として，その見込みを先取りして予め規制を行い，結果的に制度が育まれる前に活性化の芽をつむという逆立ちした構造になってしまっている．（中村 2004：p. 254）

これらの論点に加えて，廣田は，ADR法の具体的な作用としての批判に，「法務大臣が個別事件について調査，監督する権限を通じて圧力がかかる可能性」つまり，「行政へ情報が筒抜けになる危険」（廣田 2006：p. 322）を指摘している．

さらに，財政的な問題もある．意見書の言うように，「裁判と並ぶ魅力的な選択肢」の整備を現実的な目標としているかといえば大いに疑問であろう．約3,200億円の司法予算[17]（民事調停委員手当は27.7億円，家事調停委員手当は53億円）と比較して，法務省のADR関連予算が1,000万円台である[18]ということが象徴的に示しているように思われる．現実には，ADR法4条の国の責務としての「裁判外紛争解決手続についての国民の理解を増進」させる役割を充分に果たす体制にない．

5.　弁護士関与をめぐる議論

日弁連ガイドライン

弁護士助言措置に関して，弁護士会と土地家屋調査士会の連携の実績などを踏まえて，「日弁連ガイドライン」が策定された（渡部・九石 2009）．

日弁連ガイドラインが示した「助言」のあり方は，下記のように，共同実施型を原則型に置いている．これは，ADR検討会で述べた「共同実施」からの

---

[17]　平成22年度概算要求額は32,317,800万円．http://www.courts.go.jp/about/yosan_kessan/yo-san_22_an.html　2010年3月23日アクセス．

[18]　法務省の平成22（2010）年度概算要求資料によれば，「裁判外紛争解決手続の利用促進に必要な経費」は，12,743,000円であった．http://www.moj.go.jp/KANBOU/gaisan22-4.pdf　2010年3月19日アクセス．「法務省平成22年度歳出概算要求額総表」，p. 110.

譲歩が，法務省ガイドラインからも退行している点が伺える．直接的には，モデルとなった弁護士会と土地家屋調査士会の連携の実績が，弁護士と調査士の同席での手続進行であったため，「弁護士との共同実施」を原則としたと解釈されようが，退行には違いがないであろう．

　　a．手続への弁護士の関与：
　　弁護士が手続実施者の一員として入ることを原則とする．ただし，軽微な事案等一定の合理的な理由がある場合には，弁護士は手続実施者として入らず，和解契約締結，不調による終了等手続の重要な部分で弁護士が手続実施者に助言することにとどめることも可とする（原則として，具体的な案件ごとにその手続実施期日等において予め事案内容を承知している弁護士がいつでも個別具体的な助言等ができるような体制にあることが求められる）．
　　b．弁護士の助言も必要のない場合があることは否定しないが，それは予め弁護士会と協議のうえ合理的な基準をもって定める一定の場合（たとえば軽微な事案でかつ不調により終了する場合または軽微な事案でかつ一定の定型的な和解となる場合など）に限ること．かつそのような一定の場合に該当するかの判断が恣意的になされないよう，基準を明確化しかつ事前または少なくとも事後にそれら該当性判断の適否について審査・報告する仕組みがある等の手当てがなされていること．
　　c．手続実施者の一員となりまたは助言する弁護士は，弁護士会の推薦した弁護士に限ること．
　　d．弁護士の関与の体制が，規則や契約により根拠付けられていること．

　また，日弁連ガイドラインは，下記のように，非認証 ADR に関して，厳格な弁護士との共同実施を要請した．

　　　また，ガイドラインは ADR 法に基づく認証 ADR を主として想定しているが，非認証 ADR については協力しないということではない．ただ，非認証 ADR については，ガイドラインのうち手続への弁護士の関与の部

分については，厳格に弁護士との共同実施を条件とすることとなろう（ADR法施行前の他団体への協力についても同様）．

非認証ADRについての提案は，高木がADR検討会で述べた「既得権的な考え方にならざるを得ないか」というコメントに対応していると見ることができる．つまり，既存機関ならば従来どおり協力するが，新規には共同実施でしか受けないという方針である．

日弁連ガイドラインへの批判

和田仁孝は，法務省の規制に加えて，弁護士会そのものが屋上屋を重ねる規制機関となっている点を批判する．和田は，「一言でいえば，ADRというものの意義そのものが理解されないまま，弁護士によるADRの囲いこみが意図されているようにもみえる」（和田仁孝 2008：p. 11）と述べる．

内閣府規制改革会議法務・資格タスクフォース・2008年8月20日（水）では，ADR法に関する弁護士助言をめぐって，議論がなされている[19]．主として，主査である政策研究大学院大学教授の福井秀夫が，法務省大臣官房参事官佐々木宗啓へ質問を行うという形で議論が進む．行政書士会などの隣接法律職側から見て，弁護士会側の態度が問題であるとする内容となっている．たとえば，具体的な質問として，「ADR業務の認証を受ける場合，弁護士による助言等，弁護士の関与は必要不可欠であり，日弁連・各弁護士会はある種の優越的な地位に立つとも考えられるが，ADR認証を申請しようとする者に対し，当該ADR業務の運営及び手続の内容にまで関与し，弁護士会が了解するスキームでない限り協力しないということが実際になされていれば，ADR業務の認証取得の障害となり，ADR法の制度趣旨に反するのではないか．ADRを推進する立場にある貴省としてどのようなご認識か」と問うている．この議論の結果，弁護士会を通さず，弁護士個人と隣接法律職単位会が契約しても法務省としては，それだけで認証しないということにならない点が確認されている．

---

[19] 内閣府規制改革会議法務・資格タスクフォース・2008年8月20日（水）資料 「1. 法曹人口の拡大，ADR認証基準等の解釈及び運用等について　2. その他」http://www8.cao.go.jp/kisei-kaikaku/minutes/wg/2008/0820/agenda.html　2010年8月20日アクセス．

また，弁護士会（単位会・日弁連）がADR機関と契約する弁護士個人に対して活動を拘束することはできない点が確認されている．

また，内閣府規制改革会議法務・資格タスクフォース・2008年8月22日（金）では，日弁連に対してのヒアリングを行っている[20]．この議論でも，弁護士会を通さない個別の弁護士との契約でも認証上の問題とはならないことが明らかにされている．日弁連ADRセンター長の渡部晃は，弁護士会協力について，以下のような発言を残している．

> 弁護士会の推薦を受けた弁護士であるということは，弁護士会の後援を受けているという形，あるいは弁護士会が協力しているという形になります．東京都土地家屋調査士会ホームページなどを見ていただくとわかりますが，単位弁護士会の協力を受けているとか，必ず宣伝をされる関係にあります．だから，法律上のものよりもちゃんとしたADR団体であってほしいというのが我々の考え方です．それは法上のものと別の基準であっても構わないということです．弁護士会が所属弁護士を推薦する場合です．弁護士会が協力しているということが前提ですから，言わば弁護士会の当該ADR機関に対するマル適マークのようなものだと私は思います．あるいは弁護士会版ISOのようなものだと思います．

この渡部の発言は，法務省解釈とは異なる解釈基準で弁護士会としては運用していくという宣言と読める．すなわち，和田仁孝が批判するように，「屋上屋を重ねる」規制そのものを弁護士会は会としては行うという意思表示であると解釈できよう．

6. 業際問題としてのADR法

このようにしてみると，少なくとも建前として正義の総量の拡大を意図して始まったADR法の制定の議論は，弁護士法72条関係の攻防そのものを条文

---

20) 内閣府規制改革会議法務・資格タスクフォース・2008年8月22日（金）「『法曹人口問題に関する緊急提言』について日本弁護士連合会からのヒアリング」http://www8.cao.go.jp/kisei-kaikaku/minutes/wg/2008/0822_02/agenda.html　2010年8月20日アクセス．

化する形で帰結した．その施行後，認証機関というスキームで，ADR 実施のハードルを整備したことは確かであるが，そのハードルは低いものとは言えない．また，弁護士会自身がそのハードルの高さを上げる権限を行使している．機関の財政問題まで考えれば[21]，弁護士以外が主体となる民間事業としてのADR 実施は，ほぼ望み得ない状況におちいらせてしまった（隣接法律職団体が赤字を垂れ流しながら運営しているのは，事業というより，社会貢献ないし職域拡大のための示威行為であろう）．また，非認証機関について，弁護士会としては「厳格な共同実施」を求めるという硬化した姿勢を打ち出すに至っている．

弁護士会を通さず，直接弁護士個人が ADR 機関を支援する場合が認められることは規制改革会議の中で確認されていたが，弁護士会は弁護士個人に対して懲戒権を有するため，この権限を使って圧力がかけられないおそれがないとはいえない．

正義の総量の拡大のための競争促進策という原点に返るならば，弁護士会の活動そのものが競争抑圧的になっていないかをチェックする役割を作る必要もあろう．あるいは，裁判所もしくは法テラスなどの公的機関が法助言機能を直接提供する方向の政策を整備する選択肢も考えられる（11 章「民間調停の促進に向けて」参照）．

いずれにせよ，政策目標と手段が合致しているかどうかを確認し，不要な規制があれば緩和し，必要な施策は充当していくなど，不断の見直し作業が必要と言える．

第 3 節　司法調停と民間調停の比較

1. はじめに

司法調停[22]と民間調停[23]を比較する議論の低調さ

わが国の環境下において，民間調停が比較あるいは競争すべき相手は，「裁

---

21)　8 章 2 節「民間調停機関のコスト構造の分析」で弁護士会を例に取った財政面の分析を行う．
22)　ここで司法調停とは，民事調停，家事調停（家事審判法上の調停），労働調停（労働審判法上

判」ではなく，「裁判所における調停（司法調停）」であろう[24]．しかしながら，司法調停と民間調停の棲み分けや，競争政策推進の議論については意外なほど低調であるように思われる．議論の低調さの原因は，第一に，米国等における調停と裁判の比較の議論を直輸入する段階にとどまっているためであると思われる．たとえば，「JCAA調停人養成教材」[25]においても，裁判と調停の比較はあるが，司法調停と民間調停の比較は扱っていない．米国においては，提訴が容易であるため，まず提訴するという行動を見直す文脈で調停を考えるのは意味があるが，わが国の場合には提訴するという行動そのものが容易ではない．したがって，司法調停と民間調停を比較する観点がより重要と思われるが，このような議論はあまり見られない．第二に，司法調停が圧倒的に優位な環境下で比較検討そのものがあまり成り立たないためであると思われる．東京地裁調停部の担当判事であった日下部克通は，「誤解を畏れず」に，民間調停は，司法調停の「ニッチを埋める」ところから出発して，成長し，その後に競争関係になることを期待すると述べている（日下部 2006：p. 25）．この後に見ていくように，安さ，能力，経験などをとっても，一般的な意味での司法調停の優位は疑いようがない．また，最も重要な原因と思われるが，第三に，民間調停の実務上の利点を事実に基づいて検証した議論が少なく[26]，理念的・概念的に「こうであるはず」あるいは「こうでありたい」というレベルの議論が多いためであろう．なお，そのための試みとして，9章「事例に見る民間調停活動の課題と成果」において，事例に基づいて民間調停のメリットを具体的に考える．

2.「早い・安い・うまい」への疑問

民間調停のメリット[27]として，「早い・安い・うまい」という，迅速さ，廉

の調停）を指す．
23) 民間調停の定義は，序論4節「用語について」を参照．
24) 本節は，既出の論考の一部を改訂したものである（入江 2010b）．
25) JCAA調停人養成教材は，2004年度から2006年度までの3ヵ年にわたって作られた教材である．筆者も当該プロジェクトに関与した．以下を参照（入江 2005，千賀 2007）．
26) 多くないとはいえ，民間調停の実務は紹介されている．8章1節「日本の民間調停機関のケーススタディ」参照．
   業界型民間調停機関の中では，家電製品PLセンターが匿名化した上で全件の事例概要をインターネット上に公開している．
27) 誰にとってのメリットかという問題は，それ自身が大きな論点である．すなわち，当事者，代

価さ，当事者満足につながる紛争解決の質の高さが指摘される場合は多い．たとえば，2001年の司法制度改革審議会意見書では，「簡易・迅速で廉価な解決」が，利用者の自主性，専門性，秘密性，実情に即した解決などと共に，ADR活性化の意義として述べている．このような立場は，学者からも支持されているように見える．また，手続を案内するパンフレットやWebサイトの説明文でもこのような立場は支持されている．たとえば，日弁連では，紛争解決センターの存在を「民事上のトラブルを柔軟な手続により，短期間に，合理的な費用で，公正で満足のいくように解決することがその目的」としている[28]．

しかしながら，こうした属性が，民間調停において直ちに実現できるかについては大いに疑問があるし，以下に見るように司法調停と比較するならばむしろ相当程度実現困難である．

早さ[29]

昨今の司法調停の状況では，調停期日は1ヵ月ないしそれ以上の間隔を要する場合が多いようである[30]．弁護士会調停[31]では，より短い期間で解決された事例が報告されている[32]．確かに，調停申立から解決までの日数が短いということは当事者にとって大きな価値であるし，こうした点において民間調停で司法調停に比した利点を確保しようと努力していることが多いことは事実であろう．ただし，民間調停が司法調停に比して，早く解決できるという「制度的な

理人，ADR機関，裁判所，国家といった立場それぞれでADRはメリットないしデメリットがありうる．ここでは，そのような立場の違いを取り上げず，一般論として，主として当事者にとってのメリットを挙げている．

28) 日弁連ホームページ．http://www.nichibenren.or.jp/ja/legal_aid/consultation/houritu7.html 2009年7月27日アクセス．

29) 解決までの日数の短さとしての，「早さ」という概念の他に，調停期日における話し合いの時間の短さとしての「早さ」の概念も想起しうる．しかしながら，3分間診療と揶揄されるような，あまりにも短い取扱いは，調停の質の観点からも当事者満足の観点からも，常に望ましい属性であるとは考えにくい．したがって，ここでの早さとは，解決までの日数の短さとしてのみ取り扱うこととする．

30) 裁判所調停委員へのインタビューによる．同様の発言は，特定調停についてではあるが，実務座談会でも見受けられる（大阪地方裁判所簡易裁判所活性化民事委員会（編）2003：p. 28）．

31) 弁護士会では，一般に「和解あっせん」という用語が用いられる．ここでは，弁護士会調停と呼ぶ．弁護士会調停という用語は萩原も用いる（萩原 2007）．序論4節「用語について」参照．

32) 『ADR解決事例精選77』参照．1ヵ月以内に何度も期日を入れたり，電話等で実質的に話し合いを進めたりした事例が紹介されている（二弁仲裁，2007）．

裏づけ」については実のところ何もなく，民間調停に取り組んでいる者たちの熱心さだけが，それを可能にしている．言い換えれば，民間調停機関がその情熱を失えば，直ちにこうした利点が失われる危険にさらされている．さらに，このような「早さ」について，少しうがった見方をすれば，現在のように申立件数が少数であるからこそ実現できているに過ぎないのかもしれない[33]．

安さ

早さ（解決までの日数の短さ）については，民間調停の司法調停に対する優位が一応認められるが，安さに至ってはむしろはっきりと不利である．

たとえば，100万円の請求を申し立てた場合を想定してみる．民事調停（司法調停），弁護士会調停，司法書士会調停の比較を見てみると，一目瞭然である．たとえば，民事調停の場合は訴えの提起の場合の半額，5,000円が申立手数料となる[34]．二弁仲裁センターの場合，申立時に10,000円（消費税別，以下同じ），期日手数料は各当事者5,000円である．これは30万円以上の少額でない紛争であれば共通である．成立手数料は，申立時の請求額ではなく，成立額によるが，100万円のまま成立したら8万円．半額の50万円で成立したら4万円となる．仮に1日の期日で50万円の合意をしたとすると，全部で6万円となる．また，2回の期日で500万円の合意をしたとすると33万円がその手数料となる．神奈川県司法書士会の場合には，請求額，合意額にはよらず，期日回数だけで計算されるが，1回の期日で合意した場合には3万円となり，2回の場合には1万円がプラスされ，4万円となる．大阪弁護士会を中心として2009年に設立された公益社団法人総合紛争解決センターは，法律職団体乗り入れと安価な料金設定で注目されているが，それでも100万円の解決で3万円必要，100万円未満で25,000円必要になる（すべて，これに加えて消費税がかかる）．

確かに，申立時における紛争の価額が大きく，解決時の価額が少ないような

---

[33] 利用者からの支持が大きかったと言われる大正期の借地借家調停では，期日間隔が「毎週少くとも1回の割で」なされたようである（穂積 1924b：p. 939）．7章2節「穂積重遠の調停観と大正期の調停」参照．

[34] 加えて郵券の費用が必要になる．この費用は，相手方人数に応じて変わってくるが，実費的な扱いである．

紛争の場合には，弁護士会調停の手数料（特に成立手数料）は相対的に抑えられる．しかし，多くの場合には，裁判所における民事調停の方が安いのが現実であろう．

　もっとも，紛争解決のために必要な費用のうち，最も大きいのは代理人への報酬[35]であり，仮に，事実上司法調停では弁護士代理人をつけなければならないが，民間調停ではそれが不要と言えるのであれば，現在の料金体系を維持するとしても，民間調停が有利になる可能性はある[36]．そのような方向での努力としては，たとえば，申立書の作成支援を弁護士が行う[37]ことや，無料法律相談を調停手続に組み合わせる工夫[38]もなされている．さらには，調停機関の側で事実上の代理人を準備する試み[39]さえある．ただし，このような機関による本人手続支援の仕組みは，調停機関に重い役割を要請する．支援内容が誤ったり不充分なものにとどまったりするリスクや，中立性を損なうリスクなどもあり，必ずしもどの機関も備える義務がある仕組みとは言い切れない．民間調停機関の不充分な財政基盤を考えれば，このような役割を積極的に引き受けるべきかどうかについて，慎重にすべきという考え方もあろう．いずれにしても，現時点で，民間調停が司法調停に比べて，弁護士代理人をつける必要性が低いとまでは言い切れない状況にとどまっているように思われる．

　このように考えると，民間調停は司法調停に比べて一般的には「高い」とい

---

[35] 日弁連では，2005年に弁護士へのアンケートを実施し，事件類型ごとの着手金や成功報酬の水準を公開している．ほとんどの類型で数十万円の着手金が必要とされる．
http://www.nichibenren.or.jp/ja/attorneys_fee/index.html　2009年7月28日アクセス．

[36] たとえば，簡易裁判所における民事調停の代理人選任率は，申立人で6.2%，相手方で3.0%に過ぎず，ほとんどが本人申立である．これは特定調停が含まれているため，一般調停における代理人選任率は上がると思われるが，データがない．地裁における代理人選任率は2007年で申立人7割，相手方6割である（数値は，『司法統計年報（民事・行政編）』「調停既済事件数―出頭代理人別―全地方裁判所」，「調停既済事件数―出頭代理人別―全簡易裁判所」による）．
　労働審判では，多くの場合（8割程度）に弁護士代理人が受任している（菅野（編）2008：p. 36）．

[37] 愛知県弁護士会紛争解決センターでは，弁護士による申立支援が行われている．2008年度以降，「ADR調査室」を設置し，こうした活動をより組織的に実施可能にしている．8章1節「日本の民間調停機関のケーススタディ」参照．

[38] 二弁仲裁センターでは，「仲裁センター手続相談細則」を定めている．新潟県司法書士会・にいがたADRセンターでも同様の試みがされている．

[39] 札幌司法書士会では，パートナー司法書士と呼ばれる代理人的役割を各当事者に割り当てる運用を行っている．

う現実の下での競争を強いられていると結論せざるをえない（なお，ここで取り上げた，「安さ」の問題については，コスト構造を含めて，8章2節「民間調停機関のコスト構造の分析」で改めて扱う）．

当事者満足度（うまさ①）

司法調停は権威主義的に進められ当事者満足度が低く，民間調停はそうでないので当事者満足度が高い，という見方があるが，この命題は証明されていない．そもそも，司法調停においても民間調停においても，当事者満足度を計測することが稀である．司法調停については，佐々木吉男による古典的研究（佐々木 1974）[40]があり，近年においては，裁判所委員会でいくつかのアンケート調査に基づく報告が見られる[41]．また，民間調停について，岡山仲裁センター（岡山弁護士会）では，当事者アンケートを取り，そのデータに基づく報告も行っている[42]．限定的なこれらのデータから，確定的な結論を導くのは危険であるが，司法調停において改善活動が行われ，一定の効果をもたらしていることは事実であろうし，民間調停でもアンケートをとるほどの熱心さを有している団体においては，当事者から一定の評価を得ることに成功している．むしろ，他の機関の当事者満足度計測の不在を考えれば，民間調停において当事者満足度が重視されているとは言い難いという事実が浮かび上がる．少なくとも，民間調停が民間調停であるというだけで，当事者からの満足度を調達できると考えるのは行き過ぎと言わざるをえないであろう．

専門性（うまさ②）

調停人自身の当該紛争解決分野への専門性の高さによって，当事者からの信頼を獲得し，良い調停を進めるという考え方も強調される．たとえば，貨物関係の契約に詳しい弁護士がその調停人になって，貨物輸送での紛争を調停するといった例である．そもそも二弁では，「スター仲裁」と呼ばれるほど，著名

[40) 同研究については，10章1節「調停に関する既往の実証調査研究」参照．
[41) 大阪地方裁判所委員会議事録（2005年2月14日）など．10章1節「調停に関する既往の実証調査研究」参照．
[42) 同データの分析は，10章3節「調停手続の満足・不満足の構造——岡山仲裁センターの利用者アンケートデータ分析」参照．

な元裁判官などが多くを名簿に連ねた．また，専門家との連携による活動も行われている．たとえば，多くの弁護士会調停では，建築士が調停人となって，弁護士と共に主に建築や不動産に関する紛争の調停を行っている．ADR法1条でも，「第三者の専門的な知見を反映して」解決することが民間調停の意義として認識されている（なお，このような紛争解決への専門性導入については，問題点もある．専門家にお任せする態度は，当事者本人の主体的な参画による自律的な紛争解決から遠ざかるという側面がある）．

　民間調停が，司法調停に比べて専門性に優れていると考える理由はあまりない．確かに，民間調停では，調停人の指名において当事者及び代理人の指名が可能になっており，司法調停ではそれがない．しかし，現実的には，一般市民が調停人の専門性を理解した上で指名するということが頻繁に起きるとは考えづらく，たとえば二弁仲裁センターにおける候補者名簿でもごく一般的な分野分類（不法行為一般，契約行為一般等）と個人の経験（学歴等）が示されているケースがほとんどである[43]．代理人が，調停人を指名する際に専門性に優れた優秀な調停人を選ぶことはありうるし，実際に，当事者がよく納得するよい調停を行っていることが見られる[44]．この点は確かに民間調停のメリットであろう．もっとも，よく知る調停人を選任することは，弁護士同士でなれ合っていると見られる危険と隣り合わせにある．司法書士会調停では，専門分野の知見を取り入れるという意味での活動は進んでいない[45]．

---

43) 一部の候補者は，当事者に向けたメッセージとして，調停・仲裁に対する思いを記載し，顔写真を掲載している．ただし，そのような候補者は，むしろ初期の設立メンバーに多く，新規の参加者には稀である．
44) 事例検討会での印象として，ADR機関の運営者が代理人として持ち込む案件では，ADRならではの特徴的な解決がはかられている場合が多いように思われる．
45) 司法書士会のほとんどは，自主交渉援助型調停（または促進型調停）と呼ばれる対話促進を主体とし，紛争解決内容の専門性に基づき解決案を助言するスタイルではない．だから，専門的な知見を得る体制が整っていないという説明も一応可能に見えるかもしれない．しかし，自主交渉援助型調停であっても，たとえば，建築その他高度に専門的な話題について，常に理解できる者が話し合いに関与しないでよいということにはならないはずであり，専門委員制度等の体制が整っていない理由としては不充分である．むしろ，単に，他の分野の専門家との協力体制が構築できていないに過ぎないと見た方が良いであろう．
　また，ある司法書士会調停センター運営委員によれば，ADR法の認証事務手続で調停人候補者の要件を細かく定めるため，司法書士以外の参加を認めることが煩雑であり，司法書士以外の参加を認めにくいという．つまり，ADR法の運用が民間調停機関内の多様性を妨げている可能性も考えられる．

司法調停との比較で見れば，特に地裁調停部での取り組みは，まさに専門調停と呼ぶに相応しい充実を見ている．たとえば，東京地裁での建築紛争について，1つの紛争の複数の局面で異なる建築士が得意な専門領域で専門知識を提供する運用を行った例があるとされる．日下部によれば，東京地裁では専門委員の基礎情報をデータベース化するなど，適切なパネルの構成を容易に行う工夫をしている（日下部 2006：p. 23）．

このように見ると，専門性に関しては，先に挙げた貨物輸送に強いとか，セクハラ問題に強いといった弁護士同士の属人的な知識範囲内でのそれとして確かに民間調停にメリットが出る場合もあるが，むしろ，体制としての専門性を考えると地裁調停部に分があるといえるだろう．

早さ・安さ・うまさの再検討

このように民間調停を司法調停との比較のもとに見てくると，なるほど，「早さ」については一定の存在価値が認められるものの，「専門性」についてはどちらかと言えば不利であり，安さに関してははっきりと不利であり，それらが当事者満足度に与える影響も無視できないと思われる．ところで，このような内容は，特に法律職団体で民間調停に取り組んでいるものにとっては常識に属する一方で，一般市民や利用者にはなかなか見えない．公式の説明では，「早さ・安さ・うまさ」といった属性が強調されている．しかし，その内実には疑問があると言わざるをえない．

3. 司法調停と民間調停，それぞれの長所と短所

司法調停の長所と短所

司法調停には，安さ以外にも，民間調停にないさまざまな長所がある．たとえば，以下のような属性が認められるだろう．①権威．②権限．③歴史の長さ．④経験が豊富．⑤裁判官の関与．⑥調停委員の多様性．⑦組織的対応．⑧設備．⑨実務研究の蓄積．

①権威は当事者から見た納得感につながる．②権限として，司法調停は執行力が認められるし，事実の調査，文書提出権限が認められている．③大正期から続いている歴史の長さがあり，一般によく知られている．④件数が多く，不

測の事態への対処方法も蓄積している．⑤裁判官の関与についても単に権威としての参加という意味だけでなく，調停委員が偏った法律論を振り回しにくいという抑止力が働く．⑥調停委員の多様性に関しては，調停委員の選定が不透明であるといった批判や，必ずしも適当な人選と言えないという批判も存在するが，現実としてはさまざまな職業経験者のバランスや，調停委員の人柄についても配慮されているようである．⑦組織的対応として，書記官，家裁調査官，医務室の存在などを挙げられよう．調停という任意性の大きい手続において，その安定的な運用を可能にするこうしたプロによる組織的対応の価値は非常に大きい．⑧設備についても，非常用ブザー，子供の様子を観察できるマジックミラー室その他の，話し合いを円滑に進めるための道具だてがある．⑨『ケース研究』や『調停時報』など実務研究の媒体もある．

　司法調停の短所としては，①調停人を選べない．②時間，場所の自由度が低い．③効率性の要請が強い．④ほとんどの場合，別席調停．⑤利用者の声をあまり聞かない．といった点を挙げることができる．

　ただし，制約の中でさまざまな工夫もなされている．①裁判所側で専門性に配慮して調停委員，専門委員を手配している場合もある（特に地裁）．②時間の自由度が低いという点についても，たとえば，現在でも夜間調停がなされている場合がある[46]．特定調停においては，即日調停として，申立日の同日に事情聴取を行う運用もある（大阪地方裁判所簡易裁判所活性化民事委員会（編）2003：p. 13）．③効率性の要請が強いとは，具体的には3回期日までに終了させようとか，1回あたりの話し合いの時間についても充分な時間を取らない[47]といった状況を意味する．しかし，現在では，家事調停については，1回あたり2時間を目処とする運用に変わっている（澁井・細井 2004：p. 130）[48]ようであるし，地裁専門部の調停では，現地の視察を重視するなど，丁寧な運用を目指しているとされる[49]．④別席調停主体の実務であるが，いくつかの同席調停の試みも

---

[46]　たとえば，大阪簡易裁判所では，夜間調停が行われている（大阪地方裁判所簡易裁判所活性化民事委員会（編）2003：p. 25）．また，東京簡易裁判所等でも夜間調停は行われているようである．

[47]　簡裁での民事調停の場合には，依然として1時間を標準としているようである．ただし，2時間確保することも可能であるようである．

[48]　これによれば，モデルとなる調停開始時の手続説明で，「1回の調停時間は約2時間です」と述べている．

報告されている[50]．⑤利用者へのアンケートの実施と公表についても，裁判所委員会の活動としていくつか行われている[51]．

民間調停の長所と短所

司法調停で述べた長所のほとんどは，民間調停にとって短所となっている．すなわち，①権威．②権限．③歴史の長さ．④経験が豊富．⑤裁判官の関与．⑥調停委員の多様性．⑦組織的対応．⑧設備．⑨実務研究の蓄積の，ほとんどすべてが不足している．

①権威については，裁判所には及ばないが，弁護士会他の法律職団体にはそれなりに認められる．②権限としては，合意内容に執行力がつかない[52]．出頭しない場合の過料がない．③弁護士会でも1990年以降であり，隣接法律職団体はさらに新しい．④件数が少なく，経験の蓄積が困難である．事務局機能が弱く，経験を蓄積するための仕組みそのものも弱い．⑤裁判官の代わりに，ADR法6条5号の弁護士助言の仕組みができた．熱心で有能な弁護士も多いが，中立の第三者としての役割に慣れているかという観点で裁判官と比べれば，一般的には劣ると思われる．⑥調停委員の多様性については，⑤裁判官の関与（不在）とあいまって，深刻な状況を生んでいる．たとえば，当該団体内において発言力があるものの考え方を批判しづらい状況が生み出されている．この問題について，民間調停の中での意識が低いと思わざるをえない状況がある[53]．弁護士会に関しては，建築士等若干の弁護士以外の専門家も手続候補者として名を連ねているが，弁護士と同席の下に進められる弁護士中心の手続であり，候補者の多様性という観点だけをとってみた場合に，裁判所の調停の水準にさえ達していないように思われる．司法書士会等の弁護士以外の法律職団体では

---

49) 弁護士へのインタビューによる．
50) たとえば，廣瀬の報告（廣瀬 2005）を参照．また，裁判官では，西口元判事が同席和解を行っている．
51) 10章1節「調停に関する既往の実証調査研究」参照．
52) 弁護士会では，事実上和解が成立した後に，仲裁手続に移行して執行力を持たせる場合もある．また，裁判所の即決和解や調停と連携する試みもある．8章1節「日本の民間調停機関のケーススタディ」参照．
53) この点の懸念について，稲村厚（神奈川県司法書士）は，司法書士会調停の課題であると述べている（稲村ほか 2009：p.31）．

さらに多様性が低く，弁護士会紛争解決センターのような建築士などの専門委員を置く制度さえないものが多い．⑦組織的対応において，財政基盤の脆弱さもあいまって非常に貧弱な場合が多く観察される．たとえば，裁判所においては経験の豊富な書記官が担当するケース管理について，専門知識や経験を持たない一般事務職員や派遣社員があてられる場合がある．感情的にも高まっている当事者の不満を最初にぶつけられる役割であり，心理的にも能力的にも負担が大きい役割であるが，民間調停ではしばしば非常に軽んじられている[54]．⑧設備について，特別の調停室を持たない場合も多い．⑨実務研究の蓄積に関して，一部の取り組みはあるが[55]，全体としては低調である．守秘義務に配慮し過ぎて，過度に神経質な場合もある．

さて，民間調停は上記のように非常に厳しい環境にあるのだが，メリットもある．たとえば，以下のような項目が挙げられる．①時間の制約が少ない（たとえば土日や夜間に手続を持ちやすい）[56]．②期日間隔を密にできる．③場所の制約が少ない（たとえば，当事者の便の良い場所などで実施できる．裁判所に行きたくない当事者のニーズに応えることができる）．④申立が容易（書式の提示だけでなく，申立補助などの試みもある）．⑤当事者本意の丁寧な進行ができる（調停トレーニングなどにより，手続進行の質を保つことができる）．⑥同席調停ができる．⑦調停人の質を保つことができる．⑧新しい試みが容易である（これらのさまざまな長所については，9章「事例に見る民間調停活動の課題と成果」で事例を基に改めて検討する）．

しかしながら，これらのメリットが本当に成立しているかという点については疑問がある．これらは，確立した属性というよりも，可能性である．たとえば，申立支援の仕組みを準備することができるし，実際にそのような取り組み例[57]もある．ただ，すでに述べたように，このようなコストがかかる取り組みはむしろ充実していない場合が多く観察され，ここで述べられているメリットが民間調停の共通属性となっているとまでは言い切れない．

---

[54] 9章「事例に見る民間調停活動の課題と成果」の「期待の調整」に関する記述を参照．
[55] 二弁仲裁センターなど．8章1節「日本の民間調停機関のケーススタディ」参照．
[56] 司法書士会などでの取り組みがある．8章1節「日本の民間調停機関のケーススタディ」参照．
[57] 愛知県弁護士会紛争解決センターでの取り組みがある．8章1節「日本の民間調停機関のケーススタディ」参照．

なお，司法調停がこうした民間調停の良さのうち，いくつかを取り入れることも可能である．

4. 小括

以上，司法調停と民間調停の比較，より正確にいえば，司法調停の民間調停への一般的な優位さの確認をしてきた．利用者目線で見れば，司法調停にはさまざまな利点があることが改めてわかる．税金が投入されて運営されているから，安くて良いのは当然であるとも言えるが，しかしそれだけにとどまらない部分も見られる．端的に言えば，不慣れで，「やってあげている意識」が強い民間調停は，機関の同業者からも充分に信頼されていない不安定な手続の段階にとどまっている．司法調停は，経年的な組織の硬直化（7章4節「戦後の調停実務に見る戦前の調停観の影響」参照）や，一部の利用者からの不満（10章1節「調停に関する既往の実証調査研究」参照）などの問題を抱えているにしても，弁護士その他の専門家も積極的に選択する安定的な手続の1つとして定着している．

こうした状況下で，民間調停運営者が，負け犬の遠吠え的に司法調停批判を繰り広げたところで，建設的な議論につながるとは思えない．民間調停運営者側は，司法調停のプレゼンスの大きさという事実を踏まえた上で，民間調停で実際に何ができるのかを具体的な運動論として模索する必要がある．そのためには，現実の民間調停活動がこれまで行ってきた活動の中から，どのような価値を生み出してきたかを整理し直す作業が必要だろう．そのための1つの試行として筆者が行ったものが，9章「事例に見る民間調停活動の課題と成果」の事例研究である．

しかし，その話題に移る前に，7章「戦前の調停論再評価の可能性」からは，主として司法調停に関して，調停政策の位置づけがどのように変遷してきたかを振り返る．こうした調停制度に対する見方や考え方は，現在の民間調停政策にも大きな影響を与えていると考えられるからである．

第7章　戦前の調停論再評価の可能性

第1節　戦前期調停論の重要性

　本節では，大正期から戦中期にかけてのわが国の調停制度に関わる議論を検討し，その現代的意味を探ろうとする．特に，穂積重遠と牧野英一という，戦前の調停制度に大きな影響を与えた2人の東京大学法学部教授の調停に関する議論を対比し，分析を加えていく．穂積と牧野は大正期には調停実務に関わり，また，伝統的法解釈学に対する懐疑的な態度を持つという共通点を持つが，詳しく見てみると調停制度に対してかなり対照的な見方を持っていることがわかる．彼らの調停観がどのような現実から影響を受け，また，彼らの調停観が調停制度にどのような影響を与えたかを探っていくことは，戦後の調停制度の見方がどのような制約を受けているかを示す材料を与えると考えられる．

　大正期の借地借家調停法制定（1922年）から戦中期の人事調停法制定（1939年），すべての民事紛争で利用を認めた戦時民事特別法（1942年）に至るまで平坦な歴史が続いていたわけではない．むしろ，初期（大正期）の大正デモクラシー期における調停法導入に関する法学者及び立法者の視点と，1930年代中期以降の戦時体制としての調停法導入の視点にははっきりとした断絶が見られる．

　しかし，意外なことに，最近のADRに関する議論は，こうした時代に遡ってされていないように思える．詳しく見ていくと，戦前期の調停について，実務にしても，理論的な議論にしてもかなり充実した検討がなされている．もちろん，戦後になって戦前の調停の検討がまったく無視されていたわけではない．たとえば，戦後調停学の代表ともいえる小山昇は，民事調停と民事訴訟との任

務・機能の上での関連はどうかという問題について,「一九四二年以後,今日に至るまでの間に,一九四二年までの理論状況が進展せしめられたとはいえない」(小山 1991b：p. 13,初出 1977) と述べる.戦前期の調停制度について,「沿革的非合理性」(佐々木 1974：p. 27) という負の側面の検討はかなりなされているともいえる.

ただ,「沿革的合理性」とでも言うべき,初期の良き意図の再評価もまた必要と思われる.近年のわが国の司法型・民間型を問わず,調停制度の位置づけに関する議論の中で,戦前の調停論に遡って見直すことは価値があるように思えるからである.もっとも,戦前期の調停制度のうち,特に大正期のそれについての肯定的な側面を評価しようという姿勢は筆者だけのものではない.法制史を専門とする伊藤孝夫(京都大学法学部教授)は,末弘厳太郎に象徴される大正デモクラシー期の法学者の姿勢や,末弘や穂積が関わった調停制度自身にも肯定的側面を見ている[1]．

したがって,本節では,穂積と牧野の調停観の対比を基調としつつ,彼らの見方が戦後及び現代の調停制度・調停観にどのような影響を与えたのか,また,戦前の調停制度の位置づけにおける肯定的側面と否定的側面が具体的にどのように現れたのかという点にしぼって検討を加える.いうまでもなく,重要なすべての歴史的事象を網羅することは意図していない[2]．

第2節　穂積重遠の調停観と大正期の調停

1. はじめに

本節では,穂積重遠の調停観及び大正期の調停制度運用についての主として評価できると思われる肯定的な側面を検討する.大正デモクラシーの申し子と

---

1) たとえば,伊藤は,1920年代における「協調主義」が,「争議封じ込めのための御用組合育成のような,歪曲・矮小化された意図が混入している可能性は否定できない」としながらも,「しかし二〇年代の文脈においては,この概念が有していた積極面に意義を認めるべきである,というのが私の見解である」(伊藤 2000：p. 109) と述べている.
2) 優れた実証研究はいくつか存在する.借地借家調停法に関しては,近年では,高橋裕の研究が具体的なデータを示しており,参考になる(高橋 2004).家事調停については,堀内節の大著がある.堀内の研究は,戦前の人事調停法と戦後の家事調停の連続性を分析している(堀内 1970).

でも言うべき，市民による市民のための紛争解決手続としての調停制度構想があったことを紹介する．併せて，現代のわが国での司法調停の現状とはかなりかけ離れた，最初期における能動的で親切な調停実務についての若干の紹介を行いたい．その上で，穂積の調停観と，近年米国等で成立した現代調停との親和性について触れる．

　もっとも，大正期から戦中期に至る調停がこのような理想的なものばかりではなかったことは明らかである．むしろ，かなりの程度が非民主的なものであり，それ自身が戦中体制につながるラフ・ジャスティス[3]でしかなかったという現実もある．この点については，次節で扱う．

2．人物とその時代

　穂積重遠は，民法起草者筆頭であった穂積陳重と渋沢栄一の娘歌子の長男として 1883 年に生まれた．東京大学法学部教授として民法，法理学などを担当する．終戦直前に東宮大夫兼東宮侍従長となり皇太子（現平成天皇）を支えた．その後，最高裁判所判事を務めた．尊属殺人に関する少数意見を書き，後の違憲判決につながったと言われている．門下には，戦後家族法の創設に多大な貢献をした中川善之助（東北大学教授），来栖三郎（東京大学教授）らがいる．我妻栄も穂積の影響を大きく受けたと述べている（我妻 1969）．

　穂積についての一般的な紹介は上記のようなものであるが，調停だけに限っても，多大な足跡を残している．スケールの大きな人物であり，安易な評価は困難であるが，その足跡と調停観について，現在においても，あるいは，現在においてこそ学ぶべき点が多々あるように思える．

　穂積は，鳩山秀夫と中学校以来の同級生であり，東京大学法学部を 1908 年に卒業すると共に同時に教官（講師）となっている．その後，穂積は，1912 年から 1916 年までドイツ，イギリス，米国へ留学している（穂積 1997）．ドイツからイギリスへ留学先が変わったのは，第一次世界大戦が始まったためである．イギリスでは，観劇とともに裁判傍聴を楽しんだようであり，また，貧民対策等の社会事業にも関心を向けている．米国では，ロスコー・パウンドの講

---

[3]　調停が，ラフ・ジャスティスに過ぎず，当事者の権利を抑圧するものでしかないという批判は米国でも存在する．5章2節「自主交渉援助型調停と「情報を得た同意」」参照．

義を受けている.

　帰国後助教授になり，1920年には論文「裁判所の簡易化」(穂積1920a, 穂積1920b, 穂積1920c, 穂積1920d, 穂積1920e) を著した. 1922年4月に公布され，11月に施行される借地借家調停法 (1922 (大正11) 年法律第41号) に先立つ論考であるが，同論文で調停 (勧解)[4]が大きく位置づけられている. 1919 (大正8) 年の「臨時法制審議会」では，後の人事調停法，家事審判法につながる家庭人事の事件を話し合うための調停制度について答申が出されるが，穂積はこれに参加した[5]. このときの議論が1つのきっかけになって借地借家調停法が生まれている[6].

　末弘厳太郎との関係も深く，判例研究会及び東大セツルメント[7]への参加について，活動を同じくしている. 穂積は，「ぼくは，なんでも末弘君のやったあとをやるんだ」と語っていたという (宮田1995：p. 88).

　穂積の母・歌子の観劇記録は書籍となっているが，穂積自身も留学中の観劇記録と，歌舞伎についての書籍もあり，「学究的」でさえあったという. なお，川島は，戦後，穂積とは住居も近く，歌舞伎の招待と講義を受けている. 『日本人の法意識』(川島1967)[8]にも登場する，歌舞伎のせりふを使って調停を考えることは，川島にとっては穂積へのオマージュであったようである (川島1986a).

[4) 「裁判所の簡易化」において直接取り上げられているのは，勧解 (conciliation) であり，調停ではない. しかし，同論文において，調停を論じていると読み替えて差し支えないと考える.
5) 牧野，鳩山も穂積と同じく幹事として参加している. 堀内節は，穂積の活躍を特筆している (堀内1970：p. 14).
6) 借地借家調停法成立の直接のきっかけは，茶谷勇吉によれば，ドイツの借家調停制度及びフランスの仲裁委員制度である (茶谷1933：p. 172). 穂積は，1919年に設置された臨時法制審議会の，1922年6月の調停制度についての答申がきっかけになって，1922年の借地借家調停法の成立につながったと述べている (穂積1954：p. 144). 穂積の見解は，『調停読本』でも踏襲されている (日本調停協会連合会 (編) 1954：p. 30).
7) 東大セツルメント (帝大セツルメント) とは，19世紀にイギリスで始まった慈善事業を範として，1923年に始まった活動である. 戦後のセツルメント活動に参加した利谷信義によれば，関東大震災後の東大グループによる被災者援助活動が一段落ついたところで，せっかくできた学生救援組織を解散するのは惜しいということで開始された運動である (利谷1985：p. 44). 無料法律相談などが実施された. 福島正夫，戒能通孝，川島武宜などもセツルメント関係者であり，日本の法社会学の発展にも大きな影響を与えたことが知られている.
8) たとえば，155頁以下に，「三人吉三」のせりふの引用がある.

3.「裁判所の簡易化」構想

社会学的法律学の影響

論文「裁判所の簡易化」について，我妻栄が後に，当時の時代背景にあっては「驚くべきもの」であったと紹介している（我妻 1969：p. 135）．我妻によれば，当時の日本の法律学はドイツ法学の華やかなときであり，「ドイツの法律書をたくさん引用して，かたかなの，句読点もない『ヘカラス』式の固い文章で書かなければ法律の論文とは認められないような状態」であったにもかかわらず，穂積のこの論文はひらがなの「である」調の平易な文体で書かれ，また，内容も異色であったとしている．

論文「裁判所の簡易化」は，ボストンの弁護士スミス（Reginald Helber Smith）のアメリカにおける法律実施状態に関する調査報告書「司法と貧者」（"Justice and the Poor"）を「私見を交へつつ」紹介されたものである．この報告書は，カーネギー財団からの支援を受けたものである．論文タイトルを，「司法と貧者」とはせずに「裁判所の簡易化」としたのは，訴訟が高価であることや遅いことは貧者だけでなく万人にとって利益ではないためである．

この調査報告書が出た思想的な背景には，パウンドを代表とする社会学的法律学[9]がある．穂積自身が端的に述べたものによれば，社会学的法律学は以下の特徴を持つ．すなわち，(1) 法規の抽象的内容よりもむしろ法規の作用に注目し，(2) 法律を人類の智力によって改良しうる社会制度と見て，この人の力は助長指導する役割にあると考え，(3) 法律が制裁であるよりもむしろ法律が社会上の目的であることに重きを置き，(4) 法規を杓子定規的規範と考えずに，

---

9) ここで「社会学的法律学」として説明を加えている概念について，穂積自身は「社会法学」という用語を用いている．穂積は，「社会法学」を Rechtssoziologie の訳語として用い，これを「『活キタル法律』（das lebende Recht）ヲ研究適用セザルベカラズト云フヲ此傾向ノ大趣旨トス」（穂積 1917：p. 89）と述べている．穂積は，このカテゴリーに，エールリッヒとパウンドの両方を含めている．六本佳平は，末弘と川島の議論を比較した上で，川島モデルが生ける法の実態調査を通じて市民の行動規範である生きた法自身の近代化を目指すのに対し，末弘モデルではパウンドのいう社会学的法律学に近く，生ける法の実態調査を通じて，法学教育や法政策を改善しようという構想であるという違いがあると指摘している（六本 2007：p. 253）．Rechtssoziologie の直訳としては，「法社会学」が妥当であろうが，本節においては，パウンド，ないし六本の言う末弘モデルとしての Rechtssoziologie であり，川島モデルと区別する意味でも法社会学という用語は採用せず，「社会学的法律学」という用語を使用する．

社会上正当な結果に導く指針と考える（穂積 1917：pp. 93-94）．つまり，法が万人のすべての紛争に対して包括的に解決を与えているという虚構を告発し，漸進的な改善を求めるという発想が背景にある．穂積の論文は，貧者にとって泣き寝入りを強要される現実は裁判を簡易化する方向で解決されるべきという発想で書かれたスミスに共感しつつ，穂積自身の問題意識を加えて書かれたものであるといえる．

　上記の，社会学的法律学の方法と考え方こそ，末弘と穂積を結びつけたものであり，1つは，法の社会への作用の研究として判例研究会に向かい，もう1つは法を1つの社会事業として活用していくというセツルメント運動へと向かっていく．穂積は，社会学的法律学の方法と考え方を「其所論大体採用すべし」と述べているが，それは単に概念的な理解にとどまらず，行為として準備されたものであった．同時に，中庸の人である穂積は，社会学的法律学について方法上の欠点を指摘している．法の欠缺を認めるのは妥当だが，極端な自由法の考え方では，法規は裁判官に対する指針に過ぎないという態度を招き，法律の安定を損ない妥当性を欠くと述べる．

市民のための（アクセス拡充としての）裁判所改革

　穂積の家族法における業績は，イエ制度への闘いを続け，リベラルな家族観を基礎とした小家族中心の家族法をもたらし，戦後の家族法と家庭裁判所を準備したことであると言われる．穂積の一貫してリベラルな法思想は，司法へのアクセス改善への考え方や動きとしても現れている．「法律文進化の其目標は民衆化にある．盲目的外國模倣も排外的國民化も共に法律化の本義に反する」（穂積陳重 1924：p. 1126）と述べたのは父親の陳重であるが，これは穂積重遠にとってもライフワークであった．民主社会では，「知るべし，寄るべし」を旨とすべきとした（穂積 1954：p. 2）[10]．また，法文の口語化の提唱者でもあった．

　さて，「裁判所の簡易化」によって提案されているのは，精緻かもしれないがしばしば小回りがきかず，結果として正しいが弱いものたちの多くが泣き寝入りの状況を強いられているわが国の司法制度の改革である．具体的な内容と

---

10) 知らしむ，寄らしむという受け身ではなく，能動的な「知るべし，寄るべし」が重要であるとする．

しては，少額訴訟，調停（勧解），官営弁護士，家庭裁判所，法律扶助といった内容である．つまり，論文が書かれた90年後の現在でさえ改革は途上であると思えるような項目が並んでいるが，当時はこうした政策メニューがあることさえ充分に知られていなかったはずであり，また，このような提案を行うことが法学者の仕事と考えられることも少なかったはずである．こうした事情を考慮すれば，やはり「驚くべき論文」（我妻 1969：p.135）であると言わざるをえないのではないだろうか．たとえば少額訴訟について言えば，1998年の民事訴訟法改正まで待たなければならないし，家庭裁判所も戦後のものである（ただし，人事調停法は戦中に成立した．川島は，「戦後の改正の中で最もラディカルな改革として注目すべき家庭裁判所および家事調停・家事審判の制度は，多年にわたる［穂積──筆者注］先生の主張を実現したものに他ならなかった」とする（川島 1986b：p.291））．

調停（勧解）に関して，単に訴訟経済の意味で効率的であるということではなく，当事者間の感情面の解決を含めた全面的な解決に意義を見出している．穂積は述べる．

　　　勧解は単に金銭的争訟に付てのみの問題でなく，例へば名誉毀損事件の如きは大に利用さるべきである．名誉毀損事件を裁判で解決したのでは，毫も当事者間の悪感情を融和することにはならず，却つて益々不和を増長せしめさうなことであるが，和解によつて双方の誤解を解き感情を融和することが出来るならば，それこそ真の解決である．（穂積 1920b：p.612）

また，家庭裁判所における調停（勧解）の必要性についても触れている．たとえば，離婚の裁判で語られている事実と，当事者にとっての真意はしばしば異なっている点に触れ，平服の裁判官と当事者全員が懇談式の話し合いをする意義について述べている（穂積 1920c：p.741）．

市民のための（アクセス拡充のための）調停観

穂積は，上記のように，アクセス改善のための一翼を担う1つの政策的方法としての調停観を持っていた．近年の小島の「正義のプラネタリ・システム」

（小島 1989：p.10）を思い出させる包括的な構想といえよう．したがって，調停は，裁判との併存関係にある点が強調され，調停制度の内側に強制力を持つ方向ではなく，調停制度の外側に簡易な裁判制度がなければならないと考えている．この調停観は，次節で詳しく見るように，牧野や安田幹太（安田 1933a, 安田 1933b, 安田 1933c, 安田 1933d）とは著しい対照を示している．

たとえば，安田は，調停は強制調停[11]という制度が完備してこそ完結すると主張している（安田 1933d：p.1275）．実体法の不足を調停法によって乗り越えていくところに調停法の意義があるという主張である．これは，穂積が「極端な自由法」として退けた考え方に近く，実際，安田が調停法の最終形態であると持ち上げた金銭債務臨時調停法の調停に代わる裁判という手続は，戦後に違憲判決を受けている．また，我妻は安田の考えを，「調停をもって，実体法に従う『適法なる裁判』の代りに，衡平即ち社会本位的真正義観にしたがって『実質的には』衡平なる裁判をなすものだということは，理論としては正しいであろう」としながらも，そのような調停制度を運用できるのか，「新社会の新正義に基く」法の正しさをどのように保証するのかと難じている（我妻 1952：p.558）．安田の考えにあっては，調停案が事実上強制される点に，調停法の完成を見るからである．

したがって，「強制調停と云ふことはそれ自身観念の矛盾であるとさへも考へる」（穂積 1929：p.289）という穂積とは対照をなしている．穂積にとって，当事者の合意を援助する手続としての調停が，利用しやすい司法制度のサブシステムであらねばならない．「調停のバックたり得るためにはモット簡易廉価な裁判制度がなくてはならぬ」（穂積 1929：p.251）のである．

市民による調停観

穂積は，法律家でない素人が調停を行うことについて，それほど無条件に肯定していたわけではない．調停委員会としては，「要するに実際に通じてしかも情実にとらわれない委員が一人，法律に通じてしかも法律にとらわれない委員が一人，それに老練な判事の調停主任」（穂積 1929：p.247）が理想的な組み

---

[11] ここでは，結論の強制の意味で用いられており，入口における応諾の強制の意ではない．

合わせと述べている．穂積にとって，結局，法律は1つの社会事業なのであり，社会を前進させるための道具である．社会が進歩しない程度にまで新しい制度が運用されることを好まない．法律家を排する点にのみ力が入りすぎると，妥当な解決という調停の実さえも危うくなる．

しかしながら，穂積は，市民が担い手になる紛争解決手続に，並々ならぬ期待も持っていたということは言えよう．調停における素人の参加について書かれた箇所ではないが，『やさしい法学通論』では，「陪審員になれる国民」という節を本の最後に設けている．穂積は，「陪審員が本当につとまるような国民に日本人すべてがならなくては法律は『行』われかつ『守』られない」（穂積 1954：p. 178）と考えている．「当初陪審制度採用論だったのは，駆け出し教授の机上の空論に他ならなかったのだが，1つにはそれより数年前の英国留学中，ロンドンの裁判所見学に相当精出して，陪審裁判にしたたかほれこんで帰ってきたため」（穂積 1954：p. 180）でもあった．穂積は言う．

> すなわち新憲法下の民主裁判・国民裁判という以上は，結局は陪審裁判まで行くべきであろう．しかしそれは「結局は」であって，日本国民現在の法律認識程度では，まだまだ理想の「結局」に前途遼遠である．……しかしわたしはこのせっかくの国民裁判制度を断念したくないのであって，結局の理想到達を鶴首期待している．（穂積 1954：p. 181）

現実の状況を理解し，一足飛びの結論に走ることはないが，市民による紛争解決を理想としている点も見ておきたい．

調停のメリットの位置づけ

穂積は，大正期の調停制度を，世界大戦に懲りた各国が「平和的解決」を選好した結果作られたものであるとしている（穂積 1929：p. 229）．そして，訴訟は戦争とは異なり，正が勝ち邪が敗れる制度であり，また，国民が裁判を受ける権利は憲法上のものであると述べた上で，訴訟の以下の欠点を補いうると述べている．

すなわち，①裁判では黒白がはっきりし過ぎるので五分五分，七分三分など

にできない，②法律を具体的事実にあてはめる過程で，他の事件との公平は保ててもその事件の特別事情に適切でない場合がある，③公開過程であるので，怨恨が残る．特に関係が継続する場合に困る，④訴訟には金と時間がかかる，⑤小作争議，労働争議のような多数当事者の場合は訴訟で解決できない，という5点を挙げている．裏を返すと，①調停では実情に応じて五分五分，七分三分などという中間的な解決ができる，②個別事情を活用して賢明な解決が可能になる，③秘密裏に話し合いができるので率直で納得のいく話し合いができる，④金と時間の支出が抑えられる，⑤多数当事者の場合も話し合いを持つことができる，という5点のメリットになる．

現在の文脈では，穂積がここで挙げたメリットが直接はあたらないものもある．たとえば現在では交通事故の判例形成等を通じて，7：3などの量的な判決が可能になっている．また，戦後の改革があった小作や労働という分野についてはもちろんとして，多数当事者の訴訟についても，当時とは状況が異なっている．しかし，これらを含めても，現在でも訴訟よりも調停においてより柔軟な手続を形成することは可能であるはずで，穂積の指摘は基本的に現在でも有効であるように思える．

なお，実務サイドである茶谷勇吉は，穂積の考えを引いていることを明らかにした上で，①手段の簡易化（借地借家関係のような現実生活に直面し，しかも大衆性を有する問題を複雑な民事訴訟の方法によってのみ解決しようとするのは無理であり，そのため手続の煩雑を厭うものは結局泣き寝入りとならざるをえない），②経済的解決の要求（調停の手数料を訴状の印紙代より著しく低減している），③紛争の平和的解決（紛争の円満な解決を期待している），④現実に即した解決，という4つを調停の精神と述べている（茶谷 1933：p. 225）．

法律から離れる条件

司法のサブシステムとしての穂積の調停制度では，調停は「法律から離れる」必要があると同時に，法律との調和が求められる．穂積は，この問題に対して独特のレトリックを使ってこれを説明している．穂積によれば，「調停は法律づくめでないことを欲するのだが，しかし法律を離れるがためには，先以て法律を熟知せねばならぬ．且又当事者には時に中々法律を振回す人がある故，

それを振回させない様にするためにはこちらにもそれを抑へるだけの法律知識を要するのである」(穂積 1929：p. 247) とされる．つまり，穂積は法律を杓子定規に当てはめようとする態度は調停において不適当と考えると共に，法律から乖離した話し合いへの警戒感を捨てていない．穂積は，別の所でも，「法律家がややもすれば法律万能になるのは，法律を勉強しすぎるからではなくて，かえって法律の本当の勉強が足りないからだ」(穂積 1954：p. 22)，と述べる．必ずしも調停制度への方便的な説明としてこのようなレトリックを使っているわけではなく，「法律には限界があり，万能ではない」(穂積 1954：p. 23) ということを知ることも含めて法律の勉強だと考えていることがわかる．穂積のこの表現は独特であり，興味深い．法律から離れるために，単なる法律家が同席しているだけでは充分でないのである．勉強し尽くしている法律家が，法律の限界を当事者と一緒に悩んでいるような，現代的な調停人像がそこにあるように思える．

　調停に，弁護士が係わる契機としては，調停委員と当事者代理人とがありえる（調停主任裁判官の代替という点はここでは考慮しない）．穂積は，そのいずれもについて，好意的に見ている．大正期の調停制度では弁護士からの反対が強く[12]，「弁護士は余り調停委員になつて居ない様だが，……弁護士中の特に斯う云ふ仕事に興味を持つ人が調停委員として適任であろう」(穂積 1929：p. 247) と述べている．また，当事者代理人について，調停法が本人主義（借地借家調停法7条）でなるべく代理人を排斥する方針が明白であるとし，弁護士が代理人として出てくることは一般にはあまりよろこばれないこととしながらも，かえって好都合な場合があることを指摘している．素人本人だけでは法律上どこまで主張できるのか境界がわからず自身にとって不利益な頑張り方をしてしまうが，代理人弁護士がその点を説明してくれるおかげでかえって調停の手引きをしてもらえる場合があるという事例を紹介している．穂積にとっては，「調停関係の弁護士の態度はどうかそうありたいものであつて，……調停の成功のためには裁判所側と弁護士とがモット提携協調せねばならぬ」(穂

---

12) 借地借家調停法導入時の弁護士の参加に関して，近年では，高橋裕の研究がある．これによれば，弁護士がいなくても紛争解決が可能な調停制度は，「弁護士の威信への脅威というよりも，弁護士の業務活動（およびその生活）への大きな現実的脅威と感じられたことであろう」と結論している（高橋 2004：p. 122）．

積 1929：p. 248) のである．

　素人及び半端な法律家こそが，法律を振り回すのであり，素朴な本人主義よりもむしろ，より成熟した話し合いを志向しているように読める．

4. 調停実務家としての穂積

関東大震災後の調停の実態

　穂積は，借地借家調停法による調停委員として関東大震災後の調停に参加している．この取り組みについて我妻は，「異常な関心を持って」（我妻 1952：p. 555）いたと表現している[13]．震災火災によって消滅したあとの住宅賃貸借に関する紛争，特に，震災後に建てられたバラックについての取扱いをめぐる紛争が多かったとされる．穂積は，1924 年に震災に関する報告を雑報として『法律協会雑誌』に掲載している（穂積 1924）が，これが 1929 年に現代法学全集の一部として出版された調停法に関する教科書（穂積 1929）の原型となったものである．

　ところで，穂積による大正期調停の現実の報告には，現在の司法調停とはかなり乖離した状況が描かれている．第一に，東京の 13 区に出張所を設けて行われた出張所の調停であった．しかも，実際にはテント張り（天幕張）の「震災気分に富む」（穂積 1924：p. 918）ものであったようである．穂積は，ケンカの中に入るのに日比谷の奥でいらっしゃいと言っていてもだめであるとし，当事者の間に入っていくスタンスを評価している[14]．場所の都合上，傍聴禁止ができなかったが，当事者に自制が働くため，それがかえってよかった面さえあったともいう．第二に，解決率が高い．穂積の報告では 8 割弱の解決率[15]となっている．第三に，調停期日間隔が短い．毎週行うことが一般的であったようである（穂積 1924：p. 939）（現在は月に一度程度といわれる）．第四に，裁判官と 2 人の調停委員の 3 人による委員会を実際に組織して手続を進めていた（調

---

13) 穂積自身も，震災後の調停について，「大学の休業日には毎日，其後大学が始ってからも一週二三回は，蛎殻町の区役所焼跡に通ったものである」（穂積 1929：p. 242）と述べている．
14) 「全体調停なるものは喧嘩の仲裁であり，喧嘩の仲裁なるものはなぐり合つて居る真中へ先ず待てと割つて入らねばならぬ筈であるのに，日比谷裁判所楼上から喧嘩して居る者はコチラへ来いと遙かに手招きしてのみ居たのが抑も（そもそも）迂遠であった」（穂積 1929：p. 244）．
15) 「七割八分七厘」であった（穂積 1929：p. 244）．

停委員会における裁判官の不在の問題は当時にはなかった）．第五に，1日に5件から，場合によっては10件以上の調停を行っていた[16]．以上のような特徴が明確に示されている．

調停の秘訣

穂積は，「調停は訴訟に準ずるよりも寧ろ和解契約と云う方向から観察すべき」(穂積 1929：p. 247) としている．交渉学を基礎とする米国の現代調停にも通じる見解であり，これ自身注目に値すると思われるが，これ以上の議論は展開されていない．「調停制度の基礎は調停によつて紛争を解決せんとする当事者の気持にある」とする穂積が，調停の進め方に関して，若干の記載を行っている場面がある．

　　調停の秘訣──と言つた所で実は何もないのだが，先第一に気を長く持つことだ．一回で解決する場合も多いが，一度で済まなければ延期続行するがよい．四五回までで大抵結末になる．十数回かかることも稀にはあるが，期日の間隔を余りあけない様にすればさほど長引きはしない．

　　調停手続の一特徴はそれが極めて非公式なことであって，調停が好成績を挙げ得る一因は確かにこれである．争議のあるものは感情の衝突が主因であり，さなくとも何かしら感情のからまっていない事件はないと言ってよいのであるから，その感情を緩和させるのが解決の鍵である．それにはどうしても卓を囲み火鉢を擁し茶をすすり煙草をふかしながらの懇談式でなくてはならない．

　　調停の1つの秘訣は調停委員がなるべく初めに口を切らぬことである．当事者双方に十分に主張を述べさせてなるほどなるほどと聴いている．軽々しく是非の判断を下し，殊にそれを言明してはいけない．調停は正邪

---

16) 日本橋区出張所では，調停主任の判事1人と，所属の調停委員が交代で2人ずつ，すなわちひと組だけの調停委員会で働くのを原則とし，1日5, 6件ないし10件位を取り扱うのに差し支えなかったとしている（穂積 1924：p. 923）．

曲直を裁断するための制度ではないのである．所で双方に言いたいだけの事を言わせて置いて徐ろに，いづれも一応御尤だがどうでせう此邊の所で折合つてはと調停条項を持出す．双方共直ぐにはそれに同意しないが，同情もし忠告もしつつ段々話して居る中に次第に接近して来るものである．
（穂積 1929：p. 249）

現在でも通じる調停技法のエッセンスが簡潔に示されていると言ってもよいであろう．ここに書かれている「懇談式」の話し合いが，同席を基調とする現代調停とどの程度の共通性があるかについて，確かなことを述べるだけの情報はないが，このような調停観が遅くとも 1929 年にテキストが出版された時点で確立していたことには注意が払われて良いように思える．

セツルメント運動との関係

震災直後の調停委員として，東京大学法学部からは，穂積の他に，牧野英一，三潴信三，高柳信一，鳩山秀夫，末弘厳太郎が調停委員として参加している．これには，調停制度の宣伝のための動員という側面があったのではないかと思われるが，震災が起こした社会問題に，裁判所と大学が機敏に反応したという動きとして理解できよう．

東大セツルメントの法律相談活動も，この借地借家調停を学生が手伝ったところに起源があるとも言われる．東大セツルメントは，創業の末弘，守成の穂積を中心に，左翼学生の巣窟[17]との批判や警戒にも耐えながら，1938 年まで活動を続ける．自身もセツルメント活動に参加した川島武宜は，当局の警戒の目の中で，1938 年まで活動を継続できたのは，穂積自身が粘りに粘ったからであり，そのような社会的状況下では決して容易なことではなく，円満すぎてもの足りないようにみられがちな穂積こそ，真の「さむらい」であったと述べている（川島 1986a：p. 294）．理論をもって現実の問題に立ち向かい，現実の問題からまた理論的考察を深めるような，円環的な活動を地で行っている，サイ

---

17) 穂積は，学生の活動としては左翼的活動にも寛容であったが，自らの娘には違ったようである．穂積の娘である岩佐美代子は，姉の津田塾大学への進学希望に対して，アカに染まるのを嫌った父の反対で実現しなかったエピソードを述べている（岩田 2010：p. 43）．

エンティスト・プラクティショナーズ・モデル[18]を連想させるような一連の動きとして理解できる．

5. 現代調停から見た穂積の構想と大正期の調停への評価

現代調停の起源の1つが，パウンドを記念する会議でのサンダー教授のスピーチから始まったとされる場合は多い．単なる会議名称上の一致というだけでなく，パウンドの社会学的法律学の思想には，反権威主義思想としての隣人調停とも共通する視線がある．つまり，法や裁判手続の完全性・包括性を疑問視し，相対化した上で自律的な代替手続を考えようとする構想がある．このような背景思想の共通性が，実務としての「当事者の紛争現場に向かい」「当事者の自律性を尊重し」「当事者の話をじっくり聴く」という姿勢につながっている．

近年米国で花開いた現代調停にきわめて親和的な実践と思想が，わが国の司法調停実務と正統的理論の最初期に見られていたのは明らかであるように思える．そして，そのような実践と思想が現在の実務の中にあまり見られないとしたら，それはどのような事情によるものなのかを詳しく研究することは重要である思われる．

第3節　牧野英一の非常時立法論と戦中期の調停

1. はじめに

前節では，穂積重遠の調停観及び震災直後の借地借家調停の実情を中心に，大正期における調停のうち，現代から見て評価できると思われる肯定的な側面を見てきた．

しかしながら，大正から昭和にかけて，現実の調停制度は，穂積が構想したとおりの方向には発展していかなかった．穂積自身も1930年代以降は，セツ

---

[18]　「明日の裁判所を考える懇談会（第4回）」（2002（平成14）年7月22日）で，平木典子が「サイエンティスト・プラクティショナーズ・モデル」について，裁判所で実務家自らがリサーチをする必要がある旨の発言している（ただし，調停に限定した文脈ではない）．http://www.courts.go.jp/saikosai/about/iinkai/asu_kondan/asu_kyogi4.html　2010年3月25日アクセス．

ルメント活動は1938年まで継続するにしても,「裁判所の簡易化」構想を全体として進めるというよりも,家族法関係に精力を集中しているように見える.その後の調停制度がたどった道と共に,戦前における調停で何が問題であったと言えるのかを改めて検討することが,本節のねらいである.調停制度の位置づけに関して戦前においてむしろ穂積よりも影響力を持っていたと思われる牧野英一をはじめとして,当時のいくつかの議論と,戦後からのいくつかの評価を手がかりとして,大正期調停最初期以降の変遷を検討したい.

結論的に言えば,紛争の存在そのものを否定する方向に働き,全体主義イデオロギーに奉仕したのである.

実体法の観点からみると,そもそも社会的な課題について,他国の立法動向や,日本における社会的課題そのものについての調査研究が不充分で,手当をするための充分な立法ができない状況下で,調停制度は実体法を回避する"とりつくろい"として活用された.紛争の個別性によって当事者を分断し,秘密裏に処理した.結果として,新しく具体的な規範形成がされず,問題が先送りされた.

手続法の問題として見ると,簡易な訴訟手続と並立させることなく,訴訟の代替として利用された.それどころか,司法の人員不足への対処として,調停への事件誘導が行われた.調停では,裁判手続で保証された証拠調べ,法に基づく弁論を認めなかった.結果として,国家による個人の権利侵害を促進した.

こうした問題は,戦後に清算されるべきものであり,実際そのような方向での議論もあったが,結果的には,戦後の調停制度の骨格に大きな影響を与え,しかも,現在に至るまで先送りされた問題さえ少なくないように思える.つまり,一見過去の議論のように映るかもしれないが,優れて現代的な課題であるように思えるのである.

2. 牧野英一の非常時立法論における調停の位置づけ

牧野英一による調停法の特徴

戦前における調停学のイデオローグとして中枢の位置を占めたのは,穂積よりも牧野であるようにも思われる.前節で見たとおり,穂積は調停法が成立する前に「裁判所の簡易化」という全体構想を示した.一方,牧野は,むしろ時

代が進むにつれて，調停を内部に位置づけた「非常時立法論」としての全体構想を完成する．以降では，牧野による調停法の位置づけについて，穂積との比較を含めて検討する．

牧野の調停論では，実情主義，本人主義，素人主義の3つが中核であるとされる[19]．この根拠には，調停法のモデル法となった借地借家調停法上の条文を挙げている．つまり，実情主義（2条　調停ノ申立ハ争議ノ実情ヲ明ニシテ之ヲ為スコトヲ要ス），本人主義（7条　当事者及利害関係人ハ自身出頭スルコトヲ要ス但シ已ムコトヲ得サル事由アル場合ニ於テハ裁判所ノ許可ヲ受ケ代理人ヲシテ出頭セシムルコトヲ得），素人主義（16条　調停委員ハ特別ノ知識経験アル者ニ就キ……）と書かれた条文にその調停制度の考え方を置くとする立場である．

牧野の説明する3つの調停法の特徴は，戦後の民事調停法にも引き継がれている．実情主義は，戦後の民事調停法1条が「当事者の互譲により，条理にかない実情に即した解決を図ることを目的」とすることからも明らかであるように，その立場が引き継がれている．また，本人主義についても，民事調停規則8条（調停委員会の呼出しを受けた当事者は，自ら出頭しなければならない．ただし，やむをえない事由があるときは，代理人を出頭させ，又は補佐人とともに出頭することができる）にあるように，その立場が引き継がれている．素人主義に関しては，牧野は，調停法とほぼ同時期である1923年に成立した陪審法の考え方を引き，伝統的な考えに固執しがちな裁判官にはない解決を与えるためのものだという説明を加えている（牧野 1926a：p. 84）．素人主義については，1974年の民事調停法改正で，調停委員の非常勤職員化などの修正（調停委員としての弁護士等専門家の参加促進がなされた）を受けるが，法曹資格を要しないなど根本的な点では変更を受けていない．

実体法の不備

牧野によれば，借地法・借家法は，その立法者の善意にもかかわらず，充分

---

[19] 当初は，実情主義，本人主義，常識主義の3つを挙げていた．その後，常識主義に替えて，素人主義という用語を使って説明している．茶谷勇吉にも，後者が使われており，ある時点以降は後者の用語を採用するようになったようである（茶谷 1933：p. 225）．戦時中の講義録では，素人主義として説明されている（牧野 2004：p. 108，講義録（1943年））．

な解決力を持たず，調停法によって手当てされた．その上で，端的に，「法律的に論ずれば，最近の社会問題を引起したものは実に概念法学であるのである．故に，社会問題の解決を法律的に考へる者は，先づその伝統的概念法学を斥けねばならぬ．概念法学を斥けて見ると，ここに，当然の順序として実情主義が採用されねばならぬことになるのである．所有権とその利用とを社会的に実質的に評価して，生活の実情に基いた公平な価値関係を定めねばならぬのである」（牧野 1926a：p. 71）と述べた．

このあたりの理解については，法の欠缺を認める穂積の立場とも共通しているであろう．大正デモクラシー期を代表する末弘，穂積，牧野のいずれもがこのような立場で伝統的な法解釈学の修正の必要性を唱えた．

具体的な問題として，震災火災後に借家人が建てた仮小屋の問題を考えてみると，伝統的な法解釈学の立場では土地の不法占拠の問題として認識される．牧野は，借家人の生存権に着目し，一般的な不法占拠の問題と同様に考えることは避けるべきとした（牧野 1926b：p. 95）．穂積は，法解釈論としては難しいとは理解しつつも，「震災火災によって建物はなくなっても，大家側が借家人側に住居を提供する義務が継続する」（穂積 1924：p. 934）という考え方を出発点にして調停の話し合いを開始した方がむしろ当事者感情としてはしっくりくるし，そのようにして解決したものもあることを明かしている．

つまり，当事者間の紛争解決の方向性として，伝統的法解釈の結果から離れることを是認した点において，牧野と穂積は一致している．

末弘は，借家法の問題について，「人間はふえる，物は足りない．その調節をいかにしてゆくべきかを考える」ためには，諸外国の立法を調査したり，わが国の状況を調査したりしなくてはならないのにそのような活動を行った形跡がなく，「ありあわせの小知恵をふるって書いたのでは，いかに立派な小知恵の持ち主にやらせてもうまくいくわけがない」（末弘 2000：p. 138）と痛烈に批判している．

牧野，穂積，末弘は，いずれも震災後の調停では実務にあたっていただけに，特に 1920 年代に書かれた論考には，いきいきとした実感がこもっているように感じられる．そして，実体法を離れうるという調停制度の特徴は，その後勢いを増すことになる．しかし，むしろその特徴だけが，戦中体制としての調停

を基礎づけていくのである．

農村の調停

牧野にとって，最終的に調停が訴訟の代替物になる判断（少なくともそれを受容するという判断）を行うに際して，農村部における社会問題への解決の必要性を意識していたのは間違いないように思える．牧野は，「昭和期の社会問題は，農村問題として特に考慮されねばならなかった」と述べ，借地借家調停法の後を追った小作調停法の制定について「農村法は，民法に委ねられたままであったので，借地法借家法に比べて考えて見ることのできるような実体法すら制定されるわけにゆかなかった．かくして，農村問題が深刻化した．一方には，それは，固より小作争議という形式において現れたのであるけれども，他方には，それよりも深刻に，農村の貧窮化という形式において重要性を帯びることになった」（牧野 1941：p.130）という．つまり，牧野が見ていたのは，小作争議という現出する紛争だけでなく，その背景にある農村の貧窮化という社会問題そのものだったのである．百年河清をまつが如き，迂遠な手段ではなく，非常時の問題解決手法として調停が位置づけられていく．

満州事変の翌年にあたる1932年，強制調停（調停に代わる裁判）を伴って金銭債務臨時調停法が成立する．これについて牧野は，形式上農村に限ったものではないが，「農村更正のために制定されたものであ」って，農村問題は，「所有権不可侵の原則に相対するもの」であるほど「昭和文化の最も重要な問題」であったためであると述べている（牧野 1941：p.130）．

調停制度が予定している前提

牧野は，「調停は，従来の法律と法律家と裁判官とを信頼せざるの意味において，消極的な制度ではあるが，しかし民衆の間におのづから一種の規範的意識が新たに社会の通念として成立しつつあることを予定したものであったのである」（牧野 1941：p.123）と述べ，市民あるいは当事者自身の内部の規範意識が調停制度を支えるものであるという見解を明らかにする．一方で，「非常時の今日において，社会問題としての農村問題に特に重きを置かねばならぬのであるが，それ故に，一層，事の論理的な順序を反対に考へねばならぬ」（牧

野 1941：p. 35) として，強制調停を認めている．つまり，牧野にあっては，当事者像は，紛争解決の主体として規範を内在化させている存在であるとともに，紛争解決の客体として裁判に準じて調停の結論を受け入れる存在である．この矛盾した当事者像は調停制度の実際の姿に近いかもしれないが，依然として矛盾であることには違いがない．

穂積と牧野の調停観の相違

穂積は，前節で述べたとおり，司法のサブシステムとしての調停が訴訟の代替となることは望まず，むしろ，調停のバックに簡易な訴訟手続の整備が必要であると考えていた．法を離れるには法の熟知が必要といった独特の言い回しではあるが，調停が訴訟を否定する形で一人歩きすることは望んでいなかった．一方，牧野は，「法規としての調停制度は事物の完成ということから遠いものであるにはちがいないのであるけれども，調停制度による伝統的なものの軟化ということが，大正から昭和へかけての法律生活をしてしかるべく展開せしめつつあるのである」(牧野 1941：p. 124) として，調停による訴訟の代替を受容している．

親切で包括的な司法サービスを望む穂積の構想では，大きな司法を必要とする．しかしながら，1930年代以降そのようなものの建設を進めていく社会情勢とはならなかった．一方，実情に合う解決を創造的になす点——つまり現場の裁量性を重視する牧野は，総力戦の戦争中という究極の非常時においてもそれをなしうるだけの小さな司法としての構想が可能である．そして，実際にそのような非常時立法構想をとりまとめていく．

非常時立法論

牧野が，非常時立法論で掲げたのは，①公益優先，②最低生活の保証，③総力主義，④科学主義，⑤勤労主義，の5点である (牧野 1941：p. 252)．ここでも，生存権としての最低限の生活を挙げ，そのような非常時であっても，最低限の法として守らなければならないものを示している．この意味において，当時可能な範囲内で，おそらくは良心的な構想であったはずである．しかし，同時に，「『民法よ，さようなら』を宣言された」として，伝統的な司法の軟化な

いし破壊をほぼ受容してしまった構想でもあろう．厳しい言い方が許されるならば，極限まで「小さな司法」を追求したことで，市民にとっての本来であれば認められていたはずの権利ないしは「正義」についても結果的には「軟化」ないし「破壊」される状況を容認させる構想となっていたのではないだろうか．

安田と牧野の共通点と相違点

牧野は，調停によって裁量的に判断を下し，それを当事者に強要する点を了とした．その立場は，我妻が「法哲学的香気の高い」（我妻 1952：p. 557）と述べた安田幹太の論文とも共通している．安田にあっては，調停での裁量的な判断を当事者に強要する点が望ましいものとしてはっきり位置づけられている．一方，牧野にあっては，「強制調停といふことは，語として明かに矛盾を包含する．しかし，同時に，それは進歩を意味せねばならぬ」（牧野 1940：p. 118）とか，「事の論理的な順序を反対に考えねばならぬのである．すなはち手続法としての調停が，この際，特にその効果を発揮せねばならぬのである」（牧野 1941：p. 35）といったように，〈矛盾〉や〈反対〉に意識的であったように見える．したがって，強制調停について，安田は積極的であり，牧野は若干の躊躇の形跡は残しつつも，結果としては両人ともにその制度を肯定している．

非常時立法論の現代的意味

末弘とともに赤化教授とまで批判された牧野なりに，その政治的状況下で誠実に思想を発展させた成果を，現代的な視線で表面的に批判することは不適当かもしれない．しかし，戦後しばらくもまさに「非常時」が継続するし，そのような状況の中で，戦前よりもさらに「小さな司法」が定着したという意味において，牧野の構想は現代的な意味をも持っているように思われる．野口悠紀雄は著書『1940年体制』（野口 2002）において，戦後の社会経済体制には戦中期に成立したものが多く，多くの人々によって変更不可能と思われている事情は，実は，戦中期の特殊事情によって成立し，その骨格が戦後に引き継がれたことを明らかにした．戦後の調停制度も，1939年に成立した人事調停法が戦後の家事審判法に引き継がれ，1942年に成立した戦時民事特別法（借地借家を含めあらゆる民事紛争が調停で扱うこととした）が民事調停法に引き継がれ

ている.民事調停法については,1974年の改正のような比較的規模の大きい変更を受けているとはいえ,先に見たように,実情主義,本人主義,素人主義の骨格部分には大きな変更はない[20].そして,小さな司法の背景となっていた「総力戦体制」という「非常時立法」は,終戦直後あるいは高度成長という「非常時」においても必要とされたはずである.

大正デモクラシーが持っていた,市民による市民のための紛争解決手続としての調停の側面が際限なく後退し,市民のさまざまな権利をなしくずしにして奪い取りうる手続に陥ってしまったという歴史的経緯を再検討することには,現代的な意味があるように思われる.非常時において,「伝統の軟化」がもたらしたものはどのようなものであったのだろうか.具体的な側面を見ていきたい.

3. 伝統の軟化がもたらしたもの

裁判官への攻撃

前節に見たように,調停制度は,出発点において,市民当事者の実情に合った紛争解決を志向しており,その意味での役割を果たしていた.しかし,その後,裁判で予想される結論から離れることが可能な点に調停制度の価値が見出されていく.そこでは,1932年の安田の論文(安田 1933b:p. 942)の表現を借りれば,裁判官は「化石」[21]のような存在として,社会から遊離していると見なされる.専ら裁判所の正規の手続からの離脱において,調停の価値が見出された状態となる.このような考え方は,安田にあっては,むしろ積極的に意味が見出されているし,牧野にあっても容認されている.穂積の構想では,このような調停の使われ方は不健全であり,むしろ公開の訴訟手続や,正式に実体法を立法していくスタンスが望まれる帰結になると思われるが,調停についての政策的な議論としてそのような位置づけをやりなおすというようには進まなかった.

---

20) このうち「素人主義」については,1974年の改正で扱われただけでなく,「専門家主義」によって「素人主義」を代替する発想が,戦後一貫して強まっていったとも見られる.
21) 「化石」発言については,司法大臣大木遠吉が記者会見で使ったとも言われる(矢口 2004:p. 118).

全体主義のレトリック

　安田の調停観，あるいは牧野が容認した調停観にあっては，裁判官を含めた調停委員会が実情に基づいて，「衡平」に照らして紛争の解決内容を見出し，それを事実上強制するところに価値があるものとした．その結果，裁判官の位置づけは，化石とは逆に，全知全能に近い存在を仮定する．そこで，戦中期の全体主義のレトリックで調停が語られる例を見ておきたい．明治期に勧解手続を行っていた裁判官が，調停を欧米の権利主義，功利主義に対抗できる円満な制度として，「平易なる大綱を掲げ，其の運用は凡て法官に一任」するべきだという発言である[22]．

　あるいは，1942年の宮崎澄夫は，調停の紛争解決の目的は，当事者よりも「国民共同体にある」とした．すなわち，

　　　争議又は紛争は，その争議又は紛争の当事者に対して既に頗る不愉快なる状態に相違ないが，我々はここで単に，争議又は紛争の個人的意義を問題とすべきではなく，国民協同体にとつての意義を問題とせねばならない．

　　　既に述べたやうに，争議又は紛争は，個人と個人との意欲と意欲，感情と感情との衝突に依つて醸し出されるところの反協同体的状態であるが故に，これを解決し，除去することは，協同体にとつて必要欠くべからざる事である．即ち，国民協同体は，争議又は紛争を解決することを要求するものであり，争議又は紛争の解決自体が既に協同体的要請であると云はねばならない．（宮崎 1942：p. 22）

---

22)　以下は，裁判官の発言である．
　「今や東亜共栄圏の基礎も略ぼ確立し，泰西侵略国と全然法律観念を異にする此等新興東洋諸国の法制を創定するに際し，勧解調停に関し好箇の模範法を得たるを深く喜ぶものである……私は大体に於て風俗民情を異にする此等東洋民族の法律を制定するに付ては，断じて権利主義，功利主義的なる欧米の法律を排斥し，各国固有の善良なる風俗や習慣を基準にする可及的簡単平易なる大綱を掲げ，其の運用は凡て法官に一任する法典を作成すると同時に，強制勧解の制度を設けて新法の無事円満なる施行を計り，平和にして親日的なる東亜民族をして共栄圏の皇道楽土たる幸福を享受せしめ，断じて複雑難渋なる新法の苛重なる圧迫に嫌厭の念を生ぜしめざることを切望して已まざる次第である」（日本法理研究会 1942：p. 44）．

したがって，宮崎は，「調停制度の本質は，国民協同体及びその秩序としての法を基礎として理解さるべきものと考へる」（宮崎 1942：p. 19）のである．

法を無視し，力の格差に基づいた紛争処理

戦前における調停実務のある割合がラフ・ジャスティスに過ぎなかったことを示すいくつかのデータは残っている．

たとえば，比較的初期にあたる 1925 年の文献でも，小作調停における例がある．これは，川島の『日本人の法意識』でも紹介されている例であるが，小作人側が，調停主任や小作官らは地主側の一味であって，大声で叱りつけるとか，「此調停は畏くも一天萬乗の君の名によつてやるのだ」といった権威主義による盲目的合意を調達していた点を告発している[23]．

司法人員不足の放置

結局，戦時体制がもたらしたものは，司法人員不足下における尻ぬぐい的なラフ・ジャスティスに過ぎなかった．そのような見方は，当時においても，「異常事態」として認識されていたのである．

1944 年，小川保男は言う．

　……大東亜戦争遂行上司法職員の手不足も，止むを得ないところであるが，調停は此の職員の手不足を補ふ意味に於て，調停委員の力を借り，簡易迅速に紛争を解決すると云ふ使命を持つ．即歴史的現実としての調停は，一面に於いて実体法の欠陥を補ふものとして，他面に於いて司法職員の手不足を補ふものとして，異常な歴史的使命を果しつつある．恰も調停は裁判と対等の地位を有するもののやうに．然し乍ら「法治国に於いては本

---

23) 小作調停の調停委員が地主の一味であるという告発を行っている．
　「調停主任や，小作官や，委員達は我等の味方でない，皆な地主の一味徒党だと云ふた，我々は其様な事例を多く見せ付けられたのである，其裁判官の主任や小作官は，無知な農民を捕へ，『此調停は畏くも一天萬乗の君の名によつてやるのだ』と云ふて『其では仕方ありません，無条件で任します』と云はれたのである，事も此処に至っては論理の際を越してゐる，是は一度ではない，我等は数度聞いてゐるのである……
　主任や小作官が大声して叱ると云ふことに度々聞くことであるが，何故に被告人扱ひするのであるか……」（杉山 1925：p. 38）．

来裁判に重きを置くべき」であり，調停はやはり裁判の補助的制度に止まるべきである．（小川 1944：p. 49）

4．戦後の調停制度継承

すでに述べたように，1920年代に開始され1940年前後に完成された調停法が，「調停に代わる裁判」という強制調停については削除されたものの，牧野の言う実情主義，本人主義，素人主義という骨格が維持されたまま，家事審判法，民事調停法の2本の包括的な法律として引き継がれた．民事調停法についてさらに詳しく見るならば，調停に関する戦時民事特別法が終戦前後を通じても有効とされ，終戦から1951年の民事調停法成立までの間の事件処理も行っている．

佐々木吉男は，この調停制度継承について以下のように述べる．

　　各種調停制度は，いずれも，その時々の社会的経済的背景の下に，独自の，すぐれて政策的な――現在という時点から見れば，むしろ非合理な――意図にもとづいて設置せられたものであった．……われわれは，現行民事調停制度の存在理由を，旧各種調停制度との外見的連続性の側面においてではなく，むしろ内面的非連続の方向――旧各種調停制度の沿革的非合理性からの解放，質的転換――において探求して行かなければならないのではなかろうか．（佐々木 1974：p. 50）

実際，戦後においても，現場の裁判官・調停委員に無規律に裁量性を与える考え方を肯定する態度や，全体主義的調停イデオロギーが残っていることも確かである．1955年の座談会での元最高裁判所裁判官・本村善太郎の発言を見よう．本村は，法律的解決を与えれば気の毒になるケースとして，終戦直後の取引で代金等について未解決という事例を挙げ，土地高騰で，現在の価格で支払えば非常に多額，当時の価格で支払えば非常にわずかになるという背景があり，法律的解決に拘泥すると実情に合わないために調停による解決が適当であるとする．そして，「……私は権力を笠に着たり，法律を盾にしたりしないの

です．ただもう人情で行くのです．日本国民としてどうだ，そんなことを争っているときじゃあるまいと，いうのです」（溝口ほか 1955：p. 27，本村発言）と述べている．

5．まとめ

以上，やや図式的な嫌いはあるが，1920 年代以降から戦中期に成立したわが国の調停制度に対する見方の変遷を概観してきた．前節で述べたように，1920 年の穂積論文「裁判所の簡易化」の構想にあるような，司法制度を使いやすく改善しようという積極的な姿勢が最初期の調停にはあった．当初において，伝統的法解釈学への対抗として，穂積と牧野は共同戦線を張っていたとも言える．

1930 年代に入り時局の緊迫とともに，親切で行き届いた司法を作っていこうという穂積の構想の現実性がなくなってくる．これに代わり，牧野による，現場の裁量性を容認する考え方が意味を持った．1940 年前後にまとまった牧野の「非常時立法論」では，全体主義の文脈の中で，司法現場の恣意的・裁量的な運用によって紛争処理を行う──小さな司法──を位置づけている．

戦中期に成立した非常時の司法システムが，戦後という別の「非常時」において，どのように継続され，あるいは修正されていくのであろうか．これを次節で検討する．

第 4 節　戦後の調停実務に見る戦前の調停観の影響

1．はじめに

戦後の検討

3 節まで，穂積と牧野の調停観の相違を手がかりとして，戦前の調停の現実を検討した．本節では，戦後の調停実務及び調停に関する議論の中で，穂積や牧野の調停観と共通する視線がどのような形で現れてきたかを見ていきたい．なお，戦後の司法調停及び民間調停の制度的沿革と件数の問題は，6 章 1 節「戦後調停制度の沿革と件数の面での考察」で述べている．本節では，主とし

て調停理念の変遷を扱う．

戦後の調停論の基本的な流れと伏流水

　2節で見たように，第一次世界大戦後に，伝統的法解釈学は解決できない社会問題に関する批判を受けた．その際，社会学的法律学の影響も受けた穂積が親切で行き届いた司法の全体構想を出し，その一部としての調停制度が現実化した．当初の調停法の運用では，その親切で行き届いた司法の実践という側面も観察されている．

　1930年代になると，「親切で行き届いた司法」という発想の中にある現実の権威・権力への批判の視線そのものが，挙国体制で戦争へと突入する社会のなかで難じられる．また，緊迫する社会情勢の中で大きな司法を必要とする迂遠な構想は現実性を持たない．こうした事情で，親切で行き届いた司法の構想そのものが退潮する．その後，現場の裁量性が特殊な社会状況——非常時における立法——では認められるという牧野に象徴される考えが広がり，そのイデオロギーと足並みを揃えながら，調停が裁判に代替していき，1940年前後以降終戦まで調停制度の肥大化はその極をきわめる．

　このような状況で戦後の調停制度が始まる．

　現場が堕落するおそれはあるものの，低コストで裁判の代替ができる「裁量的な運営が許容される調停」は，終戦直後という，戦時とは違う「非常時」に活用される形で，制度が継続する．もちろん，そのような調停制度への批判の視線が台頭する．その際，表に出てきたのは，伝統的法解釈学によってその裁量性を制御しようという動きであった．具体的な戦後の動きを見よう．まず，家事審判法，民事調停法成立に際し，ほぼ裁量的な調停制度という骨格が維持されたまま立法化されているが，強制調停の廃止という重要な変更を受けている（強制調停は1960年に違憲判決を受ける）．1974年の民事調停法改正では，調停委員への待遇改善によって，調停委員への弁護士の参加を促進し，より伝統法学的な紛争解決の割合が増えるように改善している．1993年の「民事調停事件処理要綱案」（専門家調停委員の活用等）や，家事調停における養育費算定表の作成などに見られるように，標準化した形式によって効率的かつ公平に手続を進める方向での改善が多くみられる．学者の議論としては，佐々木吉

男の調停裁判説や，近年の田中成明による「普遍主義型法重視」「法化」の議論[24]はその典型であろう．ADR法もまさにその文脈で，弁護士関与を含む認証制度によって，調停機関と調停人の裁量性を制御する問題として位置づけられる．

一方，大正期に存在していた穂積に象徴される「親切で行き届いた司法」のサブシステムとしての調停を位置づける動きは，戦後に見られるであろうか．結論から言えば，それは主流ではないが，皆無でもない．本節ではこの点に絞って，いくつかの動きを検討していきたい．いわば伏流水的な存在かもしれないが戦後の調停論に，穂積の遺産を再発見できるように思われる．

2. 戦前・戦中期の調停制度への反省

法の無視，軽視の継続とその批判

戦前・戦中期の調停制度への反省や，戦後の調停制度が戦前期の調停制度を概ね引き継ぐにあたっての批判的検討はさまざまになされた．

そのうち最も有名なものの1つは，川島の『日本人の法意識』（川島 1967）であろう．同書の中で，川島自身が体験したものとして，調停委員による法の無視の事例を紹介している．

> ……それまでのところ貸主は「正当事由」の説明をしていないこと，を述べた．ところが，私がまだ全部述べおわらないうちに，調停委員は大声でどなり，「あなたはここを何だと思っているのか．ここは裁判ではなく調停だ．調停に出てきて，法律がどうのこうのというような理屈を言うとは何ごとだ」と私をしかりつけた．（川島 1967：p. 177）

調停委員が恣意的な主観で発見した「妥当な解決」を受け入れる以外にない場が調停の実態であることを告発したのである．

また，佐々木吉男は，1960年代に民事調停制度に関する詳細な実証研究を

---

[24] 「とくにわが国では，伝統的な義理・人情観念や"和の精神"を無批判に持ち出して，司法的裁判の普遍主義型紛争解決方式自体の存在理由を否定しかねない『反＝法化』的論調も見られる．それゆえ，ADRの拡充や利用を必ずしも手放しで推奨できないのが実情である」（田中 1996：p. 50）．

行った．そこで，特に，「民事紛争は双方の言い分に理由があるから法律で黒白をつけるべきでない」という問いに対して，調停委員の多く（島根で72.1％，大阪で59.7％）は肯定し，当事者はほとんど肯定しなかった（紛争経験者の13.4％のみが支持）点を重視し，「……もはや，単に紛争当事者と調停委員の志向の乖離の問題ではなく，紛争解決制度を利用しなければならない一般大衆とかかる現状のまま敢て調停制度を維持しようとする国家との間の志向の乖離であるといわねばならない．解決の円満性や簡易迅速低廉性をいたずらに強調し，あるいは，それをもって直ちに民事調停制度の存在理由とするようなことは，厳に慎まれるべきである」（佐々木 1974：p.127）と述べている（佐々木の調査については，10章1節「調停に関する既往の実証調査研究」で改めて扱う）．

上記のように，調停制度において，法が軽視，ないし無視される状況への批判は鋭かった．その結果，1974年の民事調停法改正を含めて，調停手続内部において法を尊重する方向での検討は一定程度進んだように思える．ADR法が「法による解決」を掲げたのも同じ方向性であろう．しかし，同時に，紛争解決手続において法だけが重要視されるのならば，裁判との違いが見えにくくなる．したがって，調停手続における法の重視は必要であるにしても，充分とは言えない．その全体構想において何か足りないものがあるはずである．

謙抑的調停論の回復

戦後の調停制度を含む司法システム構想として，重要と思える指摘に，2節でも若干触れた，我妻栄の謙抑的調停論とでも言うべきものがある．我妻は，「裁判を廃して調停だけで司法制度を維持することはできない．……家庭事件に関してだけは，ほとんど裁判に代わるほどの重要性を持つべきである．しかし，その他の紛争については，調停は，結局裁判を補う地位に止まるべきである」（我妻 1952：p.558）と述べた．家事調停は，人間は不合理な存在であり，ことに家族という共同体における関係調整では，合理的な個人を前提とする話し合いはむしろ不適当であるが，一般民事紛争では，基本的に金銭関係が最重要であり，いたずらに「実情主義」を訴えるのは，特に債権者の権利切り下げに偏る傾向があると考えた（逆に考えると，債務者の権利が実情に合った形で社会的に正当に位置づけられず，不安定なままに放置されている）．我妻は同

論文で，穂積の「裁判所の簡易化」を大正期の調停論として最初期のものとしての重要性を指摘している．我妻は，穂積の全体構想を戦後において見直した上で新たに位置づけ直すべきだと考えていたのである．

1950年代に見られる調停への懐疑的視点の中には，単に調停の中で「法が無視された」という告発だけでなく，戦中に形作られた司法システム構想への批判が含まれているように思われる．たとえば，兼子一の発言を見よう．

> 戦争中に一般民事調停がつくられて，できるだけ広い範囲の事件を全部調停に持ち込めるようにした空気は非常にけっこうなことだという意見も考えられますが，私は，戦争中のあの意識というものには，国民は一致しなければいかぬのに国民同士でけんかするとは何ごとだ，全部簡単に片づけるから持って来いという意識が多分にあったので，あのときの考え方を今すぐ持ってこられては困ると思った．(兼子ほか 1952：p. 29)

その上で，「訴訟の正式の審判は別にして非訟事件的なものにはある程度行政機関的運用を認めて，責任はなるほど裁判官が負うのだけれども相当調査官的なものを使って，それの調べたところなり，あるいはそれの意見によって裁判してもいいのだというふうなことが，もうちょっと機構として出て来ていいのじゃないか」(兼子ほか 1952：p. 30) と述べている．ここでは，総力戦を戦うための非常時国家体制として小さく固まった司法システムの発想そのものを疑う視線が含まれている．

戦前の調停者の態度の継続と拡散

以上のように，調停における法の回復，及び，司法システム改善への視線は1950年代から60年代にかけて有力な学者による議論がなされている．しかし，調停制度の基本骨格が戦前から引き継がれた以上，そのイデオロギーや態度について充分に清算されたとは言えない．小山昇は述べる．

> ひとくちでいえば，戦前の調停制度の機能は上意下達の現象において見られたといってよいであろう．戦後，民主主義という言葉が氾濫した．民

主的な教育が民主的に行われ，民主的に収集された情報が民主的に提供された．民主的であることは紛争処理における上意下達とは相容れない．いきおい，調停者は自分の人格と識見によって調停をせざるを得なくなった．しかしながら，染み着いた伝統的な倫理観（たとえば家族的構成社会の社会倫理）は一朝一夕には変らない．変えなければいけないと自信喪失した者が調停をすれば，いわゆる「マアマア調停」となる．変えることができない者が調停をすれば，上意に変わり自意を下達しようとする「説教調停」となる．調停の機能は，調停者の多様化に伴って，種々雑多なものになっていったということができよう．（小山 1991a：p. 39）

3. 戦後調停の硬直化と改革

事件数の増加と事務的処理

戦後，調停件数が増加し，その処理が省力化される傾向が増す．1956年の座談会における地裁判事の発言を見よう．

> 今は一種の病理現象ですね．長谷部さんが言われたように，もとは私たちは全部立会っていました．終戦後もはじめはそうでした．この日の午後は調停をやるというふうに調停だけの日をきめておいて，その日は必ず裁判官が調停に出る．主として話をするのは調停委員ですが，裁判官は，ちゃんと成行きを見ていて，ちょっとおかしいことが出てくると，相談しましょうといって調停委員の人と相談をする．まさに法律の予定する通りのやり方をやっていたわけです．ところが，そのうちに調停委員が裁判官は関与しないものときめてしまった．そしてこれと前後して，事件が非常に多くなって，長野さんがいわれるように事実上関与することが不可能になってきたわけです．これは一種の病理現象で，非常によくないことだと思います．もとは裁判官が調停の手続に関与しないというのは，なまけている場合のことだったのです．それが現在は一生懸命でやろうと思う人も事実上関与できないという状態になっておりますね．（川島ほか 1956：p. 43, 新村義廣発言）

先に紹介したように，1950年代には，戦中の小さな司法を見直そうという考え方が観察される（たとえば，我妻の家事調停序論及び兼子の議論）．しかし，50年代の状況はそれを許さず，むしろ戦前よりも小さな司法としての戦後調停が開始される．上述に見られるように，裁判官不在の調停という現象は終戦後に定着したようである．また，調停期日間隔については，関東大震災直後の記録では毎週実施されていたようであるが，終戦直後には2週に一度程度の実施があったと言われている[25]．月に一度程度と言われる現在の運用よりは，むしろ頻度が高かったが，関東大震災直後に比べた場合には後退していることがわかる．

『調停読本』から読み取れるさまざまなメッセージ

50年代前半に出版された『調停読本』（日本調停協会連合会 1954）は，裁判所における調停実務の公定テキストとでも言うべき位置を占めていたようである．「和」のイデオロギーの残滓という方向での，アカデミズムからの批判が有名であるが，『調停読本』には，いくつかの方向性が併存している．

『調停読本』が，ともすれば法を軽視する方向で「和」を強調しすぎるという方向と共に，調停においても法を重視すべきであることを指摘しているという方向が併存している点は，川島の『日本人の法意識』にも見られる．川島が「おそらく……裁判官によって書かれたものであろうか，と推察される」（川島 1967：p. 191）として，法の重視が打ち出されている点を「注目に値する」と述べている．

あるいは，「和」によって法を軽視するという点にとどまらず，全体主義イデオロギーの残滓も観察される．たとえば，「のびのびは 人の迷惑 国の損」（日本調停協会連合会（編）1954：p. 171）といった発想が残っているのである．しかし，『調停読本』は，歴史，調停法，調停手続，調停事例などについて体

---

[25] 東京簡易裁判所判事の飯嶋三碩は民事調停について，以下の発言を行っている．
　「［第1回の指定は——引用者注］早ければ一週間以内……人によって異なると見ても，大体十五日以内……［第2回期日の指定は——引用者注］極端な例は一週間で順繰りに回っている実例もありますし，大体に週間と見れば大丈夫です．」（川島ほか 1956：p. 35 飯嶋発言）
別の座談会で，家庭裁判所判事堀内小節の以下のような発言がある．
　「東京では大体一ヶ月中に一つの事件に二回位調停期日を開いていますから訴訟でやるよりは，日時が早いし，費用もかからない」（堀内ほか 1952：p. 21）．

第 7 章　戦前の調停論再評価の可能性　181

系的に扱った内容ながら，川柳を使った説明を行うなど，読みやすさにも配慮した編集がなされており，「和」のイデオロギーが残った時代遅れな代物というラベル付けをして葬り去るには惜しい充実した内容を持っている．

　たとえば，調停実務論というべき，調停の進め方に関してかなりの分量が割かれ，近年しばしば論じられる同席と別席の議論もある．『調停読本』においては，同席手続を原則としつつ，必要に応じた別席の活用を推奨している[26]．このことは，戦前期においては，おそらく原則として同席による調停手続が進められていたことを想像させる．穂積が大正期に報告した 1 日に多ければ 10 件もの調停を実施するという調停は，「卓を囲んだ」同席手続であったであろう．信用できるデータを見つけられていないため，これ以上の議論は困難であるが，流動性や柔軟性のあった手続が，戦後さまざまな経緯で，より安全な方向に硬直化していったということは指摘しうるであろう．

　『調停読本』という 1 つの「マニュアル」が，その硬直化の要因となった可能性もある．しかし同時に，『調停読本』をとりまとめた活動そのものが，「親切で行き届いた」調停制度を実現しようとする意義を持っていたようにも思える．川島が言うように「内在的矛盾」（川島 1967：p. 191）を孕んだままかもしれないが，『調停読本』は，調停という不完全だが必要な制度を漸進的に改善しようと，「調停も社会教育の一分野である」（日本調停協会連合会（編）1954：p. 177）[27]として，社会に向かって働きかけがあるように思えるからである．と同時に，わが国が貧しかった 1950 年代初頭に，これだけの充実した内容をもって編纂された『調停読本』が，その後豊かになったはずのわが国において，〈改訂されなかった〉[28]という事実そのものにも，「親切で行き届いた」調停制

---

26) 『調停読本』では，以下のように同席手続を原則化している．「当事者双方及び代理人並びに利害関係人等を全部同時に呼び入れ」，「まず申立人側から申立の趣旨と紛争の要点を述べさせ，……相手方に対しても同様の方法をとる」．その上で，「この場合に当事者双方の居る処で詳しく事情を述べさせると徒に反発を誘発させ，差し障りになる事案のものがある．このようなものは別々に聴くことが大切である．別々にきく時何をきかれているか他方に誤解させぬ様留意する」と別席の方法を改めて説明している（日本調停協会連合会（編）1954：p. 173）．事例においても，別席活用（日本調停協会連合会（編）1954：p. 210）と同席活用（日本調停協会連合会（編）1954：p. 232）の両方が紹介され，現在の運用のように，ほぼ別席で固まっているという状況とはかなり異なっている状況が描かれている．
27) 不当な申立で調停をしないと伝える際に，相手方の面前でなく申立人単独の場で行い，申立人の面子をつぶさないように配慮する必要があると述べている箇所で，「調停も社会教育の一分野」という表現が登場する（日本調停協会連合会　1954：p. 177）．

度を実現しようとする姿勢の後退を見ることができる．

4. 家裁調停における穂積の遺産

戦中の人事調停と家裁調停

　家庭裁判所の構想は1919（大正8）年の「臨時法制審議会」の答申の結果 1927（昭和2）年に「家事審判法」として，法案化されたものであるが，1939（昭和14）年の人事調停法成立によって，穂積の言葉を借りれば，「最初の考案の半分が物になった」（穂積 1954：p.145）．人事調停法は，「銃後の人心の安定」と「出征兵士の士気の高揚」のために「和の精神に訴える」政策目的で実施されたという川島の批判（川島 1967：p.174）もあるが，女性が調停委員として参加する制度が導入されるなど，当時なりにリベラルなものであったようである．『調停読本』でも，「司法省近来でのヒット」（日本調停協会連合会（編）1954：p.31）としての紹介がある．

　戦後に審判の制度も加わり，民事調停法にも先立ち，1947年に家事審判法として成立する．

家裁調査官制度の導入

　家事調停委員の職務も行っていた川島は，家裁における調停の進化について，法（特に，新民法）を尊重する方向と共に，1954年における家裁調査官制度の導入の意義を指摘している（川島の調停への立場の複雑性については，本節内で後述する）．川島は，「家事調停の現実の機能や，家事調停の考え方に，画期的な影響を与えるようになるとは，おそらく当時においてはきわめて僅かの人しか――或いは誰も――予想していなかったであろうと思われる」（川島 1967：p.194）としつつ，「家事事件についての科学的見地からの心理学的・社会学的見地からの臨床措置」について高く評価している．家裁調査官の役割を無用ないし有害と見る，「一部の裁判官」や「多くの調停委員」の見方に抗して，家裁調査官の役割を重要と考える裁判官の努力によって推進されたと述

28）　もちろん，その後調停に関するさまざまな著作は登場する．調停法の解釈論，実務論などに分散し，それぞれの細分化されたところでの議論・内容が詳しくなり，もはや統合・体系化が困難になったとも言えるかもしれない．しかし，そのような意味での分散化そのものが分野としての劣化であろう．

第 7 章 戦前の調停論再評価の可能性　183

べている．

　ところで，戦後においてもその意義を理解している者は少なかったと言われるこの家裁調査官の制度であるが，穂積の「裁判所の簡易化」においてすでに視野にあったことは指摘しておきたい．直接的には，1914 年 5 月ピッツバーグにおける National Probation Association の総会に委員会から提出された決議案を紹介するという形式であるが，「此裁判所ニハ充分ナル数ノ監試局（probation department）ヲ置キ，之ニ附与スルニ医学的病理学的社会学的心理学的其他必要ト認メラルル権限ヲ以テスベシ．而シテ其目的ノ為メニ必要ノ科学的研究ヲ為スニ充分ナル設備アル変体心理実験室ヲ設クベシ」(穂積 1920c：p. 744) と，調査官及び医務室の必要性を指摘している．

　1950 年代における家裁調査官の置かれている立場を考えるために，座談会を見よう．潮見俊隆（東京大学助教授）の，「そうすると，調査官がどういう仕事をされるかということは，所属しておられる部の判事の意見によって相当違うわけですね」という問いに対し，東京家裁調査官の日上泰輔は，「そうです．まったくそのとおりです」と答える（潮見ほか 1958：p. 322）．そして，潮見の「人間関係を調整するためにケース・ワークということがいわれているのですが，これは結局，当事者に自発的に考えさせて，問題を自ら解決させる方向に持っていくということですね．そうだとすると，そういう技術者としては，おそらく調停委員よりは調査官のほうがずっと専門家ですし，そういう点が解決されれば家庭裁判所にきている事件が解決されるというような場合に，現在では調査官はそこまでやっているのでしょうか」という問いに対して，「調停委員や判事さんがおやりになることに私どもが影響を持つようなことを当事者にうっかりいえない．これが悩みの第一です．……ケース・ワーカーとしての意識はすすんでも，それが実際に活用されないという場合がある．これが悩みの第二です」と日上は答えている．あくまでも「裁判官あっての裁判所」であり，家裁調査官は一定限度以下の役割にとどめられている．とはいえ，ケース・ワークという言葉に象徴される事件の個別性による解決の媒介者であろうとする家裁調査官が，家庭裁判所の文化を変化させたと言えるであろう．

石山勝巳の同席面接

ケース・ワークという言葉が意味するところについて，家裁調査官で，わが国独自の同席調停（合同面接法）方法論を体系化させた石山勝巳は，家裁調査官制度の最初の調査官として，家庭裁判所調査官研修所初代所長であった内藤頼博から学んだと述べている（石山 1994：p.13）．石山が学んだケース・ワークとは，「人間が自分のことを自分できめる権利を尊重しつつ，自分で問題を解決することができるように援助する．その援助によって，人間が自分で好きなように考えて，それによって行動する力を回復するもの」（石山 1994：p.15）であった．この考え方はソーシャル・ワーク学からの援用であろう．のみならず，人間の人間に対する支配を廃し，法の支配を確立するためにケース・ワークという方法論が生まれたという．これはソーシャル・ワークの考え方だけにとどまらない，内藤によって拡張された司法現場におけるケース・ワーク論である．

石山は，この内藤のケース・ワーク論を原点として持ち続けた．そして，多くの家裁調査官の関心とは「異なる方向を志向していた」（石山 1994：p.21）ことを告白している．すなわち，60年代後半より，精神分析やカウンセリング等の治療的な技術に調査官の関心が集まっていったという．つまり，石山によれば，民主性を追求する援助モデルから，専門家による治療モデルへ調査官コミュニティにおける支配的なパラダイムが変化したが，石山のような少数者が援助モデルを独自に発展させようとした．

ところで，家裁調査官としては自他共に認める少数派の石山であるが，戦後調停学の正統と言うべき小山昇との交流があった．上意下達の封建的な調停から，対話と合意による調停に移行するのは必然だと，小山から聞く．そして家事調停では，当事者と専門家がそれぞれの立場で，わからないから話し合うのだという「不可知論的謙虚さ」を持って，民主的に対話を行うという話を聞き，「目を開かるる思い」であったという（石山 1994：p.55）．また，小山という権威に認められたことで，率直に「救われた」という感想を明らかにしている（石山 1994：p.53）．

現代家事調停の課題

石山には,「家事調停は,このままでは,国民に相手にされないものになっていく」(石山 1994：p. 277) という強い危機感がある.現代家事調停の課題の全般的な分析は手に余るが,さまざまな工夫による改善への傾向もありつつ,やはり一種の硬直化も併せて進行していることは事実だろう.改善の例として,チームワークによる調停における,裁判官,書記官,家裁調査官との緊密な連携や,調停委員と裁判官の評議の活性化などの取り組み例もある (前田 2008).裁判所委員会が,当事者アンケートを実施し分析している取り組みもある[29].研修についても,ロールプレイ手法を取り入れるなどの改善の試みがある[30].硬直化の例として,家裁調査官の岩瀬純一は,「家裁の地裁化」(岩瀬 2008：p. 234) という傾向を指摘する.また,「理論の適用よりも現象を自分で捕らえることや,新制度によって立ち現れてくる事件よりも先行している現実を感受することを強調してきたのは,こうした態度や方法が,家庭裁判所調査官特に家事係調査官の仕事の中核に必須であると思うと同時に,このごろそうした能力が調査官集団全体として衰えてきていると強く感じる」(岩瀬 2008：p. 233) と,危機感をあらわにしている.他の批判者として,弁護士の坂元和夫がいる.「福祉的機能の美名のもとに紛争解決手続の基本中の基本原則」である「自分の主張を相手に伝え」,「相手の主張を自分が聞く」ことがおざなりにされ (別席調停によって調停委員による情報操作が行われ),「かと言ってその福祉的機能も効率優先のために空洞化されている嘆かわしい現状のもとで,改善の兆しが少しも見られないようでは家事調停の未来はない」(坂元 2007：p. 3) と痛烈に批判している.

家庭裁判所への穂積の期待の再考

穂積は,家庭裁判所について,「一方では裁判所らしい『にらみ』をきかせつつ,他方には一そう裁判所らしからざる温か味柔か味を持つことに特に心を用いてほしい」(穂積 1954：p. 146) と述べている.

---

29) 10章1節「調停に関する既往の実証調査研究」参照.
30) たとえば,研修機会などは増加傾向にあるようである.ロールプレイなども行われている (小林ほか 2008).

養育費の支払いの実効化，面会交流（面接交渉），共同親権などといった，家事調停における現代的な課題に適切な方針を探していくと共に，当事者の個別性を切り捨てない「温か味」「柔か味」を保つ，ないし，取り戻していくことが望まれているように思える．

5. 川島から原後へ

仲裁推進者としての川島

川島は，調停制度への批判者として有名である．調停制度は，権利義務を関係未分化なものとして放置し（川島 1967：p.163)，国民の法意識を進化させないと考えた．穂積に対しては，「万感交々胸に去来して果てない」（川島 1986a：p.292）として，人間としても学者としても強い敬意を示しているが，こと調停に関しては見方を継承していない．穂積は，調停について「和解・仲裁・調停ということになると，法律と義理人情が明白に握手する」（穂積 1954：p.145）という見方を示しているのに対し，川島にあっては「権利意識を未分化な状態に置く，発展途上のもの」という見方を示している．

詳しく見れば，家事調停においても「審判」を併用することの重要性を説き（川島 1982b：p.386)，行政型 ADR についても「仲裁は広い意味での裁判」（川島 1982a：p.345）であり，仲裁こそがわが国においても普及・発展すべきものと見ていた．つまり，川島にあっては，手続実施の主体が司法・行政・民間であることは重要ではなく，それが裁定を行うものか，裁定とも合意ともつかない調停なのかということが問題なのであった．川島の見方は，米国における仲裁の普及と調停の不存在がその根拠として用いられており，1960 年代当時の判断としては間違っていないが，米国における仲裁から調停へという流れにある「現在の米国の状況」（Bush 2002）を知った目で見ると，川島の調停から仲裁へという発展的歴史観に基づく予想は当たっていなかったように思える．ただし，歴史状況的に見るならば，1930 年代以降の「調停によって裁判を置き換える」という現実に対抗するために，川島は「裁判によって調停を置き換える」という立場をあえてとったと見ることさえも可能かもしれない．

そのように解釈すれば，川島の，調停委員として家事調停に参加していたという側面，行政型 ADR の代表的な存在と言える建設工事紛争審査会を事実上

立ち上げた人物という側面——すなわち，ADRの建設者・推進者という立場の意味が違って見えてくる．あるいは，川島には，原後山治や廣田尚久という現代型のADR建設者の直接の指導者という顔もある．実践者としての川島の「行動」は，ある意味東大セツルメント参加以来であり，その生涯を通して学問を実践するスタンスを手放していない．川島は，穂積の大正期の臨時法制審査会の活動を取り上げて，「極度に反動的な」状況の中で「レジスタンス」としての活動の実践性を評価している（川島 1986c）が，それは川島自身に向けられた言葉でもあったはずだ．

穂積の調停制度への理解については明確に一線を引きつつ，社会において法が届きにくい場所へ積極的に出かけていくというそのスタンスにおいて，川島は穂積の継承者たらんとしていたと言えるのではないだろうか．

原後の言う「親切さ」

民間型ADRの先駆けたる1990年の二弁仲裁センター設立にあたっての中心人物であった原後山治は，恩師であった川島に誘われて，1976年に建設工事紛争審査会の活動に参加する．翌1977年には，川島と共に米国，ドイツ，イギリスへの視察旅行にも出かけている．二弁仲裁センターの基本構想は，原後が行っていた建設工事紛争審査会での経験とともにこうした視察旅行の結果などを反映した結果形作られたと見られる．二弁仲裁センターの設立当初の目的は，弁護士が受任したがらない少額事件の解決（原後 1990：p. 296）[31]であった．また，現実の紛争解決手続形態のほとんどは，「和解あっせん」と呼ばれる「調停」そのものの手続であったが，仲裁センターの名称にこだわったところにも川島の影響が見られる．

原後にとって「親切さ」こそは，ADRのレゾンデートルであった．原後は

---

31) 高木佳子は，当時の事情を以下のように述べている．「原後先生は二弁に仲裁センターを導入する時，少額事件の紛争解決機関として導入する意見書を委員会委員長の立場で発表した．弁護士会内が，交通事故紛争処理センターの設立問題にみられるように，裁判外紛争処理に対し冷たい風があることを背景にしつつ，しかし，一方で弁護士法72条につき，札幌地裁判決が，簡易少額の法律事件が弁護士によって処理されることが見込み薄である以上，次善の策として72条の解釈を緩和して解釈すると宣明したことが弁護士会内に大きな衝撃を与えたことを利用し，それを重く受けとめるグループの力も借りながら少額事件中心の紛争解決機関としてスタートさせることによって会内をおさめたと思われる」（高木 2009）．

いう.

　　　今日までの日本の裁判は, 裁判官の数の絶対的不足をはじめ裁判所機構の「容量」があまりにも小さいために, 十分に「親切な審理」をすることができない「機能不全の状態」にある. これと比較して, 当会の仲裁センターは, 1回の審理に2時間をかけ2週間程度の間隔でていねいに双方の言い分を聴くことができるので, 結局当事者の納得の下に短期間に和解や仲裁判断を出している. この実績は「仲裁」が有力な「裁判の競争的共存者」であることを証明している. と同時に私は, 仲裁事件を処理してみて,「裁判に適しない事件」が余りにも多く, また「仲裁だからこそ円満解決にもっていくことができた」事件も多いことに気付かされた. ……

　　　これらの事件は今日まで裁判所の外におかれていたものであるから, いわば,「仲裁」は裁判所とは別の紛争解決の役割を持っていることにわれわれは気付いたのである. (那須ほか 1997a:p.79 原後発言)

　原後と共に, 二弁仲裁センターを進めた弁護士の大川宏は「もともと歩きながら考えるという発想でスタートしましたので, ……一種の制度というよりも, 仲裁センター運動というような感を呈しているという印象を持っております」(ADR 検討会第2回 (2002年) 大川宏発言) と言う. 川島から原後に受け継がれた「運動」が二弁仲裁センターの原点にあった. そのようにして始まった民間調停が置かれている課題について, 司法調停との関係においては6章3節「司法調停と民間調停の比較」ですでに見た. また民間調停が, 現実にどのように価値を創造しているかという点については, 9章「事例に見る民間調停活動の課題と成果」で述べる.

6. まとめ

　2節, 3節から本節に至るまで, 大正期以降の調停の動きを概観しつつ, 調停に対する考え方についての緊張関係を分析してきた.
　特に,「親切で行き届いた司法」を実現するため, 社会に「出かけていくス

タンス」を持った調停観を穂積は持っていたが，こうした考え方やスタンスは，いわば伏流水のような形で引き継がれてきた．硬直しがちな社会制度の中で，活力ある「運動」をいかに「定着」させるかという矛盾した要請がこのスタンスの中にある．「運動」として開始されても，裁量的な権力に姿を変えたり，形式的な活動として埋没したりする危険が常に隣り合わせにある．それでも，わが国の調停学のむしろ中枢に，困難ながらも流れ続けている穂積流の調停学の伝統を見ることは可能であるように思われる．

　戦中期には，紛争そのものを共同体＝全体主義社会にとっての悪と見なし，当事者の権利を荒っぽく切り捨てる場として調停が使われたという負の歴史があった．しかし，その成立の背景にはある種の必然があり，そのようなものに陥ってしまった構造要因を正しく把握することは，"現在"の問題として重要であるように思える．そして，現在の調停実務慣行を見直すときに，何が選択可能で，何が真に制約条件であるかを再度評価しなおす必要があるように思われる．その手がかりの多くが，わが国の過去の調停についての豊穣な議論の中にも残されているように思えるのである．

第5節　日本における米国現代調停の受容の経緯

　米国における現代調停は1970年代を起源に説明されることが多い．近年は各国にそのモデルが広がっている．わが国では，比較的早期から米国の現代調停のルーツになった動きが紹介されている．たとえば，小島は，1981年に「当事者主導の調停」という論文を書いている（小島1981）．また，米国において現在でも最も重要な論客と見られているメンケル＝メドウやスタルバーグの論考を紹介している（小島1986）．あるいは，新堂幸司を代表とするMD研（生活紛争研究会）では1983～85年にかけて実態調査を行っている（太田1990，竜嵜1985）．米国でもマイナーであった時代に，その後の発展の芽が正確に報告されているという意味においてもこの時期の受容の再評価は必要となるかもしれない．主として，理念的な意味における受容であったと言えよう．

　90年代半ばに，レビン小林久子が調停技法を具体的に紹介し始めてから，わが国においても調停実務のあり方として，自主交渉援助型調停モデル（対話

促進型調停モデル）への取り組みが具体化した（レビン小林 1994, レビン小林 1998）．レビン小林は，著書の発表と共に，トレーニングプログラムの提供も開始し，伝統的な法学教育とは異なる，ロールプレイその他の参加型教育による紹介を行った．このことのインパクトは大きく，わが国において大正期以来の調停実務のあり方を再考させるきっかけを与えた．

ADR 法以降では，司法書士会，行政書士会などで自主交渉援助型調停モデルが原則化されるに至っている．また，和田仁孝・中西淑美，あるいは稲葉一人らによって医療紛争に医療メディエーションの方法論が提唱され，有力な動きとして育ちつつある．

このようにして見れば，米国で発祥した自主交渉援助型調停モデルはわが国の調停実務に根づきつつあるように見えるかもしれない．しかしながら，わが国での紛争解決のメインプレイヤーたる裁判所では，司法モデル（あるいは評価型調停）と呼ばれる，訴訟と同様の思考と手順によって，手続を進めるべきという考え方が依然として強い．

裁判所における取り組みとしては，井垣康弘家裁判事による同席調停の活動が著名である（井上・佐藤（編）1999）．また，レビン小林の登場以前から同席調停[32]に取り組んでいた石山勝巳は，レビン小林のトレーニングと石山のそれの共通点と差異を論じている（石山 1998）．その後，裁判所内で同席調停の普及・浸透はあまり進んでいないようであるが，当事者の意向を尊重することや，特に家裁において，調停委員が当事者に丁寧に接するようにすべきという考え方については変化もあったようである（岩瀬 2008）[33]．

弁護士会紛争解決センターでも，岡山のような例外を除くと，裁判所に準じる形で進めるべきである，あるいは，それで充分であるという発想は根強い．

こうした裁判所や弁護士会紛争解決センターの調停実務の担い手は，その手続を見直す契機に欠けている．当事者に対する満足度調査もなければ，調停人

---

32) 石山は，自身の活動を「合同面接」と呼んでいる．
33) もっとも，家庭裁判所の設立以来，当事者と事件の個別性に配慮した手続が重要であるという考え方があった．「ケース・ワーク」と呼ばれる社会福祉分野の用語が使われ，それぞれの事件を丁寧に進めていこうという考え方は元々あったものともいえる（市村 1959）．しかし，前節で指摘したように，岩瀬が「家裁の地裁化」（岩瀬 2008：p. 234）と述べる個別性の配慮の衰退も1つの傾向として進行していったことも事実であろう．レビン小林以来の調停技法の紹介が，こうした衰退傾向を反転させる効果を持ったと思われる．

（手続実施者）に対する体系的な教育もない現状で，慣れたいままでのやり方を捨てて，新しいやり方を試そうという動きにはつながりにくい．弁護士調停人にとっても，たいした収益源として期待できない調停人の役割のために，わざわざコストを支払って学習しようという動機は持ちにくい．

そこで，調停実務家が調停技法を習得したいと考えたら，容易かつ安価に学習できる場が今後提供されれば，現在のような食わず嫌い的な拒否感は解消される可能性がある．このような発想で，裁判所が調停トレーニングを提供すべきという考え方が現れ始めている（吉田 2009：p. 208）．

90年代半ば以降の動きは，結果的に見れば，技法面における受容であったと言えよう．つまり，調停人のスキル面に影響を与える意味での受容であった．理念面からは一歩進み，実務に直接的なインパクトを与えたことは事実であるが，制度全体に与えた影響は限定的であった．

わが国が今後，どのような調停についての政策を実現するかという問題を考えた時，まずは，正確に，米国の調停実務全体を理解する必要がある．調停人個人のスキル，技能を超えて，調停機関全体の活動，あるいは，調停政策が社会的に果たしている役割といったよりマクロな視野を設定することで，従来とは少し違った受容可能性が開かれる．と同時に，わが国の調停実務のあり方を，概念的でなく，実証的に論じていく中で，米国での実態を補助線として活用することができるように思われる．

第8章　機関運営

第1節　日本の民間調停機関のケーススタディ

1. はじめに

　本節では，わが国の民間調停機関について，設立経緯，調停実施の状況，工夫した取り組み例と，直面している課題を整理する．

　利用者から見ればそれぞれの機関の違いはわかりにくいが，詳しく観察すると，それぞれかなり性質を異にしていることがわかる．ともすれば，抽象的に民間調停が議論される場合が多く，たとえば，「早い・安い・うまい」といった抽象的な属性が強調される場合が多かった．しかし，6章3節「司法調停と民間調停の比較」で論じたように，実際に「早い・安い・うまい」といった特徴を獲得できている保証は乏しい．

　本節では，弁護士会，司法書士会，市民団体の3つのカテゴリーの民間調停機関の例を紹介する．ここで紹介する機関と，9章で紹介する事例研究で扱った機関は重複している．本節で紹介する機関は，わが国における代表的な民間調停機関であることは確かだが，民間調停の全体を偏りなく紹介するという意味ではない．

　法律職団体でも，土地家屋調査士会，社会保険労務士会，行政書士会などについては扱っていない．これらの団体はADR法後に登場したという意味では司法書士会に似ているが，弁護士助言を得なければ実施できないという意味で弁護士会の影響が強い．申立件数は少ないようである．

　また，6章1節「戦後調停制度の沿革と件数の面での考察」で見たように，

わが国では業界型と呼ばれるタイプの民間調停機関の存在も重要であるが，本節では9章で扱う事例研究の対象機関に範囲を揃えた．

米国における民間調停機関のケーススタディについては，4章1節「コミュニティ調停の現在」で検討を加えている．比較する意味でも参照いただきたい．

2．弁護士会紛争解決センター

全体的な状況

1990年の二弁仲裁センターの設立を嚆矢として，その後数を増加させている．2010年5月末現在で30センター存在する．

申立件数は，年間で1,000件程度である．この水準には2002年度に一旦達成した．その後センター数は増加しているが，申立件数は伸び悩んでいる．

弁護士会ADRを開始する前は80年代後半のバブル経済の頃であり，少額の案件を弁護士が扱わないことが問題となっていた．いわば弁護士同士の相互扶助の活動として，受任して扱いづらい簡易な事件の受け皿として開始された．また，司法調停への批判という視線も含まれていたし，裁判手続そのものに対する批判もあった．司法調停への批判として，調停委員が紛争の中身に入ってこず，「立派な代理人がついているんだから，この次まで相談してきてください」(那須ほか 1997a：p.111 原後発言)といった態度がありふれていることを問題とした．

弁護士会で，2時間かけてじっくり扱うということが，その後司法調停にも影響し，特に家事調停の扱いが変化したという指摘もある．また，地裁で現地調停を重視するようになったのも弁護士会での活動が影響しているという指摘もある．さらに，裁判そのものについても，少額訴訟制度(1999年)を含め，その後さまざまな改革があったが，こうした改革に少なからず影響を与えたともいわれることがある．その後の司法制度改革に与えた影響の全貌を明らかにすることは困難であるが，調停実施件数的には大きくなくとも，その存在が，わが国の司法文化に与えてきた影響は少なくないといってよいであろう．

二弁仲裁センター

1990年に原後らによって設立された二弁仲裁センターは，わが国の民間紛

争解決機関としては先駆け的な存在となった．設立時は，少額事件の解決をターゲットとして考えられていた．また，仲裁センターの名が示すとおり，調停よりも仲裁を行う志向を持っていたようである．設立当初しばらくは，仲裁人は1人または3人であったのもその現れと思われる．しかし，実際に事件を扱っていくと，少額事件のみならずかなり大きな額の事件を持ち込まれるようになっていく．スター仲裁とも言われるように，著名な弁護士や元裁判官が参画した．また，仲裁合意がなされる場合はまれであり，ほとんどのケースで，和解あっせん（調停）を行っている．

二弁仲裁センターがその後の機関に与えた影響は大きい．たとえば，申立手数料＋期日手数料＋成立手数料という料金体系も多くの団体に引き継がれた．

「運動としてのADR」という言葉が示すように，プロボノ的色彩の濃い活動であった．あっせん人候補者が参加できる事例検討会や，他の都道府県の参加者も集める夏期合宿（近年は1日で実施する夏期勉強会となった）などの活動もされているが，民間ADR運動の担い手という意識が強い．阪神淡路の震災では，1,500万円の寄付を行っている（豊蔵 1997：p.316）．事例集の出版（二弁 1993）（二弁仲裁 2007）他[1]，会報である「二弁フロンティア」に事例紹介コーナーを持っている．

運営については，長年の相談業務における実績を有している法律相談センターが行い，かつ，当初は，相談センターにおける相談事案の中から仲裁に適当と思われる事案を紹介する形をとることとなった（二弁仲裁 2001）．

萩原金美は，「裁判所調停に引き寄せて考える路線と，市民型調停に近づける路線の対立」（萩原 2007：p.267）の存在を指摘する．前者の立場は，弁護士が行う以上「法化」に資するため裁判所が出す結論に近づけるように考え，手続的にも裁判所の実務慣行に近づける方向で考える立場である．これは二弁仲裁センターの中にも存在する．他方，「市民型調停に近づける路線」についても，二弁においては確かに存在している．たとえば，NPOである日本メディエーションセンター（後述）に参画している波多野二三彦や，他法律職団体で

---

[1] なお，このような事例集は，弁護士会内部では編集・所持していても，外部に公開されない場合が多いようである．また，いくつかの論文としても紹介がある．たとえば，東京弁護士会の吉岡桂輔（吉岡 2008）によるものがある．

ある東京司法書士会に日弁連の協議とは独立して支援している中村芳彦の活動がある．

候補者は，10年以上の弁護士（仲裁センター規則4条2項）に加えて，建築士その他の専門家も参加している．筆者も2009年より候補者に加えていただいたが，学識経験者も若干名存在する．ただし，弁護士と共にあっせんすることになっている（仲裁手続及び和解あっせん手続細則5条）．

実施件数は，ピーク時には年間189件（1997年度）まで増加したが，近年はむしろ減少傾向があり，年間100件を超える程度である．

ADR法の認証に関しては，認証をとらないという方向で決定している．

愛知県弁護士会紛争解決センター

愛知県弁護士会紛争解決センターは，1997年4月に設立された．東京，大阪などに比べると後発と言える（弁護士会内では11番目）．弁護士会の中で，件数面で最も成功している．2008年度の申立件数は約300件であり，弁護士会紛争解決センターの年間申立件数全体の実に3割を占め，東京三会の合計よりも多い．弁護士数規模で言えば，東京三会の10分の1程度（2010年8月1日現在，東京6,109，第一東京3,794，第二東京3,885，三会合計13,788人に対し，愛知県1,349人である[2]）であり，いかに利用が多いかということがわかる．

愛知県弁護士会紛争解決センターの設立から運営に至る中心人物である渡邊一平（弁護士）によれば，愛知県弁護士会紛争解決センターでは，特段珍しい施策をしているわけではなく，先行センターの活動を研究しながら良い試みを取り入れ改善を重ねてきたという（渡邊2003b：p.50）[3]．後述する岡山仲裁セ

---

[2] http://www.nichibenren.or.jp/ja/jfba_info/membership/ 日本弁護士会連合会「弁護士会別会員数」（2010年8月1日現在）2010年8月17日アクセス．

[3] 「『どうして名古屋は件数が多いの．秘訣は．』とよく聞かれる．実はよく分からない」（渡邊2003b：p.50）と記している．他方，「利用件数こそ，成功・失敗のメルクマール」として，愛知県弁護士会紛争解決センターの長所を以下のように表現している．
「a 早い，機動的
　期日の入り方が早い．3ヶ月で終わる．現場もすぐ見に行く．機動的．腰が軽い．
　b ベテラン弁護士による和解あっせん
　民事調停とどこが違うか．要は担当する調停人の違いである．長年紛争解決に当たって紛争解決の勘所を知り尽くした名古屋弁護士会を代表するベテラン弁護士を揃えている．平均的な

ンターなどと比べると，かなり保守的なアプローチを取っている．たとえば，研修プログラムにしても，「年2回の研究会」（渡邊 2003a：p. 16）と頻繁ではない．同席と別席で言えば，ほとんどが別席で進められているようである．

特徴としては，代理人選任率が高い点がある（渡邊 2003a：p. 16）．余裕がある当事者が多いというより，むしろ弁護士自身が紛争解決センターに持ち込んでいるという事情がある．愛知県弁護士会の規模が適度で，ある程度互いの顔が見えるが，多様性もあるという点が紛争解決センターにとって良い影響を及ぼしているという指摘がある（渡邊 2003b：p. 57）．

工夫として効果があったと思われる施策の1つに，期日手数料の廃止がある．申立手数料は申立人のみが負担するので，相手方にとっては合意するまでは費用が発生しない．応諾率の向上は手続の実効性にもつながるので，申立人側にも意味がある．

また，評判の良いあっせん人を取材してインタビューを会報で紹介するという活動も行っている．これは，能力の高いあっせん人の活動と考え方を会員に広く知ってもらい次の利用につなげるためである．同時に，これは，センター側で能力の高いあっせん人を把握していなければできない．弁護士会では，あっせん人の独立性について，裁判官が裁判所から独立して行えるのと同様の意味で尊重するが，ともすれば各あっせん人の活動には機関側は責任を持たないという無責任な態度につながる可能性がある．愛知県弁護士会紛争解決センターでは，「人」を見ていると言える．

「弁護士，専門家とも中堅から大ベテラン，大御所揃いで，病院でいえば部長から院長クラス．こういう人が意欲に燃えて一生懸命やってくれるのだからいいに決まっている」（渡邊 2003b：p. 56）とあるように，良い人を見つけてやる気になってもらう工夫を行っていることが，成功につながっている．

ADR法認証は，2008年6月に取得している（第12号）．

　　　調停委員や若い裁判官よりは，絶対に紛争解決力がある．
　　c 専門家の参加
　　　建築家を初め各界の専門家が参加したことにより，解決の質が向上し，当事者に納得してもらえる解決ができる
　　d 気軽に申し立てられる
　　　申立手数料は1万円と格安．請求原因の特定など準備も難しいことはいわない．時間も短い．裁判を行う前のスクリーニング手続としても役に立つ．」（渡邊 2003a：p. 19）

医療分野でも成功しているが，あっせん人は患者側でも病院側でもない弁護士が担当している．患者側弁護士，病院側弁護士に評価を受けており，応諾についても問題となっていない．

申立支援等の役割を果たすため，ADR 推進室の活動も近年開始した．

岡山仲裁センター

　岡山仲裁センターは，1997 年 3 月に岡山弁護士会に設立された．もともとのきっかけは，法律相談の改善という動機があった．立ち上げ期に，二弁仲裁センターで活動していた波多野二三彦（弁護士）が岡山に移った．当時の岡山大学助教授であった山田文の助言もあり，米国の調停技法を参考にマニュアルを整備して手続を実施する方針とした（鷹取 1997：p.590）．また，同席手続を原則化する（手続規則第 13 条）．その後も，カウンセラーによる研修会や，レビン小林久子を招いて研修会を行っている．2008 年以降は稲葉一人と筆者を講師として，調停技法研修（調停トレーニング）を定例化させる方針になった．このように，当初より最近に至るまで，あっせん手続の進行については，かなり意識的な取り組みを行っている．

　岡山仲裁センターでは，2000 年度（平成 12）の 190 件の申立をピークとしている．最近はやや減少し，年間 100 件前後となっている．減少の背景には，世代交代がうまく実現できなかった点が語られている．設立メンバーが運営委員にいると若い委員が遠慮するのではないかという配慮から，設立メンバーが運営委員から一旦退いたが，結果的には活性化につながらず，かえって活力が失われたという[4]．しかし，半減したとはいえ 100 件前後の申立件数は，弁護士数の比率からすればかなり多い．2010 年 8 月 1 日現在 279 名であり，全国 28,769 人の 1% に満たない．小規模会の取り組みとして，新潟[5]では完全に失速したことに比べれば，依然として活力が保たれているという評価も可能であろう．

---

[4] 鷹取司報告「東京弁護士会夏期合同研究」2010 年 7 月 10 日．
[5] 新潟は，二弁，大阪に次ぐ第三の紛争解決センターとして，1993 年に立ち上がった（藤巻 1997：p.320）．1995 年ごろに，小規模会としての成功例として評価されていた．たとえば，1997 年度に，50 件の申立を受理している．しかし，近年は活動が減少し，2008 年には 4 件の申立となった．

後述（10章3節「調停手続の満足・不満足の構造——岡山仲裁センターの利用者アンケートデータ分析」）するように，当事者アンケートを実施している．このことからもわかるとおり，当初よりさらなる改善への意欲が強かった．

岡山仲裁センターでは，名称に「弁護士会」が入っていないことからもわかるとおり，当初からさまざまな専門家の参加による運営を行っている（鷹取 1999：p. 342）．

2007年4月には行政仲裁センター，2009年6月に医療仲裁センターを設立した．また，遺言・相続センターの設立も準備しているなど，ADRセンターをスピンアウトさせていく戦略をとっている．

医療については，病院側弁護士が非協力的で実効性に問題が出ていると言われる．

ADR法の認証は取得していない．

大阪・公益社団法人総合紛争解決センター

大阪弁護士会民事紛争処理センターは，1992年に発足した（豊蔵 1997：p. 310）．当初は，200万円以下の少額事件のみを扱う方針とした．これは，市民の少額事件救済のためである．しかし，少額事件のみを扱う方針とすることは，財政的にも運営が厳しくなるし[6]，あっせん人弁護士にとっても魅力に乏しくなり，事件数が増えなかった．そのため，1997年より方針を変更し，少額に限定する施策をやめている（豊蔵 1997：p. 314）．

1995年の阪神淡路大震災後に，近畿弁護士会連合会で「罹災都市臨時示談斡旋仲裁センター」を立ち上げ，380件のあっせんを行った．このときは，大阪弁護士会民事紛争処理センターが中心的な役割を果たした．

ADR法認証は，2007年9月に，全体でもスポーツ仲裁機構に次いで第2号，弁護士会では最も早く認証を受けた．さらに，2009年2月には，司法書士会，行政書士会他法律職団体に呼びかけて公益社団法人総合紛争解決センターを設立し，運用を開始した．総合紛争解決センターも2009年9月にADR法の認証を受け，現在は大阪弁護士会民事紛争処理センターの受付は停止し，移行す

---

[6] 本章2節「民間調停機関のコスト構造の分析」参照．

ることになった．

　各法律職団体が予算を拠出し約 1,700 万円を集める年度予算を組んで（山本 2010：p. 77），法律職団体乗り入れ型の本格的な紛争解決機関を立ち上げた点が注目される．その結果，料金体系も二弁などに比べると低水準であり，また愛知県と同様に期日手数料をとらないものとなっている．手続は，弁護士一名を含む三人体制のあっせんであり，やや重たい．

　総合紛争解決センターに改組後の件数は，2009 年 3 月から申立受付を開始し，2009 年年度末（2010 年 3 月末）までに 134 件の申立を受けている．継続 42 件を除く 92 件が終了しているが，そのうち 26 件が成立している．

その他

　比較的遅い立ち上げながら毎年 100 件以上の申立を確保している仙台会，ADR 法認証後に徐々に件数を伸ばし始めた横浜会など特徴的な会がある．設立後あまり稼働していない会もある．

3. 司法書士会調停センター

全体の状況

　司法書士会の調停への取り組みは 2000 年ごろに始まったようである．調停技法研修（調停トレーニング）が 1 つのきっかけになっていることもあり，具体的な動きとしては米国型の自主交渉援助型調停への志向が強く見られるが，司法書士全体の中で充分浸透している考えというわけでもなく，現実には内部でさまざまな議論がなされている．

　ADR 法以前の動きとしては，近畿司法書士会連合会（近司連）が対話調停センターを立ち上げ，調停活動を開始していたが，5,000 円の申立手数料を取ることと担当した司法書士への日当を支払うことが弁護士法 72 条に抵触する疑いがあるという理由で弁護士会から「設立断念の要請」を受けている[7]．な

---

[7]　「近畿司法書士会連合会の計画する『対話調停センター』の設立断念を求める会長声明」2004（平成 16）年 7 月 14 日　http://www.hyogoben.or.jp/old/topics/iken/index-2004-0714b.html　2010 年 8 月 18 日アクセス．同声明では，「事件を担当した調停人に対し，日当と実費を支払うこととされているのであって，これは『報酬』を支払うことであるから，これを受け取る調停人には『報酬を得る目的』があるといえる」としている．

お，その後，近司連対話調停センターは，無料，無報酬で活動を継続させているようである．

司法書士が簡裁代理権を取得したのは，2002年の司法書士法改正（2002年法律第33号）による．現実的に法廷代理業務の一部が明け渡されたことによって，弁護士と司法書士の業際問題は，他法律職とはまた別の意味を持つ．どちらの態度に問題があったかは別として，ADR法6条5号の弁護士助言措置について，弁護士会と司法書士会の協議はながらく成立しなかった[8]．従って，多くの司法書士会では，民事140万円以下の紛争に限って弁護士助言なしに手続を設けている場合が多いが，東京と福岡については弁護士会を介さず，直接に特定の弁護士から協力を得て民事一般の紛争を扱っている．

2010年8月1日現在，ADR法の認証を取得しているのは，神奈川，東京，静岡，滋賀，熊本，宮城，山口，福島，福岡，富山（取得順）の10センターである．この他，準備期間であるが試行を行っている会がある．また，群馬のように当面無料かつ非認証で実施する方針を決めている会もある．「リーガルエイドしまね」のように本会とは独立したグループで実施している場合もある．

神奈川県司法書士会

2008年6月に，司法書士会としては最初に認証を取得したのが神奈川会である．最初のセンター長を務めた加藤俊明によれば，2000年に制度研究委員会でテーマとして取り上げたのが最初であるという（加藤 2008：p. 45）．稲村厚など対話型調停に取り組むメンバーが中心になって議論が進められたようであるが，民事140万円以下で弁護士助言を持たないで手続を行う方針は，当初は司法書士会の中では少数の立場であったようである．しかし，その後弁護士会との協議の困難さから，神奈川会のスタイルが司法書士会内では多く採用される．加藤は，弁護士と調停の手続進行方法をめぐって意見対立する可能性の懸念があったことを記している（加藤 2008：p. 47）．

初年（2008年6月～2009年3月末）の申立件数は5件で，4件が不応諾，1件が打ち切りで合意が成立していない．

---

8) 2012年に京都，愛知で司法書士会が弁護士会の協力を得て，認証ADRをスタートさせた．

調停人は司法書士に限定しており，他からの参加はない．
夜間や土日の手続が可能であることを説明している．

東京司法書士会

　東京司法書士会は，2008年12月にADR法認証を取得した．東京会では，調停センターの愛称「すてっき」を以下のように説明している．「東京司法書士会調停センターの目指す対話促進型紛争解決において，両当事者及び対話の促進を支援するメディエーターが，共にステキな関わり方ができるように願いを込めて，また，一般の方に親しみやすく覚えてもらいやすいように『すてっき』という名称をつけました」[9]．つまり神奈川会と同様に，対話型調停を志向している．

　先述したとおり，弁護士からの助言措置を採用しているが，これは，2週間に1度2時間ずつ，進行中の案件について弁護士を含めた関係者で協議するという「検討会方式」の連携を行っている．助言弁護士は，二弁仲裁センター創設以来のメンバーであり，対話型調停に関する理解もある中村芳彦らが担当している．

　2008年12月から2009年3月末までには申立5件，うち1件成立している．2009年度は28件の申立があり，8件応諾，うち4件成立している．

　夜間や土日の手続が可能であることを説明している

4．市民団体

愛媛和解支援センター

　愛媛和解支援センターは，2010年6月，設立7周年記念シンポジウムを開催すると共に，「社団化」を行った．依然として，一般社団法人ですらなく，権利能力なき社団として定款を整えたという組織的な状況である．設立の経緯は，代表である司法書士の松下純一と数名の司法書士が，稲葉一人の調停トレーニングを体験し，自分たちでもやってみようと考えたところが出発点になっている．

9）　東京司法書士会Webサイト．http://tokyokai.or.jp/soudan/center.html　2010年8月18日アクセス．

まったくの任意団体としての活動であるが，扱った件数は 2003 年の設立から 2010 年 6 月現在までに 55 件で（応諾して調停手続が行われたもののみ），解決は 37 件で，継続中の 6 件を除くと解決率は約 75% になる．応諾率はおよそ半分とも言われる．最近の数年の年間実施件数はおよそ 10 件弱（申立件数はその倍程度）で推移しているという．事案は，会員の持ち込みによるものが多いが，最近では相談機関からの紹介も徐々に現れているという．調停は週末（土日）に行われる場合が多い．

　代表の松下が自費でビルを購入し，そのビルを自らが代表を務める市民活動に開放しているというのがその実態である（松下ほか 2010：p. 61）．

　調停人候補者は 30 人強で，司法書士，行政書士，土地家屋調査士，税理士，企業経営者，マナー研修講師などさまざまであるが，法律職関係者が多い．

　調停手続の費用は無料で，2 人の調停人と 1 人の管理者（書記役）の 3 人が調停室に入るという手続となり，さらに代表と事務局も事案の中身を把握し相談に乗るという 5 人体制での進行を行っている（松下 2008：p. 60）．同席調停を主体とする，自主交渉援助型調停を志向している．

　調停人は完全に無報酬であり，交通費や駐車場代金すら調停人の自己負担となっている．

　読書会（宮本常一の『忘れられた日本人』を対象としたもので，わが国の対話文化の原点にあったと思われる「寄り合い」その他の文化についての考察を深めている）や，親睦旅行（周防大島やしまなみ海道など）の企画もある．

　同センターでは，2008 年に設立 5 周年シンポジウム[10]を行い，解決事例の紹介を行った．同シンポジウムでは一部の当事者も参加し，当事者としてセンターでの活動をどのように見たかについて発言した．

　同センターを取材した群馬司法書士会の泉は，「いやぁ，驚きましたよ．今日の事例検討会に参加させていただいて．……何がいちばん驚いたって，皆さん非常に生き生きされてますよね」といった感想を述べている（松下ほか 2010：p. 65）．

---

10)　「愛媛和解支援センター開設 5 周年報告会」2008 年 10 月 25 日．

NPO 法人日本メディエーションセンター

　日本メディエーションセンターは，2003 年に NPO 法人として設立された．これに先立つ活動としては，2000 年ごろから全国消費者団体連絡会における司法制度改革研究グループがあった．消費生活アドバイザーの資格を持つ田中圭子が設立から現在まで代表理事を務めている．また，神奈川県司法書士会の稲村厚，東京司法書士会の安藤信明らも参加している．弁護士としては，波多野二三彦が参加している．中村芳彦は初期には参加していたが，その後離脱したようである．

　2009 年（1 月〜12 月）の相談件数は 19 件，2004 年以降の累計相談件数は 121 件（2010 年 3 月 31 日現在）と報告されている（田中 2010：p. 88）．2009 年度の調停申立は 1 件であり，不応諾により調停は実施されなかった．設立以来の調停実施件数は非公開だが数件にとどまるようである．

　相談・調停ともに無料である．

　設立当初よりトレーニング活動を重視して取り組んでおり，機関の主な収入源としている．

5．小括

　わが国における民間調停機関を，弁護士会，司法書士会，市民団体についてそれぞれ見てきた．

　どの機関も財政的には厳しい中での実施となっているが（コスト構造は，本章 2 節「民間調停機関のコスト構造の分析」を参照），それぞれ工夫しつつその定着と成長に苦心している．量的には，年間の申立件数が 10 件レベルを達成するのも容易ではなく，100 件レベルは弁護士会でも少ない．これは，米国における小さなコミュニティ調停センターが 200 件程度を行っている場合もある（4 章 1 節「コミュニティ調停の現在」参照）ことなどと比べて対照的である．しかし，米国では財政支援も，裁判所からの事件の紹介もあり，比較条件が異なっている点には注意しなければならない．

　わが国の市民団体型の調停機関は，米国におけるコミュニティ調停センターに似た存在として今後発展していくのか，そのうちに立ち消えになるのかについては定かではない．米国のコミュニティ調停センターも，財政的・組織的問

題を抱えるものが少なくないようであるが，4章1節「コミュニティ調停の現在」で見たように，むしろ裁判所の下請化することの問題が大きくなっているように見える．わが国における動きは，いまだ萌芽期であり展望としては不透明さが残る．むしろこうした芽を育てる方向に社会が動くのか，あるいは芽を摘もうとする力が働くのかについても予断を許さない状況にあると言えるだろう．

第2節　民間調停機関のコスト構造の分析

1. 問題の所在

財政基盤を欠く民間調停

序論1節「本書のねらい」で述べたように，利用を前提とせず手続規則だけを揃えて足れりとしている民間調停機関が多い．宿泊客が来ると驚くホテルのようなもので，存在意義自身が問われてもおかしくない存在であると言えるが，民間調停機関運営者の視線の低さだけが問題というわけではない．そのような機関が増えても不思議でないという構造問題を考える必要がある[11]．

弁護士会をはじめとする民間調停機関が財政基盤を欠いていることは関係者にとっては「常識」である．二弁仲裁センターの立ち上げにあたって中心的な役割を演じた原後は，本来国家財政でまかなうべき事業を過渡的な形態で運営しているに過ぎないと述べている（那須ほか 1997a：pp. 114-115 原後発言）．しかしながら，発足後20年が経過し，ADR法の運用も開始されている現在でも，その「過渡的」な運営が続けられている．

ADR運動とも言われる社会活動は，確かに一定の価値を生み出しているのだが（9章「事例に見る民間調停活動の課題と成果」参照），問題は，このようなADRの価値に対する知識について，紛争解決の専門家たる弁護士自身が充分に理解していないという点にある．そして，理解の不充分さや関心の乏しさの背後には，ビジネスとしてのADRの魅力のなさがある．実証的に現れている

---

[11]　本節は，既出の論考を改訂したものである（入江 2010a）．

機能的価値を確かなものとして，定常的に提供できるためには，本節で問題にする財政的な課題を解決する道筋を発見しなければならない．

米国の状況からの対比

米国の状況については，2章「制度及び件数の面での考察」で述べた．

ビジネスとしての調停も多様な拡がりを見せつつある一方，裕福でない利用者のためには公的資金を投入した安定的な運営もつづけられている．そのようなラフスケッチを念頭に置いた上でわが国の民間調停機関を振り返ると，なんとも寒い状況が浮かび上がる．すなわち，ビジネスベースでの安定的に運営可能な市場は成立していない．また，いかに公益的な動機であれなんら財政支援はなされず，運営団体自身が赤字を垂れ流すか，弁護士会のモデルのように，少数の高額の事件の成立手数料によって，多くの事件の調停人[12]の比較的安価な報酬をなんとか賄っている（あるいは賄おうとしている）という状況にある．

ボランティアイズムを活力として運営されている米国のコミュニティ調停センターの運営について，お金の問題は重要でないように感じられるかもしれないが，実際にはそうではない．確かに調停人たち自身の報酬は限定的で，ボランティア調停人たちが報酬を度外視して献身的に活動していることは事実であるが，場所を確保したり，常駐の事務局職員を置いたりといった固定費が公的資金を含む種々の財源によってまかなわれており，当事者には「最高の」手続を提供するつもりで運営されている．たとえば，4章2節「コミュニティ調停機関運営の方法論」で見たように，財源確保（ファンドレイジング）の方法論まで調停機関運営上の教育対象とされていることからもわかるとおり，最重要課題の1つとして認識されている．

2. 分析結果の概要

本節では，まず，わが国の民間調停を切り開いた弁護士会仲裁センター[13]の現実の費用体系を参考に，わが国の現実の民間調停機関の費用収益構造を分析

---

[12] 弁護士会では，仲裁人またはあっせん人と呼ばれる場合が多いが，ここでは調停人に統一する．
[13] 各都道府県に存在する弁護士会には，仲裁センター，紛争解決センターなどの名称のADRセンターがある．仲裁センターの名称を持つ機関でも，「和解あっせん」と呼ばれる事実上の調停が紛争解決の中心手段である．

し，現行の ADR の取り組み状況を主として経済活動の観点で分析する．

以降で明確にしたい内容に，ここであらかじめ触れておきたい．

第一に，高額の紛争の利用者負担が大きく，少額の事件への内部補塡が行われているということである．その前提として，需要側（利用者）には利用料が高く，提供者側（専門家側，調停人側）には低い報酬の体系下で，国費が投入されている裁判所の調停との比較を強いられている状況がある．このような環境下で，運営可能な方法の模索として作られた約 20 年前の状況が根本的には改善されずに今日を迎えている．少額事件への内部補塡の存在は，米国同様に少額の紛争に対する財政支援の必要性を示唆していると言えるだろう．

第二に，財政支援が必要な損益分岐点は，組織運営のための固定費の評価によって大きく影響を受ける．つまり，固定費を少額に抑えられる環境であれば，財政支援が必要な水準額は低額に抑えられる．このことは，現物支給的な支援や，機関間の相互協力体制によって，民間調停機関の持続可能性が増す構造であることを示している．

3. 弁護士会仲裁センターの活動と費用構造

既存の研究

6 章 3 節「司法調停と民間調停の比較」で扱ったとおり，民間調停のメリットとして，早いことと，安いことが挙げられることは一般的であるが，その内実は疑わしいところがある．また，「安さ」について実質を検証せずに述べられることは多いが，実証的な議論はほとんど存在しない．少ない例外として，太田勝造の研究がある．1 つには，民間調停機関の料金体系として，公益企業の料金の価格付けに関する経済学の成果を活用できる可能性を述べている（太田 1998）．ここでは「限界費用を手数料として設定すれば社会的効率性が実現できる」ないし，ラムゼイ料金を上限として固定費用の上乗せを許容すべきとしている．単に安ければよいという論理でもなければ，単に市場に任せればよいという議論でもなく，社会的な資源配分の問題として民間調停機関の料金体系を合理的に考えうるためのフレームワークを示しており有益である．ただし，残念ながら，おそらくデータ入手可能性の問題からか，具体的にどのような水準の料金が望ましいかの示唆は与えられていない．

太田勝造の別の研究では，利用者の支払可能金額を確認することで，具体的にありうる民間調停料金を考える別のアプローチを提供している（太田 2004）．この研究では，わが国の司法への国家予算拡大の可能性と共に，係争利益30万円の少額消費者事件では，3％にあたる1万円程度の紛争解決手続料金を含めて，7〜10％に相当する2〜3万円程度の総費用を一般人は支払う可能性が高いことを論じている（太田 2004：p. 292）．

民間調停の価値の1つがその「安さ」にあるとしたら，なぜ，どのように「安く」提供できるのかを研究する必要がある．もし，わが国の政策として，民間調停を，庶民のありふれた紛争を解決する手段としての位置づけを与えるつもりがあるならば，民間調停を提供する側にとってインセンティブのある経済活動として実現できる環境を整えなければならないだろう．

そこで次に考えなければならないのは，いかなる方法によって，いかなる水準を限度として支援すべきと考えるかという政策立案のための判断材料を与える理論になるだろう．

現実の料金体系
①裁判所に当事者が支払う費用

裁判と言えば，金と時間がかかるという理解が流布しているが，裁判所に支払う訴訟の費用は，少額の紛争に関して言えばさほど高額ではない[14]．たとえば30万円の紛争の場合，民事訴訟費用等に関する法律（1971年法律第40号，最終改正 2007年法律第113号）に定められた「訴えの提起」に関わる費用は3,000円である（100万円までは10万円につき1,000円とわかりやすく安価な設定になっている）．この費用は少額訴訟手続を選択する場合でも通常訴訟を選択する場合にでも変わらない．このほかに，必要となる費用は予納郵券購入費用である．この費用は，裁判所により異なるが，横浜地方裁判所本庁のように民事裁判事務処理システムを導入している場合は，通常訴訟で5,000円になる．他の裁判所では6,400円になる場合が多いようであるが，奈良地方裁判所・奈良簡易裁判所のように4,800円と民事裁判事務処理システム導入後より

---

14) 高額な紛争については，裁判費用そのものが高くなり，それへの批判もある．しかし，ここでは主に低額の紛争について扱う．

も安い場合もある．また，少額訴訟の場合には3,910円になる場合が多い．予納郵券の位置づけは，当事者に対する文書送達等のための切手代であるから，当事者の数によって変わる．このように「訴えの提起」に関わる費用は，わかりやすく，予納郵券費はややわかりにくいが，いずれにしても，30万円の紛争に関して，合計で1万円に満たない手数料で訴訟を実施できる．

民事調停の申立費用は，訴えの提起の費用の半額である．家事調停に関しては，離婚（夫婦関係調整）について，財産分与について，養育費請求についてそれぞれ1,200円といった形で費用が決められている．いずれにしても，代理人に支払う費用ではなく，裁判所に手数料として支払う費用としては後述する弁護士会仲裁センターなどと比べてもかなり安価な設定になっている．

②弁護士会仲裁センターの料金・報酬体系

1990年の二弁仲裁センター設立を最初として，その後各都道府県の弁護士会に次々に設立された[15]．

二弁仲裁センターの料金体系は規約に定められている．申立手数料は10,000円（消費税別，以下同じ），期日手数料は申立人・相手方それぞれ5,000円，成立手数料は300万円以下ならば8％，300万円超から1,500万円以下の部分に3％，1,500万円超から3,000万円以下の部分に2％といった傾斜型の料金体系を採用している．また，紛争の価額が30万円以下の少額紛争の場合には，申立手数料3,000円，期日手数料なし，成立手数料が10％という特別な料金体系を持っている．

申立手数料，期日手数料，傾斜型の成立手数料という料金体系は他の弁護士会や，土地家屋調査士会に影響を与えており，民間法律職団体の運営する1つの料金モデルとなっている（ただし，わが国で最も利用件数が多い愛知県弁護士会紛争解決センターでは期日手数料を取っていない．また，大阪弁護士会などが始めた公益社団法人総合紛争解決センターでも期日手数料は存在しない意欲的な独自の料金体系をとっており注目に値する[16]）．

---

15) 弁護士会紛争解決センターの機関に関する概略的説明に関しては，本章1節「日本の民間調停機関のケーススタディ」参照．
16) 公益社団法人総合紛争解決センターは，弁護士会，司法書士会その他の専門団体が，組織相乗りの形で運営資金を拠出して実施している．本章1節「日本の民間調停機関のケーススタディ」参照．

また，調停人の報酬の体系も規約に定められている．準備に関して5,000円（少額紛争の場合はゼロ），期日日当は9,000円，成立報酬は10万円（少額紛争の場合は3万円）となっている．

　報酬面を見ても，率直に見て，弁護士のそれとしては，非常に限定されたものである．たとえば，ある都市型公設事務所の費用体系では，民事事件について契約締結交渉の着手金は10～20万円，督促手続についての着手金は5～10万円，離婚調停についての着手金30～50万円などとしているのに比べて，仲裁センターでは準備に関する報酬をわずか5,000円にとどめているのは象徴的である．仲裁センターでの活動は，ビジネスというよりは公益活動としての位置づけにとどまっていると言っても過言ではないだろう．

　さて，上記で見たように，弁護士仲裁人の報酬を最低限に抑えているが，民間調停機関としての収益性はどうだろうか．

民間調停機関・経済モデル
①経済モデルの種類

　民間調停機関についての経済モデルを記述する方法には，(1)利用者，(2)調停人，(3)組織（民間調停機関）の3とおりありうる．利用者に焦点をあてれば，直接交渉や裁判所での調停，あるいは裁判とのそれぞれの手続における費用を比較することになるだろう．単に機関に支払う手続費用の比較というよりは，弁護士を依頼する費用あるいは本人訴訟支援を行う司法書士への費用，当事者自身で時間を使う場合の機会費用などさまざまな要素を考慮する必要がある．二番目の，調停人に焦点をあてた場合には，そのために費やす時間と収益のバランスで評価できる．三番目の組織に焦点をあてる場合には，民間調停機関としてサービスを提供することが経済的に成り立つかを見るというものである．ここでは，この立場による分析を試みる．

②経済モデルの作成

　現実の料金体系の項目で見たように，収入面では成立手数料が紛争の価額の増加に伴って増えるのに対して，費用面で成立報酬は10万円を上限[17]とする

---

[17] ただし，委員会の裁量で報酬額を増やすことはできる．

といった構造を持っている．逆に 0 円で妥結した場合に，当事者が支払う成立手数料はないが，調停人に支払う成立報酬は通常事件なら 10 万円，少額事件なら 3 万円になる．つまり，民間調停機関としては，紛争の価額が充分に大きくなれば黒字になるが，小さければ赤字になる可能性があることが現実の料金体系から示唆されている．したがって，民間調停機関として，損益分岐点がどこか中間に存在する．その損益分岐点がいくらになるかが問題になる．なお，二弁仲裁センターの規則では，当事者が支払う料金と調停人への報酬が規定されているが，事務局としての人件費や部屋代などの管理費用は規定されていない．

調停人への報酬がかなり限定的であることから示唆されるのは，利用料金は当事者にとっての上限値に近い水準に設定されている可能性である（先に挙げた太田の研究では，30 万円の紛争に対して民間調停機関に対しては 1 万円の支払意向があるとされており，これは，仲裁センターでの手続費用 33,000 円に比べて低い）．

つまり，当事者に対しては上限値ないしそれ以上の負担，調停人にとっては他の業務に比べてかなり低い水準の報酬の体系になっている．こうした前提の上で，民間調停機関としてはどのような収益構造をもっているかをシミュレートする．

[費用] = [事務費・固定] + [事務費・回数比例] × [回数 α] + [調停人・準備費] + [調停人・回数比例] × [回数 α] + [調停人・成立手数料 (f1 (β))] + [部屋代]

[収益] = [申立手数料] + [期日手数料] × [回数 α] + [民間調停機関・成立手数料 (f2 (β))]

ここで，[調停人・成立手数料] 及び [民間調停機関・成立手数料] は，紛争の価額によって一意に決まる[18]．したがって，「紛争の価額」と回数が決ま

---

18) 規約に忠実に言えば，たとえば，調停人の報酬について，委員会の裁定により額を変更することができるがここでは無視している．

第 8 章 機関運営 211

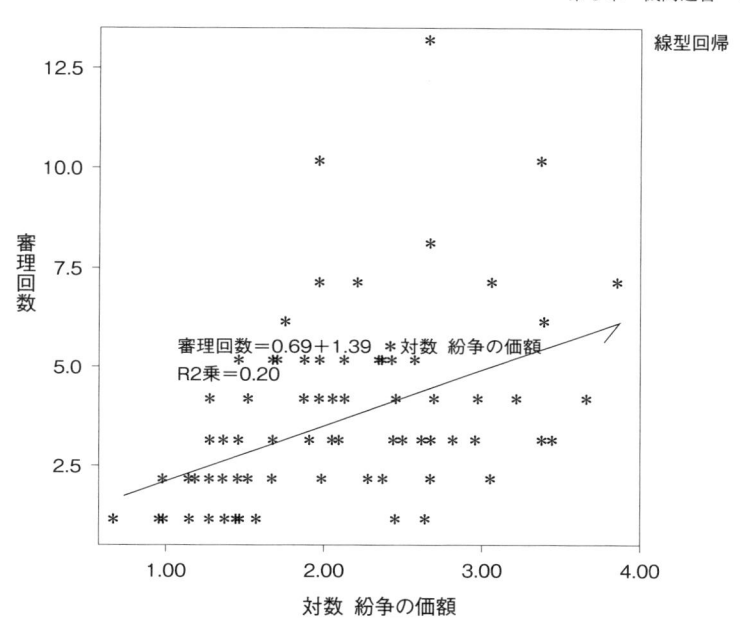

審理回数＝0.69＋1.39 ＊ 対数 紛争の価額
R2乗＝0.20

モデル式：回数 α ＝定数[0.69]＋係数[1.39]＊ Log10(価額 β・万円)
R2乗＝0.20

図 8-1　紛争の価額と審理回数

れば，費用及び収益が決まる関係になっている（図 8-1（紛争の価額と審理回数）参照）．

ところで，紛争の規模が大きければ，その複雑さも大きくなり，結果的に期日回数も多く必要という経験的な関係が成り立つと仮定できる．この関係を同定するために，『ADR 解決事例精選 77』（以下，『精選 77』）（二弁仲裁 2007）[19] のデータを対象として回帰モデルを作成した．

③シミュレーション結果

前記の回帰モデル式を使えば，紛争の価額 β を与えれば，費用と収益をそ

[19) 『精選 77』は，二弁仲裁センターが刊行した事例集である．現実の 77 事例について事件の概要や解決内容を紹介している．また，それぞれの事件について，日数，審理回数，紛争の価額，成立手数料，申立人負担割合，弁護士の有無，終結結果（和解または仲裁判断の別）のデータが示されている．本書ではこれらのデータを活用した．

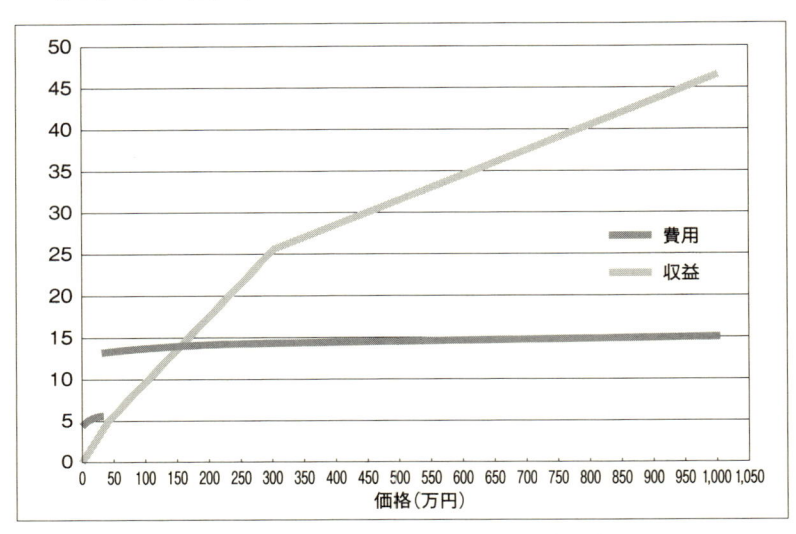

図 8-2　紛争の価額と費用及び収益（事務費，部屋代ゼロの場合）

れぞれ計算できる．かくして，実際の費用収益構造から，いくらが損益分岐点かを推定できる．

ところで，事務費や部屋代といった定数値としてのコストをどの程度に設定するかが問題となるが，ここでは（a）事務費，部屋代共にゼロ（図8-2（紛争の価額と費用及び収益）参照），（b）事務費，部屋代共に少額，（c）事務費，部屋代を市価の3つのシナリオを用いてシミュレートした．シミュレーションは表計算ソフトを用いた簡易なものである．その結果は表8-1の通りである．

『精選77』のデータを，仮想的に1つの民間調停機関による収益と費用として計算すると[20]，1,576万円の収益に対して，875万円の費用がかかり，701万円の利益が計算できる．このうち，155万円に満たない事案は47件（61%）であるが，これらは赤字であり，合計約200万円を計上する．つまり155万円を超える残りの約4割の30件によって約200万円の赤字を補填した

---

20)　『精選77』は，統計的な代表性を意図して編まれたものではないため，先に述べたモデルの妥当性が問題になる．『精選77』の紛争価額についての平均は，平成17（2005）年度仲裁統計年報の平均とほぼ等しい．審理回数は，『精選77』のほうが年報の平均よりも多い．

表 8-1　シナリオ別定数値及び損益分岐点

シナリオ	定 数 値	損益分岐点
シナリオ (a)	事務費，部屋代ゼロ	155 万円
シナリオ (b)	事務費： 4,000 円 + 2,000 円 × 回数 部屋代：4,000 円 × 回数	190 万円
シナリオ (c)	事務費： 100,000 円 + 30,000 円 × 回数 部屋代：10,000 円 × 回数	920 万円

シナリオ (a)	『精選 77』による推定値[21]（万円）
収　益	1,576
費　用	875
利　益	701

上で約 700 万円の黒字を計上している計算になる．また，価額が 1,500 万円以上の 7 件（9%）の事件によって合計 522 万円（33%）の収益を計上している構造になっている．

4. 米国における成功報酬料金についての議論

　ここで本題とは少しずれるが，補論として，成功報酬料金体系に関する議論を扱いたい．

　日本の弁護士会紛争解決センターでは，成功報酬料金制度を採用している．のみならず，成功報酬料金体系によって，高額事件による低額事件への内部補塡が可能になり，ある程度持続的な活動を可能にしている．

　ところが，米国では調停の成功報酬料金制度は一般に望ましくないとされ，しばしば禁止さえされている．調停における成功報酬料金制度が禁止になるのは，調停人や調停機関にとって合意金額が高ければ高いほど自己収入が増える構造は，公正とは言えないという考え方に基づいている．

　たとえば，標準的な教科書の 1 つによれば，「成功報酬料金の禁止は一般的であり，この禁止は，ケースの結果（アウトカム）に関心を持ってはならない

---

21) ここでは回数（審理回数，期日回数）を『精選 77』の実数を用いた．

という前提に基づいている．これに反対する少数意見が存在し，一握りの実務家が成功報酬に基づく料金請求を行っている」(Kovach 2000：p. 238) としている．フロリダ州のように，成功報酬の料金体系を明確に禁止している[22]例もある．

また，ハワイ州裁判所のレポートでは，「成功報酬については議論が割れている」とした上で，(1) 成功報酬の料金体系は行うべきでない，(2) 充分に注意して，料金に関わる利害対立の可能性を最小化しない限り，成功報酬の料金体系は行うべきでない，(3) 成功報酬の料金体系は一般的には行うべきでないが，特定の状況で，適切なアドバイスを受けていれば，両当事者は合意しうる，という3つの立場を紹介している (The Supreme Court of The State of Hawaii 2002)．ABA，AAA，ACR[23]の行動規範では，「当事者間の不平等な費用負担の禁止」(shall not) と「合意額に基づいた料金設定をすべきでないこと」(should not) を定めている．この規定に対しては，強い批判もある (Pastan 2006)．

明示的な契約により成功報酬料金の長所を活用すべきと論じたもの (Peppet 2003) も見られるが，実務的にもあまり広がっていないようである．

米国の状況を見ると，完全に決着がついた問題ではないものの，成功報酬料金についてはできるだけ避けるべきものと一般的に考えられていることがわかる．

5．小括

本節では，弁護士会紛争解決センターの費用構造を論じてきた．ここに用いたデータは限定的であり，民間調停政策の全体を議論するには不充分である．しかし，少なくとも現在の民間調停の実施について，調停人の報酬を限定した上でもなお，特に少額事件について経済的な自立が困難であることを具体的に示した．受付その他の事務局機能や，部屋の確保など調停人報酬以外のコスト

---

22) Florida Dispute Resolution Center-Rules for Certified and Court Appointed Mediators, Rule 10. 380. Fees and Expenses
　　(f) Contingency Fees Prohibited. A mediator shall not charge a contingent
23) Association of Conflict Resolution. 紛争解決協会. http://www.acrnet.org/　2010年3月30日アクセス．

の占める割合が少なくないからである．

　民間調停が裁判と並び，一般市民にとって魅力的な選択肢になるためには，能力と意欲があり倫理性を備えた新しい担い手を引きつけ，努力を持続できる環境整備が必要であろう．民間調停のことは民間調停自身で面倒を見るべきと突き放す[24]だけではなく，ここで論じたような，下部構造を理解し，真に支援するに足る活動について金銭面や会場などの現物支給を含めた育成政策が望まれると思われる．

---

24) ADR 法制定と財政支援の問題については，6 章 2 節「ADR 法制定に関わる諸問題」参照．

第9章　事例に見る民間調停活動の課題と成果

1. 民間調停のメリットを事例で考える意味

事例からの検討

6章3節「司法調停と民間調停の比較」に見たとおり，一般論として見る限り，わが国において民間調停のメリットを見つけるのはかなり厳しく，逆に，司法調停に多くのメリットが存在する．そして，8章で見た民間調停機関の財政問題もある[1]．

しかしまた，8章1節「日本の民間調停機関のケーススタディ」で見た二弁仲裁センターの設立以来約20年の弁護士会ADRの実践や，司法書士会，市民団体などの活動がある．その中には，ニッチかもしれないが，確かに当事者からの満足を獲得し，司法調停では提供しづらい価値を提供してきた実績がある．本章では，これを，「期待の調整」「対話の支援」「計画の調整（結論の創出）」「履行の支援」という4つのステージに分けて見ていくことにしたい．

ここで，事例は，一般的な司法調停での手続等との比較において，価値が創造されていると思われるものを取り上げる．ただし，本章の主たる目的は，民間調停の価値をアピールすることではなく，価値創造の場面においても，非常に微妙なところで成立しているというその状況を確認することである．つまり，メリットとデメリットはしばしば隣接関係にあり，1つの事象が価値創造とリスク両方の原因にもなっている．

民間調停には，新しい取り組みを自由に行える[2]というメリットがあり，ま

---

1) 本章は，既出の論考を改訂したものである（入江 2010b）．
2) 民間調停に制約を課すADR法にしても，調停手続や機関の運営に対してはかなりの程度の自由度を認めている．

た，司法調停のように基本的には全国一律のサービスを提供しなければならないという制約もない[3]．1つのやり方が良いものであるとしても，別の機関がそれを踏襲しなければならないという制約はない．必ずしも，どの機関でも取り組まなければならないというわけではないが，しかし，1つの事件，1人の当事者の背後には，類似の多数の事件，当事者がいる可能性がある．ニッチかもしれないが，こうした現実の利用を広げていくことこそ結局は民間調停が信頼を獲得していくための王道であろう．

ところで，民間調停では，当事者の承認をとりづらいということのほかに，事例を公開しづらい事情が存在する．民間調停では，司法調停のような意味での全国一律の公平さは求められないにしても，受け付けた事件の間での公平さがまったく要請されないというわけではない．個別的な解決の成功を誇れば，なぜ自分のケースで「そのケース」のようにしてもらえないのかという当事者からの機関に対する請求の可能性を開く．このように考えると，民間調停が事例をアピールすることにためらいが生まれるのは無理からぬことである．その延長線上で，以下に列挙する事例が，自らの調停機関には採用できないという場合もあるであろうし，その意味で実務家からの反発も招くかもしれない．しかし，結局のところ，民間調停の生命は，仕組みや制度といったものにではなく，運動の中にあると言われる．以下に，民間調停が価値を創造し，信頼獲得する場面についてのいくつかのスケッチを描いてみたい．

なお，ここに挙げられている活動は，程度の差こそあれ，司法調停でも実現可能であり，今後，司法調停で採用されることも考えられる．見方によっては，司法調停の改善も民間調停の運動のゴールの1つかもしれないのであり，司法調停で実施可能であるということ自身がこうした活動の価値を下げるものではないと考える．

本章の考察対象

本章の考察の対象は，弁護士会[4]，司法書士会[5]，市民団体[6]による民事紛争

---

3) 大正期の調停においては，都市限定の立法であり，全国一律サービスとしては行われていない．関東大震災後に，被災地近くにテント張りで調停を行うことができたのは，関係者の熱心さと共に，立法直後の柔軟さもあったと思われる．7章2節「穂積重遠の調停観と大正期の調停」参照．
4) 二弁仲裁センター，岡山仲裁センターなどの事例が含まれている．

（一部家事も含む）へのアプローチである．主として，調停人や調停センター運営者へのインタビューによる情報を整理した．また，機関における事例研究会等への参加時に得た情報も利用している．端的に言えば，参与観察[7]による．それぞれの機関の件数は多いといえないため，機関と事例の関係を示すことは控える．注意いただきたいのは，ここに示す事例が，民間調停の活動実態の総体を表しているわけではない点である．必ずしも理想的な事例ばかりではないが，性質としてはベストプラクティスの収集に近い．また，本章では，必ずしも特定の調停技法の価値を主張することを目的とするものではないが[8]，主として情報源の偏りから結果的に同席調停の事例を多く取り上げている．司法書士会は同席手続を重視しているが，弁護士会のうち同席手続を重視しているのは，岡山と二弁であり，他の弁護士会ではあまり重視されていない[9]．ここに取り上げることができなかった機能的価値が重要でないと主張する趣旨ではない[10]．

また，民間調停において法律職団体型と並び重要な業界型の機関を取り上げていない．業界型には，法律職団体型とは異なる特質がある．たとえば，組織スタッフに業界からの出向者やOBが参加することで，分野固有の事情に詳しいという利点と共に，業界を守るために第一義的に行動するのではないかという不審を招きやすいという懸念がある．こうした論点も重要だが，本章においては考察の対象から除外する．

本章における議論は，上記のような観点で不充分さが残るものではあるが，筆者なりに見た民間調停の現実についての考察である．

---

5) いくつかの司法書士会の事例が含まれているが，事例数が少ないこともあり，団体名を示すことは控える．
6) 愛媛和解支援センターの事例を含めている．同団体は，司法書士を代表とする市民団体であり，無償で調停の場を提供している．同センターの活動については，8章1節「日本の民間調停機関のケーススタディ」を参照．
7) 参与観察方法の一般的特質に関しては，以下の文献を参照（エマーソンほか 1998）．
8) しかし，同席調停，自主交渉援助型調停が日本でも一定程度機能しうることまでは述べられるであろう．
9) 岡山仲裁センター及び二弁仲裁センターでは，会の規則として同席手続を標準としている．ただし，どちらの会でも，運用は調停人にまかされており，どのような手続進行がとられるかは調停人次第といえる．
10) たとえば，調停から仲裁へ移行した事例，厳格な証拠調を行った事例などについて取り上げることができなかった．このような事例は『精選77』（二弁仲裁 2007）には紹介されている．

民間調停機関の機能ステージ

民間調停機関の活動を機能ステージで見る考え方については，すでに序論2節「調停機関の機能ステージ」で理念的なモデルを示したが，ここでは，民間調停機関の機能ステージモデルとして，①期待の調整，②対話の支援，③計画の調整（結論の創出），④履行の支援への努力の4段階の連鎖を考える（表9-1（機能ステージ別に見た工夫の例と課題）参照）．

7章「戦前の調停論再評価の可能性」で見たとおり，わが国では，歴史的な経緯があり，「③計画の調整（結論の創出）」における「法との乖離」が問題とされることが多かった．この点は，現在においても重要な観点であり，5章2節「自主交渉援助型調停と「情報を得た同意」」で見たとおり，米国においてもさまざまな取り組みがなされている．しかし，問題は，調停機関が作り出す結果と法との乖離だけに議論が集中し過ぎていた点にある．それ以外のステージで，社会的に有用な達成が存在していることにも，逆に課題が存在していることにも議論が行われていなかった点こそが問題であると考え，その点を実証的に考えていこうという試みが本章の主題である．

ホテル経営に喩えれば，ベッドが清潔に整えられていたかという「宿泊提供機能」のみに注目するのでなく，複数のホテルから当該ホテルを選択，ホテル申込時の対応，清潔に整えられた部屋の提供，さまざまな不測の事態に対する対応，チェックアウト時の対応など，一連のサービス全体で理解しなければならない．同様に，民間調停機関についても，利用者への一連のサービス全体で評価をすべきということになる．民間調停機関が，実際に何をやり，何をやっていなかったのかを子細に検討する視点が必要なのではないかというのが，ここでの問題意識である．

2. 民間調停機関の機能ステージごとの課題と成果

期待の調整

①意義

当事者の調停手続に対する期待と，調停機関の提供する手続メニューの調整を行う機能である．また，紹介を含め，手続外の活動支援も機能として含まれる．

表 9-1 機能ステージ別に見た工夫の例と課題

機能ステージ	意　義	課　題	工夫の例	当事者にとってのメリット
期待の調整	当事者の調停手続に対する期待と，調停機関の提供する手続メニューの調整．紹介を含め，手続外の活動支援も行う．	受付担当人材の軽視／事件数の少なさに由来する不慣れ	マニュアル化／ラブレター方式の参加呼びかけ／ケースマネージャ方式／Webサイト，書式集の利用	簡易な申立／福祉手続の組み合わせ等により総合的に問題解決／債務者が手続開始する場合に向く
対話の支援	両当事者のニーズや事実への見方，気持ちに配慮しながら，対話を支援する．	多様性の不存在／閉鎖性／無規律	調停トレーニング／行動規範／同席と別席の意識的使い分け／長時間の手続／専門委員／現地調停	期日間隔を密に／1日に3,4時間話せる／管轄を気にせずに場所を選べる／裁判所外で実施／同席手続可能／同行者の調整が柔軟／分野の知見を入れられる
計画の調整（結論の創出）	調停手続の出口にあたるこれからどうしていくかという計画を調整する（紛争に結論を与える）．	当事者ニーズとの不一致／形式的・安易な合意／機関側の押しつけ	創造的な合意内容／謝罪・再発防止・努力目標なども含められる／第三者の意見書	請求権が構成しづらくても結論を出せる／いわゆるWin-Winの結論になる場合もある／立証が困難でも結論を出せる／「謝罪」が得られる場合がある
履行の支援	調停で出た結論に沿って実際に履行するための支援を行う．	履行の支援が調停機関の活動と意識されていない／合意の後のフォローを行っていない	手続内で金銭支払い等の履行を行う（手続後の履行を残さない）／裁判所の即決和解手続と連携し，執行力を確保する／各種支援制度等社会的資源の案内	確実な履行が期待できる／相手が納得して履行する

②課題

　当事者にとれば，民間調停機関の顔にあたるのがこの「期待の調整」のための「受付」である．最初にアクセスしたときの印象によって，利用者としての信頼感は決定される側面がある．しかし，この機能が大切であることすら充分

に意識されてこなかった．米国では，受付（intake）の方法論として研究され蓄積がある[11]．

　機関内ではコスト要因でもあり，軽視されがちである．裁判所では，書記官というプロの職能がこの役割を担っている（澁井・細井 2004）．また，家裁調査官が，相手方への応諾要請を行うなど，チームワークでの活動もある（井上 2004）．それに比べて，民間調停機関では，この機能の充実は固定費として直接に跳ね返り，財務状況を悪くする．固定費を充分に回収できるような充分な収益を上げる機関に脱皮できているところは皆無といってよい状況にあり，まがりなりにも外形的に黒字経営の機関でさえ，設備等については上部団体からの現物支給を前提に運営しているのが現状である[12]．ともすれば，こうした機能については「事務的な業務」として，「下に見る」意識が見受けられる．たとえば，一般的なビジネス活動であれば，なぜそのサービスを選ぼうと考えたかという情報はマーケティング的な意味で何よりも大切であろう．しかし，筆者は弁護士会での事例研究会[13]でたびたび質問を行ってきたが，なぜその弁護士会調停が選ばれたかが明確になる場合はほとんどなかった．明確に理由が分かるのは申立人代理人が仲裁センター関係者であったという場合に限られていたといってもよい[14]ほど，ほとんどの場合で把握されていない．また，別の機関の例では，申立からの受付を行う事務職を新任の非常勤のアルバイトの方に担当させ，あまりに負荷が大きく，精神的な不調をきたし辞めるという例が続いたというものもある[15]．弁護士会の中で最も件数を集めている愛知県弁護士会紛争解決センターですら，裁判所の書記官にあたる職能が存在しないこと

---

11) 4章2節「コミュニティ調停機関運営の方法論」参照．
12) たとえば，二弁では黒字経営を続けているが，会議室の利用料金などの負担をしていない．8章2節「民間調停機関のコスト構造の分析」参照．
13) 第二東京弁護士会仲裁センター実務研究会，東京三会実務研究会．
14) 機関関係者が，機関への申立を行うということはしばしば見られる．また，そのような場合に，当事者の満足度につながるような機関の利用がなされている割合も高いようである．たとえば，「多数の相手方の公平な利害調整を援助した」事例（16）は，機関関係者が申立人代理人であった．あるいは，当該調停人の専門的能力への信頼から申立がなされる場合がある．たとえば，セクハラ問題の研究を行っている弁護士にセクハラ事件を申し立てるという事例もある．このような場合には，中立性の観点では問題が生じているという見方が可能であるが，申立人の満足度にはつながっている．
15) 第19回第二東京弁護士会・ADR夏期勉強会（2008年7月19日）では，ある弁護士会の担当者から，本文中に紹介したような趣旨の発言があった．また，土地家屋調査士会においても，類

によるマイナス面が公然と語られている[16]．ある程度機能している民間調停機関でさえ，実態としてかなり寒々しい状況に置かれている．

つまり，こうした受付場面における当事者との「期待の調整」機能において，経験が乏しく信頼感に欠けるという課題がある．

③工夫

弁護士会等でも近年ようやくこうした問題意識が一部で育ちつつあり，たとえば，日弁連は「仲裁センター実務懇談会」という事務職を含めた現場の意見交換の場を設けている．また，愛知県弁護士会，仙台弁護士会のように手続開始前の当事者支援業務を行う役割を定義し，その役割に対価を支払う場合も出てきている．あるいは，やはり愛知県弁護士会のように申立書作成のための書式集をインターネット上に公開する例も出てきている．横浜弁護士会など，こうした業務全体についてマニュアル整備を行う例も登場している．

また，司法書士会は海外の調停モデルを参考にして，ケースマネージャ（手続管理者等の名称で呼ばれる場合が多い）を設置し，事務職員の役割を限定して，調停についての能力のあるものがその前さばき段階でもさまざまな活動を行う．

これらの前さばき段階の中でも，特に問題となる相手方への参加呼びかけ（応諾要請）についての工夫も存在する．任意の手続である調停に相手方が応じない限りは，手続が始まらないからである．これについては，二弁仲裁センター設立後の比較的初期の時期から「ラブレター方式」という手法が使われている．調停人が相手方当事者に向けて，機械的な出頭要請の書面ではなく，この話し合いに参加するメリットがあるということをやわらかい言葉で書いた手紙を送付するものである[17]．宮城県土地家屋調査士会では，相手方宅を訪問するという手法をとっている[18]．

似のエピソードがあった．

16) 塩見渉弁護士発言「調停のように書記官がいないので大変です．事務局任せにできないので事務局の体制が整えばいいなあとは思います」（水野ほか 2008：p. 25)．
　なお，この後，愛知県弁護士会紛争解決センターでは，ADR調査室を設け，申立書作成支援等の役割を行う担当弁護士に手当を支払う制度を開始している．

17) ただし，二弁仲裁センターのすべての手続実施者がこうした方法をとるわけではない．二弁仲裁センターの内部にも，話し合いが開始されるまでは，意図的に機械的に，中立に振る舞うべきという考え方もある．

18) 岡山仲裁センターでも，参加要請を相手方宅訪問によってなされた例もある．

上記，参加呼びかけ（応諾要請）を含む，ケースマネージャについての研修プログラムの取り組みも現れている．

④事例

> 事例（1）　期待の調整（1）：丁寧な参加呼びかけ（ラブレター方式）
> 建築中のマンション購入をめぐって当事者間でこじれていた．相手方（建設会社）は，申立人（消費者）との話し合いを当初拒んでいた．申立人としては直接交渉で要求していた水準よりも低い内容でもよいという考えがあった．調停人から，内容面に多少踏み込んだ参加呼びかけの手紙を書き，応諾をとりつけた．

司法調停では，理由のない不出頭は過料の対象となる（民事調停法34条，家事審判法第27条）[19]．また，司法調停には，裁判や審判が控えており，これらの手続では，欠席すれば，欠席した側が不利になる．

このような環境にある手続と異なって，民間調停においては，相手方の応諾は文字どおり任意である．したがって，どのようにして，相手方が調停の場に来たいと思うようにするかが問題となる．

たとえば，申立時の申立人の言い分を相手方にどの程度伝えるか，伝えないかが問題となる．申立をしたという事実以外は一切何も伝えないという立場もあれば，逆に，申立書をそのまま相手方にすべて送付するという立場もある．これらの両極端な運用であれば，調停機関としては，誰がやっても同じように実施できるというメリットがある．ただし，相手方にとっては，これらの方式では，唐突感は強いものになる．つまり，何も事情を知らせずに「出頭せよ」と言われるにしても，申立人の言い分が書き連ねられた書面――しばしば大部になる――をそのまま送付されるにしても，「話し合いを開始する」というよりも，「一方的な立場を突きつけられる」といった印象を相手方に与えるものになってしまう．もともと調停という手続は，申立人の一方的な意思の下に唐突に開始されるという，相手方にとっては不愉快な始まり方が一般的である．このような唐突さをできるだけ緩和し，相手方の解決意欲を引き出すにはどの

---

19)　これらの運用に対しては，謙抑的であるとされる．

ようにすればよいかが問われる．

ラブレター方式は，問題の個別性の中で，いかに相手方当事者にとって調停での話し合いが意味をもたらすかを具体的に説くというものである．申立人の言い分を機械的に伝えたり遮断したりするのでなく，調停人またはケースマネージャとしての中立的な立場で，相手方の参加を促す．たとえば，相手方に送付する文面について，相手方の立場を配慮しつつ，申立人本人にも書きぶりを確認するといった活動がなされる．

この方式のデメリットとして，レター作成の手間がかかり過ぎることの他に，申立人の調停人ないし調停機関への依存が強くなるおそれがある．

> 事例（2）　期待の調整（2）：管轄
> 相手方企業の本社は遠方にある．相手方の支社と話をしたいだけだが，裁判になれば相手方本社の管轄での訴えをせざるをえない．

裁判では，合意がない限りは，相手方本社の管轄地区での訴え提起が必要になる．

司法調停では相手方支社を相手にした話し合いも可能である（民事調停法3条）．ここで，民事調停を行うのは，「相手方営業所もしくは事務所所在地を管轄する簡易裁判所」であり，「主たる営業所もしくは事務所ではない」（小山 1977：p. 165）．

ただし，相手方企業への連絡方法の柔軟性の観点では，民間調停にメリットを作りうるであろう．たとえば，前述の「ラブレター方式」との組み合わせにより，申立人の真意が伝われば，相手方支社も対応しやすくなるが，単に「申し立てられた」ということしかわからなければ，本社で「堅い対応」をせざるをえなくなるかもしれない．

管轄に関わる他の例としては，家事と民事の両方の話し合いを一度に行いたい場合もある．たとえば，夫婦で企業経営を行っていたが，離婚及び共同経営解消を全体として話し合いたいという場合がそれにあたる．

> 事例（3） 期待の調整（3）：事前調整が親切
> 借家の明け渡し事件で，借家人は生活保護受給資格のあるものだったが，手続を行っていなかった．調停手続に入る前に，生活保護受給手続案内を行った．

　この事例では，申立人である大家が，借家人である相手方に明け渡しを要求している．調停機関は，相手方に生活保護受給手続について情報提供を行っている．調停機関側にノウハウのある福祉的な機能の提供を，紛争解決の事前処理として併せて提供しているものといえる．

　申立人にとっては，相手方である借家人が生活保護受給を行えば，明け渡し後の相手方の新居を探す目処がつくので，紛争解決の実効性が開ける．相手方である借家人にとっては，破綻しつつある生活の立て直しのきっかけになる可能性がある．

　実際の事例としては，生活保護受給手続案内を調停機関とは別の窓口で行ったにもかかわらず，相手方は生活保護受給手続を行わなかった．そして，調停での話し合いの結果，明け渡しを行うという調停合意がなされたが，履行はされなかった．調停手続としては「合意」には成功したが，「解決」には成功しなかったという例になったといえる．調停機関にも申立人にも，生活保護受給手続を強制する権限はないので，どのような手続が望ましかったのかを言うことは難しい．ただ，本件では，家賃滞納分の金銭債権や借地借家法上の明け渡し要件以上に，福祉的な要素が事例の中心にあるということはいえる．

　民間調停機関が福祉的な機能を発揮できる場面は他にもあるだろう．たとえば，離婚後に母子寮の利用等，適切な福祉サービスを利用できるかどうかは，妻側の生活にとって非常に大きな意味を持つ．もちろん「特定の福祉ビジネスへの誘導機関」になりさがってしまっては，調停機関としての独立性や公平性に問題があるといえる．しかし，当事者にとって，生活の立て直しこそが問題解決の本質になるという場面は少なくない（アフターフォローにおける福祉的機能の提供例である事例（27）も参照）．

> 事例 (4)　期待の調整 (4)：地震後に被災地近くで実施
> 自治体の協力を得て，場所の提供を受けて，当事者住所の近傍で実施した．

調停手続の場所として，自由に選択することができる．特に，地震の直後の近隣紛争を，近傍の自治体で実施できれば，当事者にとってメリットは大きい．阪神淡路大震災後に，近畿弁護士会連合会が行った活動が有名である（二弁 1997：p. 314）．ただし，古くは，借地借家調停法施行翌年の関東大震災では，裁判所が，被災地にテント張りの調停部屋を設置したこともあり，司法調停でも実施可能であろう．

> 事例 (5)　期待の調整 (5)：調停実施場所の選択
> 裁判所等がある県庁所在地から距離があるもの同士の紛争を，近所の商工会議所で話し合いたい（近傍の場所という意味と，当事者にとって，親しみやすい場所という2つの意味がある）．

震災のような非常時に限らず，当事者にとって身近な場所で話し合いを行えることは意味がある．実際問題として，裁判所に行かずに済むということに意味を感じる当事者は少なくない．弁護士会，司法書士会といった法律職団体の建物よりも，むしろ市町村や商工会議所などの施設の方が，一般的に市民にとって身近さを感じさせるものである．

小さい地方都市では，そこで話し合うこと自身に抵抗があると言われる場合もあり，近所であれば常に望ましいというわけでもないが，場所の選定については，なるべく当事者にとって身近な場所が望ましい．単に利便性の意味だけでなく，手続へのオーナーシップの観点でも，当事者が「自分の話し合いにふさわしい」と思える場所で実施することに意味がある．

ただし，一般の会議などとは違って，廊下からの視線が気にならないように配慮する，別席手続のための待合室を確保する，調停手続外で鉢合わせにならないように配慮する……等々の調停ならではの繊細な会場設営が求められる．協力機関に対して，単に物理的なスペース提供以上のものを求める必要もあり，依頼する調停機関側，依頼を受ける団体側にもノウハウが必要となる．

> 事例（6）　期待の調整（6）：外国人弁護士に調停を依頼した例
> ヨーロッパ人の夫と日本人の妻の離婚の調停．親権に関しての家裁の一般的な運用に不信感がある夫が，カナダ人の弁護士の調停を希望した．日本人弁護士との共同調停を行うことになった．

　調停人を選択できることは，民間調停のメリットの1つであるが，現実には，多くの場合，調停人の選定は，調停機関側で行っているようである．1つの問題は，調停機関側が調停人についての効果的な情報提供を行っていないことがある．岡山仲裁センターでは，候補者名簿を写真入りで整備している．調停人からのメッセージや人となりを表現することなく，「民事一般担当可能」といった情報だけでは確かに選択しようがない．

　この事例は，家裁の運用に不信感がある申立人が欧米の弁護士を指名したというものである．日本人弁護士も参加し，中立性の観点での懸念に対応している．申立人は，具体的には，家裁では，妻側に親権を与えられるケースが多いという事情や，夫の面接交渉権に実効性がないという懸念，さらには，外国人は日本人に比べて不利に扱われるという心配を持っていた．現実にそうであるかというだけでなく，そのように当事者が考えているという認識の問題がある．

　申立人と相手方で男女に分かれる場合に，男女ペアの調停人をつけるとか，労働問題で労働者側，雇用者側の専門家を付けるといった運用は裁判所でも意識されているところではあるが，民間調停では，よりきめ細やかに実施する可能性がありうる．

> 事例（7）　期待の調整（7）：不倫の側からの申立
> 婚姻外で妊娠した女性からの慰謝料と養育費の請求．怒る本妻を説得し，申立者である不倫相手と別れる約束と共に，慰謝料と養育費の支払いを文書化．

　裁判所に対しても，不倫をした側から認知の申立が可能だが，慰謝料はむしろ本妻から請求される立場になる．裁判所の調停でも，認知に関してはDNA鑑定を行えば確定することはできる．しかし，この事例の紛争は，事実の確定というより，本質的には，夫婦と婚姻外の女性の三者関係の調整である．それ

ぞれが完全な満足とはいえなくても，納得できる線で合意することが望ましい．そうでなければ，結局その後も養育費の支払いが滞るその他の形で紛争が継続しやすい．

ところで，紛争の個別性の中で，利用可能な資源を発見し，それぞれの当事者の納得の元に，実施可能な計画を作り上げることが調停にほかならないとしたら，ある程度は，裁判所での運用と離れた合意を作ってもかまわないといえる．しかし，同時に，司法調停等裁判所では期待できない内容の請求が可能ということだけが民間調停のメリットになってしまうと，脅迫その他の不当な請求の温床として民間調停が悪用される可能性が生じる．

対話の支援
①意義

両当事者のニーズや事実への見方，気持ちに配慮しながら，対話を支援する機能である．

②課題

民間調停機関における対話の支援は，機関により，また，調停人によりかなり違いが大きい．機関としては，たとえば，口頭での話し合いを中心とし，法を含めた専門的知見を提供しない方法がある一方，むしろ書面を主体として専門的な見立てを整理するところに特徴があるものもある．その多様性は，調停の良さでもあるが，当事者の期待と，機関が提供する手続とのギャップが大きければそれが問題になる．

民間機関による調停は，親切で，迅速で，専門性も高いと宣伝される場合は多いが，必ずしもそのようなものばかりではない．岡山仲裁センターは，カウンセリングマインドを持って，自主交渉援助型の，当事者本位な進め方を指向し，当事者からアンケートを取っている．機関としては，質の良い紛争解決への意識が高く，満足度は低くないが，一部の利用者からの批判にはかなり厳しいものも含まれている．対話支援方法についての課題，特に，不満足が強い当事者はどのような状況であったのかについて詳しく見たので，10章3節「調停手続の満足・不満足の構造——岡山仲裁センターの利用者アンケートデータ分析」を参照されたい．なお，ほとんどの機関はこうしたアンケートの分析や

アンケートそのものを行っておらず，そのような課題があることを直視する以前の段階にとどまっている．

　法律職団体の調停の活動は収益性に乏しく，ともすれば，会務としての義務的活動意識からくる供給者論理の押しつけ，あるいは，紛争解決を「してあげている」というものになりやすい．調停人は妥当と考えているが，当事者からはそうは見られていないという場合もある．

　当該団体内の自己満足の色合いが大きくなる1つの要因は，その担い手の多様性が欠け，閉鎖的な運営が行われていることにあろう．裁判所の調停も，データを公開し，さまざまな批判の目にさらすという意欲が少ないが[20]，民間機関がむしろそれ以上に閉鎖的であるという事情がある．さらにいえば，弁護士会以上に，弁護士以外の法律職団体において閉鎖性が強い[21]．

　機関内にすぐれた調停人は存在するにせよ，その質については一定とはいえず，不満足な活動と見る当事者があろう．

　後に示すように，実はさまざまな工夫がなされているのだが，無関心な機関は多い．そもそも手続が利用されたり，当事者に満足を与えたりということでなく，ハコとしての機関をなんとなく整えるということ以上の仕事をする必然性を感じていない場合もある．

　中村は，弁護士が民間調停に無関心かむしろ回避的で，また，調停技法研修（調停トレーニング）に一般に熱心でないのは評価型と自主交渉援助型（促進型）というスタイルの違いというよりも，「ADRの核心は，……自らの解決手法を反省的に振り返れるかどうかにかかっている」のにそれができないという「手続実施者の立ち位置そのものに関わる根深い問題」が存在するという（中村 2007：p.155）．これは弁護士に限ったことでなく，法律職の業務のあり方が，「教えてあげて解決する」という立ち位置に固まっている点への批判であろう．こうした状況に無自覚である問題——法律職専門家が調停人としてふさわしいかという問題——が根深く存在している．

---

[20] 裁判所の調停への批判を公開し，建設的な提案として受けとめていこうという発想は存在する．10章1節「調停に関する既往の実証調査研究」参照．
[21] 弁護士会では，建築士をはじめとする，弁護士以外の手続実施者を加えている例は多いが，司法書士会，行政書士会などでは，そうした発想に乏しい．

③工夫

手続をより良いものにするための工夫は機関によってさまざまな形で行われている．

現地調停は，紛争の現場にフットワークを軽くして，調停人と当事者が共に訪れ，何が問題であったかを話し合う手法である．建築紛争や境界紛争のような，現実の紛争原因を一緒に見ることで，情報を共有し，調停人が現場を見た上での話し合いということで，納得感が醸成されやすいという効果がある．

専門委員制度は，民事訴訟法92条の2と同様に専門的な知見を調停の話し合いに注入するための仕組みである．また，調停人自身をさまざまな専門職と共同実施することで，専門委員同様に専門的な知見を使って解決できる．多くの弁護士会では建築士との連携によって，建築紛争を解決している．また，医師と弁護士の共同による取組事例はさまざま登場している．このような取り組みは専門家が入ることで「相場観」を容易に得ることができるため，簡易鑑定的な効果が期待されている場合が多い．ただし，手続の規律が不充分であること（たとえば，あまりに安易にその専門家が心証を形成し，それを口にして，当事者から不興や不信を買う場合など），専門家の専門性を検証する手続が保証されていないこと（たとえば，建築士が言うのだから間違いがないと安易に信じ，その結論が一人歩きするおそれがあること）などの問題もあり，専門家による調停という工夫が常に望ましいとは限らない点には留意する必要がある．

補助者制度も対話の支援を充実させるための方策である．ベテラン実務家の調停人を補助するため，判例調査等の期日間の活動を行い，また，期日においては共同調停人に近い形で手続に参画する．これは，若手を民間調停活動に取り込むためのリクルート，人材育成という側面もあるが，評議によって手続が充実するという側面も大きい．

書記的役割として調停室に調停人以外が入る運用を行っている場合もある．調停人本人のメモ負担を解放する意義と，書記本人にとって調停の場面を経験する意義がある．

対話の支援についての標準的なマニュアルを整備している場合もある．たとえば，初めのあいさつで発言すべき内容や，進行にあたっての留意事項，合意文書の書式例などをまとめている事例がある．

事例検討会は，事後に紛争解決の進め方，内容について協議する活動である．当該紛争解決についての工夫や，進める上で問題となった箇所を議論する．現実の紛争をどのように扱ったのかという経験が，当該調停人以外の手続候補者と共有できるというメリットがある．二弁では従来から行われている．全国青年司法書士協議会でも開催している．

手続期間中の相談とは，調停人が，調停の期日期間中に，機関のセンター長その他に相談することをいう．裁判所の調停では，調停委員会には裁判官がいるため，裁判官に相談するという場面がある[22]．仙台弁護士会では，調停人の独立性を尊重しつつ，求められれば支援するというスタンスをとっている[23]．また，東京司法書士会では，2週に一度の定例の事例検討会が実施され，進行中の調停人が相談することができる方式になっている．東京司法書士会のこの方式は，司法書士と弁護士の連携（ADR法6条5号）という趣旨もあり，センター長の他に，助言弁護士も検討会に参加している．

利用者アンケートについては，岡山仲裁センターで行われている[24]．

④事例

> 事例（8）　対話の支援（1）：期日の早い設定
> 建築中のマンションと近隣住民のトラブル．建築時の騒音そのものも紛争の原因の1つで，できるだけ早く話し合いたい．

一般的には，どのような紛争についても，早い解決は望ましい[25]．しかし，いくつかの類型の事例では，期日を早く設定するということが不可欠になる場合がある．

この事例は，建築期間中の騒音そのものも紛争の論点になっており，できる

---

[22] この調停委員による裁判官への相談を気軽に実施できるようにする工夫を行っている例もある（前田 2008）．
[23] 仙台弁護士会紛争解決支援センター「仲裁人ハンドブック」によれば，運営委員会が委員長を中心として，個別事件に対するバックアップ体制を構築するため，「当事者対応にてこずっている，事件解決の方向性についてどうしたらよいか悩んでいる」という場合などの相談を呼びかけている．
[24] 10章3節「調停手続の満足・不満足の構造——岡山仲裁センターの利用者アンケートデータ分析」参照．
[25] 後述する事例（13）は，早期の解決をはかろうと急がないところに価値があった事例である．一般的に，こういう事例は例外的であるといってよいであろう．

だけ早い解決が，紛争の拡大を防止する意義がある．事例（9）と同様に，第1回期日をできるだけ早く入れるというだけでなく，第2回期日以降も期日間隔を詰めて調停を行うことに価値がある事例である．

> 事例（9）　対話の支援（2）：期日間隔を密にする
> 婚姻外での妊娠（男性側にとっては不倫関係）で，女性側が，出産するか堕胎するか決めかねている．期間がかかる話し合いは避けたい．

事例（8）と同様に，「早く」話し合いを行うことが大切になる事例である．期日間隔の短さと，結果としての解決までにかかる日数の短さが大切になる．

なお，ここでの「早さ」とは，必ずしも「話し合う時間の短さ」を意味しない．当該事件では，女性本人の母親が手続に対して積極的な役割を果たした．男性側の意思がはっきりしない中で，女性側だけが重要な決断を迫られるという局面である．身体的な負担が懸念されるが，同時に，しっかりと本人同士で話し合うしかない問題もある．

> 事例（10）　対話の支援（3）：心理的負担の軽減
> セクハラで退職したが，精神的に参ってしまって，訴訟を戦うどころではない．しかし，泣き寝入りはしたくない．

この事例では，代理人弁護士がつき，訴訟の準備も行っていた．しかし，最終的には，申立人本人が訴訟を闘いきれないと判断して，民間調停を選択した．当該事件では，申立人にさまざまなニーズがあった．金銭的補償を得ることで新しい生活を始める土台とすること，あまり負担のない紛争解決手続とすること，さらに，加害者であった会社の有力者によるセクハラによって後続の被害者が出ないようにすること（再発防止）といったものである．

秘密の手続であることの引き替えとして，金銭的補償は，裁判で期待できるものよりも多額の水準ではあったが，再発防止については実効性が期待できない形での和解であった．両方の当事者が手続に対して感謝を表現しているという意味では成功例であるが，調停の秘密性によって加害者側に対して充分な制裁が与えられていないという意味で不適切な調停事例と見る余地もある．

とはいえ，現実的にこれ以上の解決が可能かと考えると，かなり厳しい．も

し裁判になれば，相手方は会社を挙げて闘いを挑んでくるだろう．申立人の負担が限界を超える危険も考えられる．

> 事例（11）　対話の支援（4）：長時間同席でじっくり話し合える
> ビジネス関係の清算に関する話し合い．さまざまな行き違いがあり，数年間揉め続けていたが，同席で3時間の話し合いをして，1日で納得し合意できた．

　この事例では，同席調停で3時間じっくり話し合っている．1時間でかつ別席の手続では，当事者にとって，調停人から一とおりの事情聴取を受けるだけで時間がきてしまう[26]．たとえば，少額訴訟における手続は1時間を目処として実施されており，司法委員による和解手続がなされる場合でも，短時間での解決が要請されている．そのような状況では，両者の主張・請求を足して二で割るような運用になったり，一方を完全に切り捨てたりといったことになりやすい．つまり，金銭等の量的論点のみに焦点を合わせた，妥協による解決案の発見にならざるをえない．外部環境として1時間以内の解決を要請される環境では，たとえ調停人に技術があっても，当事者自身が解決に向けて努力を重ねて，納得ずくの合意を得るというのは難しい．また，同席調停で，話し合いを破綻させずに当事者の建設的な意欲を引き出していくことは容易ではなく，トレーニングが必要と考えられる[27]．

　なお，この事例では，代理人同士の直接交渉や，別席を主体とする他の調停機関の話し合いでは解決しなかったが，当該同席調停では解決した．

---

26) 司法調停実務家による別席調停では事実を聴き取るために，閉じた質問が多く使われる傾向がある（髙橋 2008）．
27) もっとも，トレーニングを実施せず，同席調停が行われている場合もある．たとえば，二弁仲裁センターでは，調停手続を行うものはほとんどの場合，研修を受けたことがない弁護士等によって進められる．岡山仲裁センターでは，設立当初より同席手続が行われていたが，カウンセリング技法などではなく調停のトレーニングが行われるようになったのは，2008年以降である．8章1節「日本の民間調停機関のケーススタディ」参照．

> 事例（12）　対話の支援（5）：同席調停での率直な話し合いによる解決
> 相手方であるDVの加害者の夫は,「自らが悪い」ということは表面的には認めるものの, とにかく元に戻って同居してほしいという主張だけを行っていた. しかし, 調停人が双方を公平に尊重し, それぞれの話を聴く態度に徹した結果, 夫からの妻への不満も正直に話されるような形に, 当事者間の対話が変化した. 結果として, 妻が夫にもう一度だけチャンスを与えるということで, 夫が署名した離婚届を妻に預けた上で同居するという合意がなされた.

米国においてもDV事件は同席調停を避けるべきと考えられている場合があるが, この事例では, あえてDVにもかかわらず同席調停を試みている. この事例を成功例と見なして一般的にDVでも同席調停が可能であるという結論を導くことはできないが, うまくいく場合もあることを示している. この事例では, 加害者である夫側が, 妻への不満を話せる状況が生まれてから解決の糸口が見つかっている[28]。

このようなハードケースにおいては, 事例（17）と同様, 調停機関以外の立ち会いを検討するべきと思われる.

> 事例（13）　対話の支援（6）：期日回数を多く重ねられる
> 事故の被害にあったため, 入院していた. 治療の経過を見ながら話し合いを続けた（期日回数3回以内に限定しなければならないといった制約がない）.

この事例では, あえて期日間隔を空けて, 治療の経過を見ながらの調停を行っている. 当事者ニーズに沿って手続を進めればよいとすれば, このような進行も許されるであろう. 当事者が早く終わらせたいのに, 調停人が調停人のニーズによっていたずらに期日回数を引き延ばすようなことがあれば問題であろうが, そうでない限りは許容されると思われる.

---

[28] なお, この事件の解釈として, 仮に夫側が手を上げた場合, 直ちにその夫自身が追い詰められてしまうという意味で危険のある解決であるという考え方がある. DV加害者支援のような枠組みで, 夫側も社会的に孤立せずに問題に取り組める環境が必要であるという考え方もあろう.

具体的な手続進行としては，調停人が当事者ニーズを正しく認識し，常に確認していくことと，当事者が調停から離脱する方法が示されているかどうかが重要になるであろう．

> 事例（14）　対話の支援（7）：利害関係者を入れて話し合いをしたい
> 住宅改修工事について，下請業者が元請業者から約束していた代金の支払いを受けられず，住宅の建築を中断してしまった．元請業者の資金繰りが苦しかった．工事の完成がされずに困っている施主（未払い分は残っている）と三すくみの状態になっている．

この事例はやや複雑である．元請は，払いたくても払えない状況にあり，下請は工事だけ完成してお金が支払われない状況は困るとして，工事を中断している．契約関係で見れば，この二者の話し合いになるが，重要な関係者として施主にも話し合いの間に入ってもらうことで，解決への選択肢を増やすことに成功している．結果として，施主の未払い分が下請業者に直接支払われることを含めて決着した．この事例は，それぞれ困っている三者が同席で顔をつきあわせて話をしているところが解決につながっている．

司法調停でも，利害関係人の参加を認めるし（民事調停法11条），調停委員会から利害関係人に出頭を要請することもできる（民事調停法11条2項）．したがって，この事例が民事調停手続に持ち込まれた場合でも施主の話を聞くことはあり得る．しかし，全員が同席でしかも時間の制約をさほど気にせずに話ができている状況を作り出すことは困難かもしれない．

なお，利害関係人の参加について，どのような場合でも認めればよいというわけではない．安易に認めてしまうと，かえって話し合いがこじれる場合があるためである．両当事者と調停人が，問題解決に役立つと思える場合に限る必要があるが，どのようにその規律を考えるかについても難しい．しかし，個別性が高いからこそ調停が価値を生み出しやすいともいえる．

> 事例（15）　対話の支援（8）：関係者への申し入れが当事者の納得を生んだ
> 公的機関内で児童同士がぶつかって，申立人の娘は手術を要するケガをした．相手方保護者は，申立人に対しては謝罪をする気持ちがあるが，公的機関の対応に不満を持っていた．調停人から公的機関に，話し合いに入るように申し入れを行った．当該公的機関は，話し合いへ参加しなかったが，相手方保護者にとっての納得感にはつながった．

　この事例は，児童同士の事故である．申立人の娘と，相手方の息子がぶつかったという事例で，両方がケガをしている．ケガの意味が女児と男児では異なるという事情の他に，申立人の保護者は社会的な発言力の大きいタイプであり，相手方はそうでもなかったという事情もあった．事故のあった公的機関が，申立人側を被害者，相手方側を加害者として扱い，不公平であったという思いが，相手方保護者にあった．調停人は，交通事故の場合にも，たとえば出会い頭の衝突ならば，一方だけが悪いということにはならないという考え方を申立人に受け入れるように働きかけた．相手方の，公的機関への不信感や不満に対しては，理解を示すだけでなく，公的機関側に話し合いへの参加を，調停人の名前で手紙を書いて呼びかけを行った．公的機関は話し合いへの参加は拒否したが，問合せに対しては書面で回答を行い，申立人・相手方双方が真実を知りたいというニーズの一部が充たされることになった．

　本事例では，調停人自身が，当事者の話を聴くというだけでなく，さらに，手紙を書くという踏み込んだ位置に進んでいる．法的専門家として手に入った情報の元に心証を伝えるといった立場をとらず，さらに事情を調べようというスタンスをとっているところが注目される．

事例（16） 対話の支援（9）：多数の相手方の公平な利害調整を援助した
隣家6軒が被害を受けた火災事件で，申立人は火元の住宅の相続人である．
相手方6者に対する支払額を確定するための話し合いにおいて，出席できなかった当事者にも，話し合いの過程を文書で示したり，当事者全員の被害額を確認したり，保険金でカバーできる内容を確認したりと，プロセスを透明にすることで，相手方全員からの信頼を獲得した．短期間に合意がまとまった．

この事例では，債務者が申立人となり，債務内容を確定するために民間調停を活用している．相手方6者は被害者であるとともに，限られたパイを取り合うという意味で相手方の内部の合意形成が必要となる事例である．相手方の内部に相互不信が生まれれば，全体としての合意が遅れ，保険金の請求可能なタイミングを逃すおそれもあった．それぞれの被害状況の聴き取り，整理した上での提示など，複雑な事例に対しての整理を行っている．

このような解決事例の存在は，調停が多数当事者の問題解決にも適用可能であるという事実を示唆している．廣田尚久『紛争解決学』(廣田 2006：p. 352)にも多数当事者の紛争解決事例が紹介されている．これは，ゴルフ場の開発をめぐるトラブルであるが，会員権を有する多数当事者間の調整という局面が出てくる．米国においては，公共事業実施のための合意形成や，環境影響評価などの目的で，調停人が地域全体の合意形成支援の活動を行っている[29]．

事例（17） 対話の支援（10）：関係者の立ち会いの下に話し合い
夫婦間DVについて，警察，女性センターの立ち会いの下に，同席調停を行った．

この事例では，自治体の運営する女性センターからの紹介で持ち込まれて開始されている．DVについては，米国の運用でも，同席調停を避けるべきとされる場合があるなど，もし実施するとすれば，事例の見極めや進行を慎重にすべきと考えられる．この事例では，警察と女性センター職員は発言を行わない

---

29) マルチステークホルダにおける合意形成についての，代表的な文献として以下を挙げる．(サスカインド／クルックシャンク 2008)．

という原則の下に，同席調停という直接対話を実施できている．

日頃から，調停センターと警察や女性センターの信頼関係が結ばれていなければ，なかなかこのような場にこぎつけること自身が困難となる．つまり，ある地域において実施可能な状況を他の地域では少なくともすぐに形成することはできないといったことがある．この事例では，地域固有の組織間における信頼関係が地域資源として活かされている．

計画の調整（結論の創出）
①意義
調停手続の出口にあたる，これからどうしていくかという計画を調整する（紛争に結論を与える）機能である．不合意の場合も含む．
②課題
そもそも，調停における良い解決とは何かという点についての一般的な合意は得られていない[30]．ただし，おそまつな解決というものは歴然と存在するであろう．

まず，当事者にとっての良い解決，良くない解決があろう．紛争は一般的には，一方の満足，他方の不満足が出口となると考えられるが，双方満足，双方不満足の場合も現実に存在する．そのため，双方満足，いわゆる Win-Win を理想とする考え方が調停においても語られる場合が多い．しかし，紛争内容によっては，双方がある程度は満足するということはいえても，完全な満足はありえないものも少なくない．したがって，当事者満足を目指すべきということは，一般的にいえたとしても，現実的には解決内容における満足の確保は容易ではない．かといって，当事者満足を目指す必要がないという考え方はまた極論であろう．要求している内容が100％獲得できないにしても，両当事者とも妥当な結論として受け入れられるような内容の解決が存在する場合も多いはずである．これと逆に，当事者ニーズに不一致の，レベルの低い解決も存在する．たとえば，声の大きい方の要求に引っ張られる形で解決するとか，紛争の内実

---

30) 米国における，メンケル＝メドウ，ブッシュ，メイヤーの議論を参照．3章「調停政策の位置づけ」参照．また，わが国における，穂積重遠と牧野英一の調停観における相異については，7章「戦前の調停論再評価の可能性」参照．

に踏み込まず，請求を単に足して二で割っているようにしか見えない解決などである．もっとも，当事者ニーズ自身が過剰で，たとえば，探偵業務的な活動も含めた形での真相解明を求めているようなものも，「解決と当事者ニーズの不一致の例」といえるかもしれない．

次に，社会にとって良い解決，良くない解決があろう．ゴネ得，逃げ得，その他，不公正な当事者を利するような解決は，社会にとって問題の先送り，問題の拡大になりかねない．たとえば，会社内のセクシャルハラスメントやモラルハラスメントなどのケースで，調停が秘密手続である点を利用して，いわば被害者への「口止め料」のような形で紛争解決をはかるのは妥当と思えない[31]．また，建築瑕疵その他，被害者が多数存在するような社会問題についても，被害者を分断する可能性がある場合も，同様に不適当であると考えられる．あるいは，たとえば消費者を名乗る脅迫まがいの請求を認めるようなことも不適当であろう．

また，紛争解決における効率性の追求が必要な場面はあるであろうが，あまりに事務的な手続で，社会的弱者が暴力的に権利を剥奪されるような手続は不適当であろう．たとえば，解雇や，借家明け渡しなど，訴訟ではかなり慎重に取り扱われる事項の紛争について，当事者の形式的な合意だけで右から左に流れていくような処理となる可能性は制御されるべきであろう．

さらに，事実関係が明らかにならない場合にも，一応の結論が得られるのは調停のメリットであるとはいえ，当事者を置き去りにした形での解決案の押しつけは問題となろう．たとえ立証が困難でも，当事者が語る「事実」を手がかりに，納得できる話し合いを追求する姿勢は一般に必要と思われる[32]．

---

[31] 加害者側にとって調停手続はメリットがあるが，社会的に許容できるかは別問題であろう．事例（10）は，被害者側である申立人にとってもメリットのある解決がはかられているが，再発防止など，当該企業内における類似の紛争予防の観点では疑問が残る．

[32] 中村芳彦は，以下のように述べる．「……法実務家は，事実の世界で生き，仕事をしている．したがって，常にそこでは事実を見る目が問われている．ところが，従来の法律家は，事実を常に法というフィルターを通して眺め，またそのために単一の事実があるはずだという前提でクライアントの世界と対峙してきた．しかし，そのフィルターを外してみると，もっと多様な世界が見えてくるはずである．

もっとも，反面で，『現実の心理学化』という現象として指摘されているように，実際に生起している事実を，すべて心の問題と扱ってしまったのでは，問題を外部の世界に位置づけて，関係者間で対話をして紛争解決を図る役割を担う法律家の存在意義は満たされないし，クライアントにとっても，好ましい結果をもたらさないだろう」（中村 2008：p. 79）．

履行に結びつかない合意も「良くない」場合がほとんどであろう．それは，強制的な履行を担保させるべきという議論には必ずしも直結しないが（民間の調停手続として執行力を認めれば，安易な合意で執行されるおそれも拡大する），履行されない合意にエネルギーを費やされたとすれば，無駄である可能性が高い．たとえば，支払の約束をしたが債務者の破産が予定されている場合がそれにあたるであろう．あるいは，滞納のため，借家明け渡しの合意をしたが，手元不如意で次の生活のあてがない場合に，形式的な合意だけを急いでも本質的な解決に結びつかないという事例もある．このような事例でも，生活保護のような形で，生活自身を立て直す目処についても議論してからであれば，合意の実効性が期待できるかもしれない．そのような意味で，合意の内実を充実させることを検討すべきであろうが，事務的に堕した，合意ありきの紛争解決ではそこまで手が回らない．

③工夫

工夫としては，「(3) 対話の支援」で述べたさまざまな工夫が，解決内容を「良いもの」にする働きがある．たとえば，長時間話せたとか，同行者を設定できたといったことが，当事者の納得につながれば，自ら進んで履行したくなるよい解決といえるだろう．

執行力を確保するための方策はいくつかある．仲裁への移行，公正証書作成，即決和解手続の利用，裁判所の調停手続の利用である．弁護士会では，裁判所と事前協議を行い，裁判所内での簡易な手続を行うような運用について合意している場合がある[33]．

各種支援制度等社会的資源の案内を行う事例もある．たとえば，ひきこもりの青年への支援の活動を紹介したという事例がある[34]．

---

[33] 弁護士会と裁判所の協議例としては，新潟が先駆的であった（藤巻 1997）．
東京三会（東弁，一弁，二弁）と東京簡易裁判所も即決和解に関する連携を行っている（2002年9月6日付け，仲裁人候補者向け文書）．他には，福岡でも同様の事例がある．
[34] 事例（27）参照．

④事例

> 事例（18）　計画の調整（結論の創出）（1）：請求権を構成しづらい①
> 夫が職場のトラブルの関係で事件被害者となり死亡した．会社に対して金銭請求だけでなく，夫の名誉のための顕彰を希望する．

　この事例では，申立人の夫が会社のトラブルで死亡している．金銭請求もあるが，むしろ夫の死を会社の中で位置づけて欲しいというものであった．「顕彰を請求する権利」が一般的にあるとは思えないが，申立人がそれを言いたい気持ちは調停人としてもわかるし，相手方としてもある程度受け入れる気持ちもあるという状況がある．

　『調停読本』にも，事故で亡くなった子どもを皆で弔うという「解決」が紹介されており（日本調停協会連合会（編）1954：p. 223），司法調停でも意識されているはずの，古典的な解決方法の1つと考えられる．

> 事例（19）　計画の調整（結論の創出）（2）：請求権を構成しづらい②
> 高齢になってきたためエレベーターを設置したい．階下に住む借家人に明け渡し請求をした．話し合いの過程で，階段付設式昇降機を設置することで，明け渡し請求を取り下げた．

　この事例では，長年建物の1階を店舗付きの借家として貸し出していたが，2階に住む大家が高齢になり，建物を改築してエレベーターを設置したいので，1階の借家人に明け渡しを要求している．一般的には，大家の言い分が借地借家法上の正当事由に該当するかどうかが争われると考えられる事例であるが，本件では話し合っている過程で，「ひょんなことから，階段付設式昇降機」の話が出て，その方向で解決された．

　この事例では，原則立脚型交渉（利害に基づく交渉）[35]の枠組みでの説明が可能な，両方の当事者が妥協することなく，利害を満足させたと解釈できる．

---

35) 原則立脚型交渉は，『ハーバード流交渉術』で定式化されている．

> 事例（20）　計画の調整（結論の創出）（3）：立証が困難①
> アイスクリームの袋に穴が空いていた．それを食べた後，腹痛になり，診察を受けた．しかし，腹痛の原因がそのアイスクリームであるという立証はできていない．食品会社は，慰謝料請求には応じられないが，診察費の負担は可能という立場．

　この事例は，消費者による食品メーカーに対する苦情として現れた紛争である．穴が空いていたとしても，充分に低温であれば細菌が繁殖する可能性は考えられないため，腹痛に対する因果関係が乏しい．しかし，消費者の苦情を受け付ける段階で不適切な対応があった食品メーカー側が，診察費の負担を行う形で紛争を終結させた．感情的にこじれてしまった消費者にとって，振り上げたこぶしを下げる場所が与えられたといった紛争解決事例であった．
　消費生活センターで解決しても良い事例にも見えるが，消費者が損害賠償を請求している時点で，消費生活相談の枠組みからはずれている．
　このような因果関係が弱い事件について，実費とはいえ診察費を企業側に負担させて良いものかという疑問も生まれる．本事例では，企業が社内ルールとして，因果関係を立証できなくても診察費だけは支払っても良いという苦情処理における基準を持っていたため，それを活用して解決している．事例（7）と同様に不当な請求を招く危険もある事案である．

> 事例（21）　計画の調整（結論の創出）（4）：立証が困難②
> 子供同士で犬の散歩をしていた際に，犬の飼い主でない方の子供が犬の頭を撫でようとしたところ嚙まれてしまった．なぜ犬が嚙んだのか，原因がわからない．

　この事例の場合，本人である子供2人の話を聞いても，事情あるいは原因がはっきりしない．子供同士は友人であり，本来ならば，双方共に大きな争いにしたいわけではない．
　なぜそうなったのかがわからない前提で，被害の大きさと経過を話し合い，一定の金銭が支払われて解決した．
　このケースでも，事故が起きた後のやりとりに不満や不信がふくらんでいる．

双方が言い分をしっかり話せたということで，核心部分の事実がわからないことを双方が受け入れ，その上での解決を行っている．

> 事例（22）　計画の調整（結論の創出）(5)：立証が困難③
> 近隣関係で，いやがらせを受けたという申立．相手方は，自分こそ被害者だと言っている．申立人は金銭請求をしていたが，自分にとって大切なものが何かを考えさせ，金銭請求よりも関係調整を目的に話し合わせた．「いやがらせ」の事実の多くは不確定であったが，相手方が部分的に認めた事情について，同席での「謝罪」をてこに，今後相互不干渉を約束した．

　この事例では，双方の主張の中で基本的には相手方の主張がもっともであるという調停人としての心証を持っていた．しかし，それを裏づける事実もないし，申立人が認める見込みもない．申立人は，相手方に対して近隣住民として親しくなろうとして拒否され，メンツがつぶされたという面があり，相手方は何より今後関わりたくないという気持ちであった．その意味で，限定的ではあるが相手方の謝罪がなされ，今後の不干渉が約束されたという決着は，確定的な事実関係が不明という状況下で，双方のニーズを満たしている．また，別席調停における伝言としての謝罪に比べ，同席手続内でなされる場合に謝罪の意味が大きくなる．

　なお，事例（20）～（22）では，いずれも事実関係の不明確さが核心部においても残ってしまっているが，その上での解決を見ている．しかし，当事者として「事実を明らかにしたい」というニーズがあったはずだ．民間調停機関が「事実を明らかにする」能力には明らかに限界があるが，その点について当事者に理解を求める活動は，民間調停機関一般に不足しているように思われる．

> 事例（23）　計画の調整（結論の創出）(6)：公正らしさが確保された第三者の意見が欲しい
> インターネット掲示板で名誉を傷つけられた被害者とプロバイダの間で，書き込みしたものの情報開示を求める事例．プロバイダとしては，書き込みしたと思われるものを事実上特定できているが，通信の秘密に抵触するおそれがあり，開示に踏み切れない．

この事例は，電気通信事業法上の「通信の秘密」とプロバイダ責任制限法の適用をめぐってその解釈を求めるものであった．調停手続ではあるが，本質的には第三者専門家の意見ないし評価が必要とされたものといえる．「中立人評価」としてのニーズに法律家である調停人が応えている．つまり100万円程度の紛争という扱いで，第三者専門家の見解を和解文書に含めるという形で終結している．

　調停の本質を合意のための対話促進に見る立場と，専門家による中立評価に調停の価値を見出す立場が存在するが，本事例において当事者ニーズの中心は後者にあるといえる．弁護士等の法律専門職が，サービスとして実施してこなかったような業務ニーズが調停手続に持ち込まれていると見ることもできるであろう．つまり，「中立人評価」というサービスが確立していないがゆえに，民間調停の手続にこのようなニーズが持ち込まれているという解釈も成り立つ．

　相手方であるプロバイダ側は，第三者の判断を受けて情報開示に踏み切ることができているし，申立人である被害者は救済の見込みが生まれているため，両当事者は望ましい結果を得ることに成功しているといえる．

　この事例について，料金体系が他の対話促進的な調停と同様であってよいのかという課題は残るであろう．

> 事例（24）　計画の調整（結論の創出）（7）：努力目標を尊重した合意
> 　知人間の貸し金返還について，連絡すらできなくなり申し立てた事例．相手方が困窮している件や，連絡が取れなくなった際の行き違いなどを話し合って，相手方は毎月末に連絡するという条件の下に，相手方の生活基盤が築かれるまで支払を猶予するという合意をまとめた．

　調停は，当事者の自主的な解決であるので，この事例のように任意条項を主体とする合意をまとめることも許されるであろう．たとえば，毎月末の連絡ができなかったときにはどうなるか，あるいは，いつまで経っても「相手方の生活基盤が築かれない」ときにはどうなるかといった，あいまいさを排除する方向できっちりと話し合いを詰めてから手続を終結すべきという考え方がありうるし，一般的にはそれが望ましいであろう．しかし，これまでの意思疎通の齟齬を解消し，相手に対しての誠実な姿勢を回復できた時点で終了したこの事例

を失敗事例と決めつけるのも乱暴と思われる．

履行の支援
①意義
調停で出た結論に沿って実際に履行するための支援を行う機能である．
②課題
　調停では，合意文書作成が手続の出口と考えられている場合が多い．弁護士会の事例研究でも，合意後に実際に当事者が履行したのか，当事者関係がどのようになったのかは不明であると報告するものも多い．確かに，調停人及び調停機関として，合意文書作成までが手続としての責任の範囲であり，それが直ちに問題であるというわけではない．
　しかし，履行をめぐってのトラブルは多く，当事者ニーズを満たした手続になっているかを再考する余地がある．
　履行するつもりがない合意はそもそも「(3) 計画の調整（結果の創出）」に問題があったといえるし，さらにさかのぼれば，「(2) 対話の支援」がしっかりとなされていたのかという問題にもつながる．
　民間調停での合意には一般に執行力がつかないが，下記に示すような工夫の余地がある．
③工夫
　執行を残さず，手続内で履行するという工夫が行われている．金銭の受け渡しや借家の明け渡しを調停人の立ち会いの下で行う場合がある．完全な解決を調停手続内で行えるメリットがある．もっとも，これは調停機関・調停人の圧力を債務者側にかけることを意味するため，当事者（特に債務者側）が充分に情報を得て，納得して履行する状況に至っている必要がある．
　調停終了後に，履行状況をフォローする場合もある．当事者に連絡を入れることで，履行につながる場合もある．
　当事者にとっての問題解決の一環として，事後に関係機関（特に福祉機関）への引き継ぎを行うこともある．たとえば，借金の原因になったギャンブル依存から立ち直るとか，離婚後に女子寮に入る手続をするといった，紛争解決に伴う生活の立て直しの初動を援助し，しかるべき機関に引き継ぐような役割が

ある.
④事例

> 事例（25） 履行の支援（1）：履行状況のフォロー
> 履行の状況を電話等でフォローした．

　民間調停での合意には執行力がない．弁護士会調停では，公正証書の作成，即決和解の利用，司法調停との連携などの工夫も行っている．

　また，履行を残さないように，最終期日での現金受渡を行う場合もある．あるいは，借家の明け渡しを期日として行って，調停人が立ち会う場合もある．

　米国では，「終結後60日後」など，しばらくしてから状況を調査する運用を行っている場合もある[36]．

> 事例（26） 履行の支援（2）：その場でのモノの受け渡し・履行ができる
> 遠隔地にある学校と保護者のトラブルで，生徒の私物が残っていたが，調停期日内に返却できた．

　この事例においては，モノの受け渡しは紛争解決の核心部分ではなかった．むしろ，金銭返還，学校内でのいじめがあったかどうか，学校側が保護者に謝罪をするかといった論点が当事者間で重要であった．しかし，残っていた私物の受け渡しが調停期日内で実施でき，当事者にとっては利便性が高かった．1つの小さな問題がその場で解決でき，当事者の話し合いをそれ以上エスカレートさせずに済んでいる．

　なお，調停手続内で金銭受け渡しを行うという方法は，司法調停を含め，かつてよりメリットが認められている．これを敷衍すれば，履行面における当事者への利便性の提供について，価値提供の可能性が残っていると思われる．

---

36) NAFCMのコミュニティ調停センター運営のためのマニュアルには，60日後のフォローアップの書式が示されている（Bellard (ed.) 2001：p. E-2）．4章2節「コミュニティ調停機関運営の方法論」参照．

> 事例（27）　履行の支援（3）：アフターフォローが親身
> 不法行為を起こした加害者側はひきこもり状態だった．紛争解決だけでなく，ひきこもり者への支援組織の案内など，生活の立て直しについての親身な話が行われた．

　この事例は，事例（3）と同様に，当事者間の紛争の解決という側面の他に，当事者の生活立て直しという福祉的機能が表れている．

　民間調停機関がありとあらゆる福祉サービスを評価し，あらゆる当事者にとってよい福祉サービスを選択的に紹介する能力を持つと期待するのは酷と考えられるが，当事者側に立ってみれば，紛争や対立を持ち，孤立している状態から，社会と関わるきっかけをつかめるかどうかは，その紛争そのものが将来どのような展開を見せるかということにも大きく関わっている．

　ひきこもり者に対する支援の他には，アルコール依存者，ギャンブル依存者への支援などもある．精神的に追い詰められている者が紛争に関わることはめずらしくないが，調停の話し合いですべてが解決できると考えるのは不適切である．

　このような機能を重視する考え方は学者の中でも表れ始めている．井上匡子は，民間調停では「当事者間の合意形成に基づき，将来にわたっての効果を及ぼす形での紛争解決方法を模索できる」として，たとえば，DVでは「被害者の安全を確保し，地域内外でのサポート付き」の構想が可能であると述べている（井上 2007）．

3．小括

　日本の場合，司法調停に対して民間調停をどのように位置づけるかが問われている．6章3節「司法調停と民間調停の比較」で見たように，率直に，かつ，一般的に見れば，司法調停に比べて民間調停は能力が劣っている．したがって，「早い」とか「柔軟である」とか，その説明が抽象的なレベルにとどまっている限りにおいては，「実は高い」し，「組織としても頼りない」民間調停を専門家自身が利用しないだろう．

　しかし，事例レベルで見れば，当事者の市民に対して価値ある解決手続を提

供することが可能であるし，これまでも成果を上げていることがわかる．たとえば，今まさに進行中，拡大中の紛争についてすぐに話し合いの場を提供できる（事例（1）（2））とか，もともと親しかった間柄の紛争を，裁判所に足を踏み入れずに問題解決できる（事例（4）（5））というように，当事者にとっての価値ある解決の場を提供できている．このような成功例がわかってくれば，弁護士・司法書士をはじめとする専門家は，利用するように圧力をかけられることがなくても，自らの職業的責任感の下に，民間調停を利用するようになっていくだろう．実際に，民間調停の事例検討会などに臨席していると，よい解決事例は，その調停機関の特質をよく知ったものが持ち込んでいる場合が多いということが観察される[37]．このことを裏返すと，一般的にはしばしば指摘される一般市民による認知度などよりも，弁護士，司法書士をはじめとする専門家の民間調停に対する理解が表面的なレベルにとどまっていることが利用低迷の主要因であることがわかってくる．

　また，事例から，民間調停の価値は紛争を除去し，解決点を提示する中立的第三者の役割以外のところにも存在することがわかる．たとえば，当事者間の関係調整的役割は多くの事例に見られる（事例（11）（12）（14）（22）（24）等）．また，福祉的機能ないし，福祉的機能紹介による当事者の生活の立て直し支援（事例（3）（27））がある．広げて考えれば，民間調停そのものを社会教育の場とみなすことさえ可能であろう．さらに，公的な機関を交えて話し合うことにも価値があろう（事例（17））．

　ただ，このような紛争解決以外の価値は，調停機関及び調停人の選択によってはじめて提供可能になる．にもかかわらず，このことが，民間調停の担い手の間で，あまり意識されていなかったり，機関の中で合意できていなかったりするように見受けられる．民間調停機関として，社会にどういう価値を提供したいと考えるかという自己定義なしには当事者にメリットをもたらすことはできないであろう．

　併せて，事例の検討から浮かび上がってきた民間調停の課題についても触れ

---

[37] 弁護士会仲裁統計によれば，件数の多いセンターにおいては，代理人選任率が高い．つまり，弁護士が多く持ち込んでいるセンターで利用が多い．また，統計的な裏づけはないが，民間調停機関運営委員等民間調停の特徴をよく理解しているものによる持ち込み事案で，良い解決が多く観察される．

ておきたい．

　事例レベルでの課題3つと，機関における課題1つである．

　事例レベルでの課題の第一は，紛争解決の過程では，事実の解明に制約が大きい点がある．当事者双方共に積極的でも原理的に事実の解明ができない場合もある（たとえば，事例（21））が，むしろ事実の解明を脇に置いて解決している例もある（たとえば，事例（22））．必ずしも事実の解明を脇に置くことが，紛争解決にとって悪いとはいえないという成功事例と考えられるが，しかし，当事者ニーズと乖離したところで「簡易さ」「将来解決」「気持ちの納得」を強調するのは調停者側のひとりよがりになる．中村が述べるように，「事実」を手がかりに対話することが重要であろう[38]．また，逆に調停という任意の話し合いの手続で無理し過ぎないという節度を持つことも重要だろう．調停手続とは独立して，「調査」を含めた事実解明手続ニーズも存在すると思われる．

　事例レベルでの第二の課題として，公正性の観点で際どいと思われる事案がやはり存在する点である．ここで示した事例そのものは許容される範囲にあると判断して示しているが，その事例固有の微妙さの上に生み出すことができていることにも注意すべきであろう（特にたとえば，事例（7）（20））．

　事例レベルでの第三の課題として，全般を通して，期待の調整，履行の支援の取り組み例が少ない．特に，福祉的機能の提供などは，機関を超えて情報を共有すると有用性が増す．確かに，手間がかかる活動ではあるが，当事者と紛争の個別性に寄り添う活動には，裁判には期待しえない価値がある．

　機関における最大の課題は，メリットのあるこのような事例情報そのものをほとんど共有できていないことである．プライバシーの問題があり公表しづらい点ももちろんあるが，閉鎖的な体質も少なからず存在する．たとえばA県の司法書士会の事例検討にB県の司法書士を受け入れないといったことがある（無論司法書士会に限らない）．課題が多く部外者に笑われたくないという意識もあるようだが，必要以上に閉鎖的な姿勢は現場の発展を阻害すると思われる．

　本章では，民間調停の活動そのものに光をあて，民間調停による価値創造の

---

38)　前掲注32)を参照．

内実を事例に基づいて検討した．民間調停は，さまざまな試行的活動を実施しやすいという特徴があるが，民間調停の活動総体として継続・発展させるためには，このような試行からの教訓を広く現場で共有することが望ましい．1つの事例の中に，これからの民間調停の可能性が埋まっているように思われるからである．それぞれの機関及び調停人が当事者と共に，その紛争の個別性に生きるのと併せて，その個別的な経験と工夫を共有する環境整備が大切なのではないかと思われる．

第10章　利用者のニーズと評価

第1節　調停に関する既往の実証調査研究

1. はじめに

　わが国の司法調停，民間調停ともに実証調査研究の蓄積は乏しい．1つには，調停が当事者のプライバシーを扱うことによるが，調停現場の閉鎖性という「意識」に基づく影響，調停現場に充分な資源がなく課題が明らかになっても対応しようがないという「制度」に基づく影響もあると思われる．「意識」に関しては，たとえば，実証研究を申し入れても，言を左右にして協力しないということもあろう．本章3節「調停手続の満足・不満足の構造」で見るように，岡山仲裁センターの利用者アンケートデータの分析とその結果の公開の許可を得たが，このような協力的な態度は例外的である．また，「制度」については，さまざまな合理的な提案がなされても，結局予算措置を含めて資源が確保されなければ画餅におわる．一般にわが国の調停現場には，それを適切に運営していくための充分な資源に乏しく，実証研究に下手に協力しても，その資源不足が改善されずに，逆に現場の責任を問われかねないという不信感もあるのかもしれない．こうした状況下では，理論が実務に根ざした深みを持ちえないし，現場の改善にもつながらないという問題がある．

　しかし，過去に実証調査研究がまったくなかったわけではなく，いくつかの重要な成果がある．本節ではこれを「一般市民向け」「調停当事者」「訴訟行動」の3つの類型の実証研究に分けて，整理する．

2. 一般市民に対する調停・ADRへの認知・意識の調査

世論調査による ADR 認知度

ADR 法施行後及び法テラス[1]開設後である 2008 年に，内閣府が「総合法律支援に関する世論調査」を行っている．タイトルにあるように，調査の主題は総合法律支援法，すなわち法テラスの活動への国民意識を問うものであるが，このなかで ADR への認知を聞いている．

> 裁判外紛争解決手続（ADR）について，どのようなものがあることを知っているか聞いたところ，「裁判所が行うもの（民事調停，家事調停）」を挙げた者の割合が 34.3%，「国民生活センターや中央労働委員会等の政府関係機関が行うもの」を挙げた者の割合が 16.7%，「弁護士会・司法書士会等の資格者団体，NPO 法人等の民間団体が行うもの」を挙げた者の割合が 14.7%，「民間団体が行うもののうち，法務大臣の認証を受けた認証紛争解決サービス（かいけつサポート）」を挙げた者の割合が 3.9%，「裁判外紛争解決手続（ADR）というものがあることは知っていたが，具体的にどのようなものがあるかは知らなかった」と答えた者の割合が 5.5%，「裁判外紛争解決手続（ADR）というものがあることを知らなかった」と答えた者の割合が 36.2% となっている．なお，「わからない」と答えた者の割合が 16.6% となっている．（複数回答）
> （内閣府大臣官房政府広報室 2008）

この結果によれば，認証 ADR の認知度はわずか 3.9% にとどまる．国は，「裁判外紛争解決手続についての国民の理解を増進させるように努めなければならない」（ADR 法 4 条）という責務からすると，なお努力を要する状況であるといえる．ただ，ADR を知らないと積極的に答えているのは 36.2% にとどまるため，6 割以上は ADR を知っているという解釈もできる（もっとも，「わからない」と答えた 16.6% を加えて，半数以上が ADR を知らないとする

---

[1] 正式名称は，日本司法支援センター．6 章 1 節「戦後調停制度の沿革と件数の面での考察」参照．

表 10-1　訴訟と調停についての意識（松村ほか 2006：p. 33）

訴訟や調停などについて，あなたは次のどの意見に近いですか			
選択肢	1971	1976	2005
1　「訴訟」をする方がよいと思えば，どんどん訴訟をすべきである	8.6%	8.1%	6.3%
2　「訴訟」をするというのはあまり好ましくないが，「調停」や裁判所での「公的な話し合い」ぐらいならどんどんやってよい	39.7%	42.7%	40.6%
3　できるだけそういうことをしないで，「私的な話し合い」で解決するよう努力すべきである	46.6%	41.3%	31.6%
4　わからない	5.0%	7.8%	21.5%

解釈が妥当かもしれない）．

法意識調査

　日本人の法意識の実態を明らかにするための調査において，訴訟と調停の比較について調べている．

　これは，1971 年と 1976 年に行われた日本文化会議による「日本人の法意識」調査及び，第 2 回から約 30 年後にあたる 2005 年に実施された科学研究費補助金特定領域研究「紛争行動の研究：現代日本人の法意識　A 班：紛争行動研究グループ」による調査である．それぞれの有効サンプル数が 1,000 強の本格的な調査といえる（表 10-1（訴訟と調停についての意識）参照）．

　どの回も，「『訴訟』をするというのはあまり好ましくないが，『調停』や裁判所での『公的な話し合い』ぐらいならどんどんやってよい」という回答が 4 割程度存在し，選択肢の中では最も大きな割合を占めている．30 年間の推移として注目されるのは，「わからない」という回答の増加とともに，「できるだけそういうことをしないで，『私的な話し合い』で解決するよう努力すべきである」という選択肢を選んだ割合が減少している点である．「私的に話し合う」ための，話し合う場や回路が損なわれつつあるという事情によるという解釈も成り立ちうると思われる．

3. 調停における当事者満足度調査

佐々木吉男の研究

わが国における調停制度の実証研究で古典的研究と称するに値するのが1974年の佐々木吉男によるものである（佐々木の研究の歴史的文脈における検討に関して，7章4節「戦後の調停実務に見る戦前の調停観の影響」を参照）．

佐々木は，島根と大阪で民事調停に関する当事者調査を行った．島根は，松江地方裁判所管区内 1957（昭和32）年度民事調停事件，大阪は大阪地方裁判所及び同簡易裁判所 1957（昭和32）年度民事調停事件を対象としている．封書無記名アンケート方式によるもので，有効回答は，島根384名，大阪768名の規模の大きなものである（表10-2（調停に対する不満）参照）．

調停に対する不満として，島根，大阪共に「もっと調べてから調停案を作って欲しい」が最も大きな割合を占めている．

いくつかの具体的な不満の声も紹介している．

　　調停委員の漠然とした判断で決せられた．ヤカマしいものにはまかれろ式の調停委員の人格に厭気がさした．事の理非を判断してもらいたかった．ボロが出ない内に早くというようなやり方でした．（家屋一部明け渡し・成立・申立人・女・35歳・小学校卒・無職）（佐々木 1974：p. 84）

　　「病気をしたと思ってこらえ」「負けて勝て」とか言ってまるきり正当な裁きでなかったことを残念に思います．（土地境界確認・成立・相手方・女・62歳・小学校卒・農業）（佐々木 1974：p. 85）

　　……調停官は「オイ爺よ，なんぼ慾しても先の世まで土地を持ってはゆかれぬぞ」とのお言葉は相手方も同じことでありながら私のみに下されたこの侮べつ的一言には憎悪の念禁じ得ませんでした．（山林境界確認・成立・相手方・男・小学校卒・農業）（佐々木 1974：p. 85）

表 10-2　調停に対する不満（佐々木 1974：p.84）

	島根 %	大阪 %
実情を充分理解してくれない	13.3	31.5
もっと判事に聞いて欲しい	16.0	21.5
調停委員が相手と親しいので不公平	9.4	7.8
相手の嘘を信じる	16.4	20.8
もっと調べてから調停案を作って欲しい	24.7	35.8

　また，「民事調停委員として大切と考える条件」を調停委員と当事者双方に聞いている．これによれば，調停委員は「円満な人格」が重要であると考えるのに対して，当事者は「正しい法律知識」が重要であると考えるといった差異を発見している．その上で，司法調停の機能を，「調停裁判」に見る説を提唱した．

1975 年「調停に関する世論調査」

　内閣府による 1975 年の世論調査では，調停に関する認知度だけでなく，利用者満足度に関して調査している．裁判所に「調停」という制度があると知っているものは 82.1% いる．

　満足度に関して回答しているのは 83 件である．
　　〇調停によって得られた解決に満足していますか．
　　　　満足している　　　　　　27.7%
　　　　まあ満足している　　　　31.3%
　　　　不満である　　　　　　　39.8%
　　　　不明　　　　　　　　　　 1.2%
　　〇調停委員は，あなたの言い分をよく聞いてくれましたか．
　　　　よく聞いてくれた　　　　　51.8%
　　　　ある程度聞いてくれた　　　25.3%
　　　　あまり聞いてくれなかった　19.3%
　　　　不明　　　　　　　　　　　 3.6%
　　〇調停委員は，親切でしたか．
　　　　親切だった　　　　　41.0%
　　　　まあ親切だった　　　39.8%

不親切だった　　　　13.3%
不明　　　　　　　　6.0%

　1975年時点で8割の市民が調停制度を「知っている」という事実は，少なくとも司法調停に関しては利用するかしないかは「知っているかどうか」というよりも，他にためらわせる要因があるかどうかにかかっていると解釈しても差し支えないであろう．先の「法意識調査」における，4割くらいの市民が「調停」や裁判所での「公的な話し合い」くらいなら「どんどんやってよい」という意識を持っていることと合わせれば，そのような状況になればその手続を選びたいという潜在需要の大きさがうかがえる．司法調停の利用件数は民間調停に比べればはるかに多いが，はたして市民の需要を充分に受け止める容量を持っているのかどうかという観点での検討は別に必要となるだろう．

裁判所委員会による当事者アンケート

　近年，いくつかの裁判所委員会で調停当事者へのアンケートが実施され，結果が公表されている例もある．

　たとえば，大阪地方裁判所が裁判所委員会で公開したデータ（2005年2月14日）がある[2]．これによれば，有効回答24名中（特定調停を除く一般調停利用者）のうち4名が「悪い」，3名が「非常に悪い」と回答され，不満足率が3割となっている．裁判所職員に対しては「悪い」2名，「非常に悪い」1名に留まっていることとも比較し，調停の進め方についての改善の余地が残っていることが示されている．

　高松地方裁判所の裁判所委員会もアンケートを行い，結果を公開した．そのアンケート[3]は，36通の回答数である．下記のように，「わかりやすい」という評価が多いが，一部，「威圧的」等の批判的な声もある．

　　「調停委員の応接態度や言葉遣い」については，「良い」「非常に良い」

---

[2] 同データは，2007年11月12日の時点で，裁判所Webサイトの以下のURLに公開されていた．http://www.courts.go.jp/osaka/about_tiho/iinkai/pdf/iinkai4.pdf　しかし，その後同データが裁判所Webサイトから削除されたようである．2010年8月24日確認．

[3] 高松地裁裁判所委員会・第12回（2007年7月27日）議事録．http://www.courts.go.jp/takamatsu/about/iinkai/pdf/tisai_190727.pdf　2010年8月24日アクセス．

が78%,「調停委員の説明内容」については「わかりやすかった」が75%であり,調停委員についても一定の評価をしていただいている.一方,「わかりにくかった」が14%であり,その理由として「威圧的」「人の話を聞いてくれない」が挙げられていた.

松山家庭裁判所における調査[4]では,「アンケート実施期間中に終局した離婚調停の件数は86件,この内67件の当事者に134枚を配布した.アンケートの実施率は78%で,回収したアンケート数は92枚,回収率は68.7%」となっている.松山家裁における,不満(「不満」または「やや不満」)とする当事者の割合は1割程度と少ない.不成立の場合の回収率の低さを差し引くべきとしているが,結果としては悪くないデータと思われる.

　「満足」と「やや満足」を合わせると53%で,これに「普通」を加えると88%になる.これらの回答を終局結果別に見ると,「成立」,「不成立」,「取下げ」と,その結果にかかわらず満足等の意見が出ており,満足度は高いものと受け止めた.他方で,「不満」との回答は2%と少なく,「やや不満」を加えても11%であった.
　しかし,先に述べたように,不成立で終わったアンケートの回収率が約50%であることから,実際の不満はこの表にあらわれた数より多いものと受け止めている.

たとえば,1975年の世論調査において4割の利用者が不満を持っていたことと比較すれば,松山家裁における運営は利用者からの満足度につながっているという評価はなしうるであろう.

ところで,こうした調停終了後の当事者アンケートは,裁判所委員会などの形でアドホックになされるだけでなく,定常業務の中に埋め込む考え方があってよいと思われる.利用者自身が調停に対して適切な目的設定ができず,客観

---

[4] 松山家庭裁判所委員会・第11回(2009年2月10日)議事録
　http://www.courts.go.jp/matsuyama/about/iinkai/pdf/katei011.pdf
　http://www.courts.go.jp/matsuyama/about/iinkai/pdf/katei011_b.pdf　2010年8月24日アクセス.

的に得られない獲得目標を掲げて，手続に対する不満を募らせる可能性があり，満足していないということが直ちに調停人の活動を過ちであるとすることは適切でない．したがって，1件1件の満足度データによって振り回される必要はない．しかし，こうしたデータを継続的に収集・分析し，実務を謙虚に見直していくために長期的に活用していく姿勢は求められると思われる．

その他の当事者の声

学術的な調査研究データとまでは言いづらいが，夫婦・家族問題に関するセミナーやカウンセリングサービスを行う営利団体の「東京家族ラボ」を主宰する池内ひろみの著書には，調停離婚を経験したもののアンケートデータ結果が示されている．これによれば，「調停委員の態度は？→良いと感じた76％　悪いと感じた24％」「調停委員の知識は？→ある26％　ない46％　どちらともいえない28％」「調停委員とあなたの年齢の違いから感じたことは？→年上過ぎ33％　年下過ぎ0％　適当11％　年齢差は問題なし55％」（池内・町村 2006：p. 206）など，ユーザに近い側からの見方を示している．

4. 訴訟利用者調査

手続き的公正研究の対象としての訴訟利用者調査

わが国では伝統的に訴訟手続の利用者調査が行われてこなかったが，近年は大規模な調査が実施されるようになった．特に，司法制度改革審議会が実施した「民事訴訟利用者調査」（司法制度改革審議会 2000），特定領域研究「紛争行動の研究：現代日本人の法意識　C班　訴訟行動研究グループ」によるものが代表的である．

これらの実証研究の前提として，司法制度改革審議会の「民事訴訟利用者調査」にも参加した菅原郁夫による「手続き的公正」研究が重要である．菅原は，ティボー（Thibaut）の客観的手続き的公正効果の発見をはじめとして，社会心理学分野の成果として海外における手続き的公正研究を紹介している（菅原 1997）．手続き的公正研究によって，結果とは独立した手続過程への満足度が存在していることが明らかになった．また，菅原は，手続き的公正研究の文脈で，米国の調停研究の成果も紹介している．たとえば，マキューエン（McEwen）とマイマン（Maiman）の研究（McEwen 1981）[5]を，不調後の判決と，調停なしの判決では，不調後の場合の履行率が高いという結果の意味に関して，詳細な検討を加えている（菅原 1998：p. 305）．手続き的公正研究は，訴訟手続だけでなく，調停手続における研究としての意義が大きいが，わが国においては，これまでのところその手法は主として訴訟手続に向けられていたといえる．

「民事訴訟利用者調査」における結論としては，たとえば，裁判官に対する満足度を規定するのは，「結果の有利さ」よりも「裁判官の公平性」が大きいとしている（司法制度改革審議会 2000：p. 19）．

裁判上の和解との関係における当事者満足度

特定領域研究「紛争行動の研究：現代日本人の法意識　C班　訴訟行動研究グループ」では，裁判上の和解と訴訟との比較で当事者の満足度がどのように異なるかを調べている．垣内秀介によれば，「判決終結事件の当事者と，和解終結事件の当事者とでは，判決当事者の方が類似の問題が起こったときに再び裁判手続を利用したいと思う傾向がある」「和解事件の当事者は判決事件の当事者よりも裁判官に対する評価が高い傾向があるが，裁判官による強度の和解勧試は，裁判官評価に否定的な影響を与える面がある」といった結果が示されている（垣内 2010）[6]．

こうしたデータは，当事者満足度に限定しても，裁判手続に比べて和解手続が一般的には望ましいとまではいえないことを含意しており，裁判手続と訴訟上の和解を含めた裁判以外の紛争解決手続全般の棲み分けを具体的に検討するための材料も与えているように思われる．

5．小括

調停当事者による手続評価に関する実証研究は多いとはいえないが，これまで見てきたようにまったくないわけではない．

すでに触れたが，法意識調査において「調停」や「公式の話し合い」ならど

---

[5] 本研究は，米国における調停の実証研究としても古典的なものである．太田勝造による紹介もある（太田 1990：p. 97）．
[6] 刊行準備中の原稿による．

んどんやってよいと考える市民が4割いる前提で考えると，民間調停に比べて件数がはるかに多い司法調停自身も，利用者から見た場合にはさまざまな課題を抱えているということがわかる．

全般的な状況について述べるにはデータが限定され過ぎている．しかし，司法調停において調停委員における専門家の割合を増加させる施策や，調停委員が当事者に対してマナーよく接するべきとする[7]ことといった観点での改善策の効果は，明らかに認められるように思われる．と同時に，当事者が調停手続に期待するサービス水準自身も，経済のサービス化や情報化などによって高まっている可能性もあり，社会の中で取り残されず活用される手続として前例踏襲にとどまらない取り組みもまた求められているといえるだろう．そのためにも，議論の前提となるデータ収集と研究への開放が必要である．

第2節　調停手続に対する期待の構造

1. はじめに

調停機関へのニーズ解明の必要性

本章1節「調停に関する既往の実証調査研究」に見たように，市民の調停・ADRへの認知度は意外と低くない．また，日本の一般的な市民が，「調停」や「公的な話し合い」を行うこと自身をさほど避けているわけでもない．

手続が有用な存在として利用されるかどうかを検討するためには，提供者側がどのような機能を提供できるかという観点と，利用者側がどのような機能・サービスを期待するかという観点の双方からなされなければならない．本節における研究は，一般利用者が調停手続にどのような期待を持つかを直接的に明らかにしようとするものである．

わが国において米国の現代調停を受容する過程については，7章5節「日本における米国現代調停の受容の経緯」に記した．わが国では，調停機関の提供する機能を議論する際に，対話型（自主交渉援助型調停）と評価型のいずれが

---

[7] 近年では，調停委員に就任した際に当事者に対する言葉づかい，マナーなどを注意するように強調されるようである．

よいか，別席と同席はどうか，といった形でされる場合が多い．そのような議論も重要ではあるが，提供者側だけで元になるデータもなく議論すれば，実務を実際に行っているものが現状追認を行い，実務を実際に行っていないものが現状批判を行うだけの水掛け論になりやすい．このような抽象的な非難の応酬ではなく，利用者の声に基づいた具体的・建設的な議論が求められる．

　本節における（潜在的）利用者ニーズの分析と，本章3節「調停手続の満足・不満足の構造——岡山仲裁センターの利用者アンケートデータ分析」の実際に利用したものの満足度分析は，議論を建設的に嚙み合わせるための1つの素材を提供すると考えられる．

　本節で明らかになるのは，「法律面の専門的助言」「事実究明のための調査」「自身の主張をよく理解してくれること」の3つの機能が，紛争解決機関としてまず求められているものであり，別席であるか同席であるかという問題や，強制力は，少なくとも当事者にとっては直接的には相対的に低い関心しか持たれないという事実である．

対象データ

　2007年2月〜3月に実施した「紛争解決についてのアンケート調査」を分析する．調査票総数400件，東京23区と新潟市で各200ずつである．

　今回の調査では，紛争解決を仲介する者についての国民からの期待の内容と構造を知るため，シナリオ調査の手法を用いて質問文を作成した．調査票は，本書の付録として添付している．

　調査は4つのシナリオにつき，東京都23区内及び新潟市それぞれにつき回収数を50とした．東京都23区内及び新潟市はそれぞれ8地点，10地点を抽出した．性と年代別構成を考慮した多重層化ランダムサンプリングで，割当法による．調査方法は訪問留置法による．

2．紛争解決サービスに対する期待の構造——アンケート調査の結果から

3つの期待（図10-1（紛争解決機関に何を期待するか）参照）

紛争解決機関に対する期待について，3つまで○をつけてもらったものを集

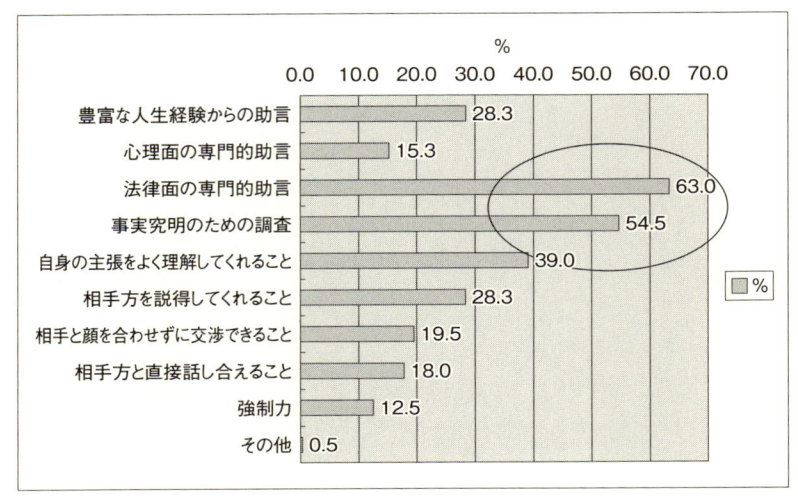

図 10-1 紛争解決機関に何を期待するか

項目	%
豊富な人生経験からの助言	28.3
心理面の専門的助言	15.3
法律面の専門的助言	63.0
事実究明のための調査	54.5
自身の主張をよく理解してくれること	39.0
相手方を説得してくれること	28.3
相手と顔を合わせずに交渉できること	19.5
相手方と直接話し合えること	18.0
強制力	12.5
その他	0.5

計した結果を図10-1に示す．これによれば，「法律面の専門的助言」「事実究明のための調査」「自身の主張をよく理解してくれること」が3大期待であるといえる．これらに比べれば，かつての民事調停でしばしば強調されていた「豊富な人生経験からの助言」や説得（相手方を説得してくれること）は，相対的に低い．さらに，同席調停（相手方と直接話し合えること），別席調停（相手と顔を合わせずに交渉できること）は，ともに相対的に低い．

期待の相互関係と主成分分析（表10-3（〈紛争解決機関への期待〉に関する主成分分析）参照）

これらの期待における相互関係を見るために，主成分分析を行った．第1主成分は，法律面の助言，事実究明と正の強い相関を持ち，自分の主張理解，相手の説得へ負の強い相関を持つ．これは〈真実解明志向〉といえる．第2主成分は，自身の主張を理解し，相手に顔を合わせず，強制する〈代理人志向〉があるといえる．経験からの助言や，相手との直接交渉への負の相関からも明らかであろう．第3主成分は，自らの公正性をもとに相手に直接実現を求めていく〈公正性実現志向〉といえる．第4主成分は豊富な人生経験からの助言，法

表 10-3 〈紛争解決機関への期待〉に関する主成分分析

説明された分散の合計

	成分				
	1	2	3	4	5
豊富な人生経験からの助言	−.305	−.597	−.018	.490	.142
心理面の専門的助言	.087	−.153	−.238	−.477	.740
法律面の専門的助言	.572	.021	.199	.326	−.070
事実究明のための調査	.661	.057	−.089	−.399	−.224
自身の主張をよく理解してくれること	−.546	.352	−.165	−.095	−.400
相手方を説得してくれること	−.605	.161	.230	−.245	.149
相手と顔を合わせずに交渉できること	.087	.300	−.709	.388	.039
相手方と直接話し合えること	.002	−.653	.238	−.201	.344
強制力	.061	.514	.540	.004	.075
その他	.092	.157	.413	.377	.344
抽出後の負荷量平方和 累積 %	15.481	28.872	40.928	52.279	62.777

因子抽出法：主成分分析

律面の助言，相手との直接交渉を避けるという伝統的な司法調停との親和性がある〈権威志向〉といえる．さらに，第5主成分は，心理面の専門家の助言を求めながら，自分自身の主張を理解して欲しいとは思わないという，むしろ言わないことまでわかって欲しいという〈心理志向〉があるといえるだろう．

シナリオごとによる違い（図 10-2（シナリオによる違い）参照）

紛争の事案によって，期待構造にどのような影響を与えるかを分析した．4つのシナリオの概略は以下のとおり（シナリオの詳細は付録の調査票を参照）．Aは近隣の騒音紛争（マンションの上の階の騒音），Bは父が院内感染で重体になったという深刻な紛争，CとDはパンフレット制作の外注をめぐるいわゆるビジネストラブル（B to B）だが，Cは長年取引がある相手でありいわゆる継続的取引をめぐる紛争，Dは今回始めての取引でありいわゆるワンショットの紛争である．すべての事案で，アンケート回答者は申立人の立場として回答してもらった．

すべてのシナリオにおいて「法律面の専門的助言」「事実究明のための調査」「自身の主張をよく理解してくれること」の3つの期待は相対的に大きい．

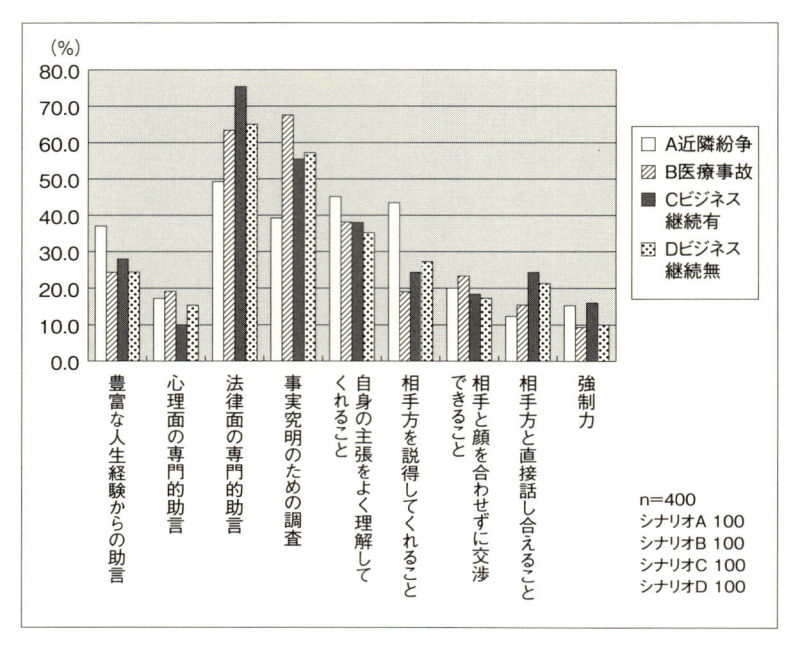

	A近隣紛争	B医療事故	Cビジネス継続有	Dビジネス継続無
豊富な人生経験からの助言	37.0%	24.0%	28.0%	24.0%
心理面の専門的助言	17.0%	19.0%	10.0%	15.0%
法律面の専門的助言	49.0%	63.0%	75.0%	65.0%
事実究明のための調査	39.0%	67.0%	55.0%	57.0%
自身の主張をよく理解してくれること	45.0%	38.0%	38.0%	35.0%
相手方を説得してくれること	43.0%	19.0%	24.0%	27.0%
相手と顔を合わせずに交渉できること	20.0%	23.0%	18.0%	17.0%
相手方と直接話し合えること	12.0%	15.0%	24.0%	21.0%
強制力	15.0%	9.0%	16.0%	10.0%

図 10-2 シナリオによる違い

また,「強制力」「心理面の専門的助言」は低い.

　差異が大きなものとして,近隣紛争については,他のものに比べて,「豊富な人生経験からの助言」「相手方を説得してくれること」といった法的でない紛争解決の期待が強い.

次に，医療紛争については，事実究明機能への期待が強くなっている．

 ビジネス紛争については，継続的関係がある方がないものに比べて「法律面での専門的助言」「強制力」といった，現実の力関係を法によって水平化したいという期待が強く出ている．

紛争解決経験（表10-4（裁判所での調停経験と〈別席調停〉〈同席調停〉への期待）参照）

 該当サンプル数がきわめて限られているため，取扱いに注意が必要であるが，裁判所での調停経験があるものは，「相手と顔を合わせずに交渉できる」ことを期待し，「相手方と直接話し合えること」を期待しないという結果が出ている．これは，裁判所の調停実務で別席調停が多く行われていること，また，そこでの経験を元に次の調停についても同様の手続を期待している可能性がある．ただし，複数の調停手続を経験した場合にどのようなものを好むかについては，含意を持たないのであり，そのためには調停経験者への別の調査が必要である（本章3節「調停手続の満足・不満足の構造——岡山仲裁センターの利用者アンケートデータ分析」参照）．

年齢による期待の差（図10-3（年齢による違い）参照）

 すべての年齢で，「法律面の専門的助言」「事実究明のための調査」「自身の主張をよく理解してくれること」の3つの期待は相対的に大きい点は確認できる．

 差異として比較的明確に現れているのは，「豊富な人生経験からの助言」は，年齢が高い70代や60代に多く，年齢の低い20代，30代からは望まれていない．逆に「心理面の専門的助言」は30代や40代から望まれている傾向がある．このデータは，60代，70代が多い司法調停の調停委員にとって示唆的と思われる．60代，70代になると自身の実感として「豊富な人生経験からの助言」が有効であると感じるが，より若い世代にはそれが共有されにくいという事実は，調停手続を運用する上でも参考になると思われる．

 その他，50代，60代というリーダー的ポジションの者が多い世代で，法律面の助言を重視する割合が高い．30代で強制力への期待が強いという特徴が

表 10-4 裁判所での調停経験と〈別席調停〉〈同席調停〉への期待

裁判所で調停となった相手と顔を合わせずに交渉できることのクロス表

			相手と顔を合わせずに交渉できること		合 計
			いいえ	はい	
裁判所で調停となった	いいえ	度　数	102	15	117
		裁判所で調停となった %	87.2%	12.8%	100.0%
	はい	度　数	2	4	6
		裁判所で調停となった %	33.3%	66.7%	100.0%
合　計		度　数	104	19	123
		裁判所で調停となった %	84.6%	15.4%	100.0%

裁判所で調停となった相手方と直接話し合えることのクロス表

			相手方と直接話し合えること		合 計
			いいえ	はい	
裁判所で調停となった	いいえ	度数	94	23	117
		裁判所で調停となった %	80.3%	19.7%	100.0%
	はい	度数	6	0	6
		裁判所で調停となった %	100.0%	.0%	100.0%
合　計		度数	100	23	123
		裁判所で調停となった %	81.3%	18.7%	100.0%

ある．

性別による期待の差（図10-4（性別による違い）参照）

男女共に，「法律面の専門的助言」「事実究明のための調査」のニーズが高い点は変わらず，全体的な傾向は共通性が多く観察される．

男女別の差異が比較的顕著なのは，女性が「自身の主張をよく理解してくれること」「心理面の専門的助言」といった共感ニーズをより多く望み，男性は「強制力」「法律面の専門的助言」といった強制ニーズを多く望む傾向である．

3. 小括

事案の種類，年齢，性別などが紛争解決機関の機能について影響を与えていることが明らかになったが，また一方で，「法律面の専門的助言」「事実究明のための調査」「自身の主張をよく理解してくれること」といった3つの期待が

図 10-3　年齢による違い

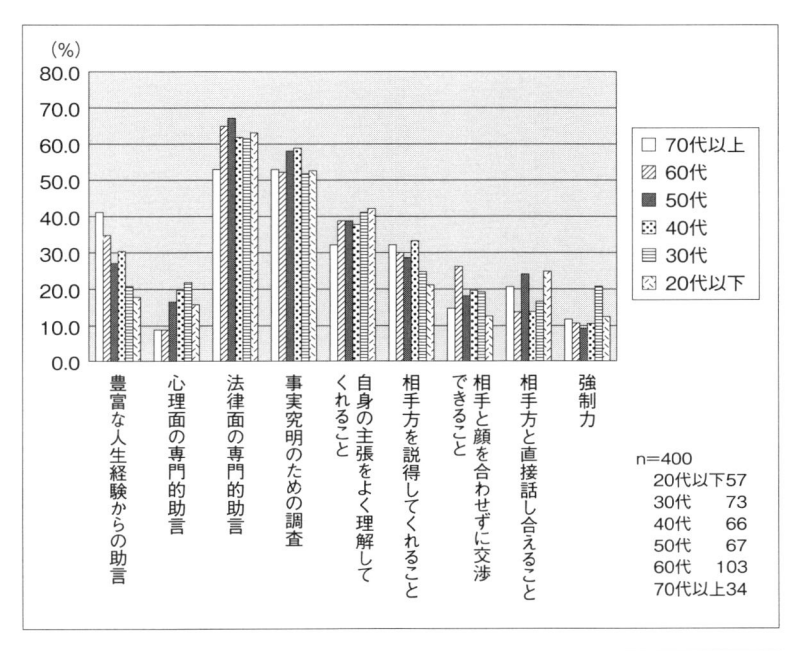

	20代以下	30代	40代	50代	60代	70代以上
豊富な人生経験からの助言	17.5%	20.5%	30.3%	26.9%	35.0%	41.2%
心理面の専門的助言	15.8%	21.9%	19.7%	16.4%	8.7%	8.8%
法律面の専門的助言	63.2%	61.6%	62.1%	67.2%	65.0%	52.9%
事実究明のための調査	52.6%	52.1%	59.1%	58.2%	52.4%	52.9%
自身の主張をよく理解してくれること	42.1%	41.1%	37.9%	38.8%	38.8%	32.4%
相手方を説得してくれること	21.1%	24.7%	33.3%	28.4%	30.1%	32.4%
相手と顔を合わせずに交渉できること	12.3%	19.2%	19.7%	17.9%	26.2%	14.7%
相手方と直接話し合えること	24.6%	16.4%	13.6%	23.9%	13.6%	20.6%
強制力	12.3%	20.5%	10.6%	9.0%	10.7%	11.8%

ほぼ一貫して常に最も高い点も指摘しておかなければならないだろう．また，その背後には，〈真実解明志向〉〈代理人志向〉〈公正性実現志向〉といったそれぞれ独立した志向が背後にあることが示唆された．

　つまり当事者は心理セラピーなどを求めているわけではないが，話をよく聞

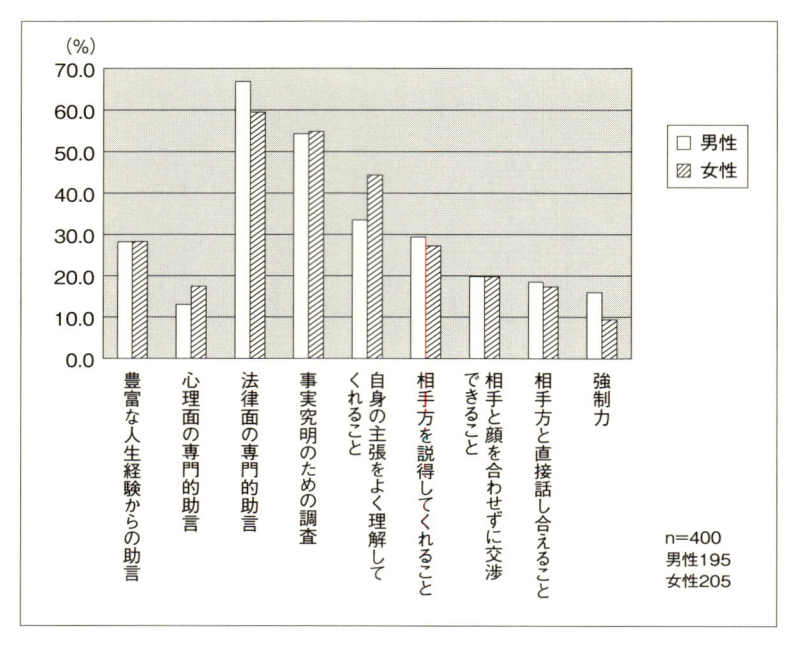

	男性	女性
豊富な人生経験からの助言	28.2%	28.3%
心理面の専門的助言	12.8%	17.6%
法律面の専門的助言	66.7%	59.5%
事実究明のための調査	54.4%	54.6%
自身の主張をよく理解してくれること	33.3%	44.4%
相手方を説得してくれること	29.2%	27.3%
相手と顔を合わせずに交渉できること	19.5%	19.5%
相手方と直接話し合えること	18.5%	17.6%
強制力	15.9%	9.3%

図 10-4 性別による違い

いてもらえて，公正な手続と解決を得たいと考えているわけである．

　調停手続は，ともすれば「強制」を重視するべきか，「気持ち」を重視するべきかという二択で考えがちであるが，「強制力」も「心理面の専門的助言」もさほど強いニーズがあるわけではない．むしろ，法律に則って，事実を調べ，自身の主張を理解して欲しいという公正な手続期待が強いと読み取れそうであ

ただ，この結果を見て，法律面が大切であるから弁護士の強い直接関与を必須とすべきと短絡するわけにはいかないと考える．当事者が望む公正さと，弁護士が仲介する手続と同一視できるかどうかには留保がいるからである．

　同席か別席か等の調停人サイドの現象面の問題として捉えるよりも，当事者ニーズに合致した話の聴き方，情報の提供の仕方，解決案の作成の仕方はどのようにすべきか再考が求められている．つまり，米国の現代調停の教訓を，同席か別席かという択一論ではなく，また，傾聴技術の活用といった表面的なスキルだけに過度に着目するのでもなく，当事者が真に求めるものを，妥当なコスト構造の中で提供するにはどのように組み立てるべきかという問題として組み替える必要性が示唆されたように思える．

　現実の調停（司法調停及び民間調停）サービスは，こうした当事者の期待にどのようにして応えるかという観点で，手続を組立て，さらには，期待される機能群それぞれについて改善活動を継続させることが，社会の要請に応えるために最も重要であると思われる．

第3節　調停手続の満足・不満足の構造
——岡山仲裁センターの利用者アンケートデータ分析

1．はじめに

　本章1節「調停に関する既往の実証調査研究」に見たように，司法調停における利用者の調査も佐々木吉男のものを除くと，調査内容やサンプル数の面でも小規模なものがいくつかあるだけの状況である．限られたデータからではあるが，司法調停が，依然として課題はあるとはいえ，当事者満足度の観点でも努力を行っていることも見てきた．一方，民間調停に関しては，ほとんど公開されたものが見あたらない．

　本章2節「調停手続に対する期待の構造」では，一般市民に対する調停手続への満足度を調べた．その結果，「法律面の専門的助言」「事実究明のための調査」「自身の主張をよく理解してくれること」といった公正な手続期待が強いことが，年齢や性別を問わず強いことが明確になった．

しかし，前節の分析結果は，民間調停から見ると潜在的需要者たる一般市民の期待であって，実際の紛争当事者の期待とは異なる可能性がある．調停ではなく訴訟当事者に関してではあるが，訴訟行動調査の結果によれば，一般市民に比べて紛争当事者が相手当事者との関係改善をさほど望んでいない（垣内 2010）．調停においても，現実の紛争に直面していない一般市民と，紛争を体験した後の当事者には手続に対する期待が変化している可能性もある．その意味でも，本節で扱う実際の当事者の手続評価データは貴重といえる．

本節では，岡山仲裁センターの当事者アンケート結果を分析し，わが国の民間調停[8]利用者の手続への満足・不満足の内実について探索する．

調停利用者のニーズの分析は，手続をより充実したものに変えていくために必要である．しかし，現実には，アンケートを取っていない場合やアンケートを取っていても研究者にも公開されないなど，充分に活用されていないように思える．また，日米の当事者の違いなどについても，しばしば語られるが，実証的でないものが多いように思われる．ここでは，できるだけ謙抑的に，統計的検定に基づいて同定できる内容を明らかにする．

本節における報告は，岡山仲裁センターが独自に行っている調査について，調査個票資料提供を受け，再入力を行って分析（二次分析）した結果に基づいている．また，受理件数等の統計データに関しても直接提供を受けた．なお，岡山仲裁センターでは，すでに全国弁護士会仲裁センター連絡協議会で同データの公表を行っている（猪木（編）2008）．

2. 方法

岡山仲裁センターのアンケート項目

岡山仲裁センターの沿革は，8章1節「日本の民間調停機関のケーススタディ」で扱っているが，当初より米国型の同席技法や，傾聴スキルなどへの関心が強かった．アンケートの設計に関しても，米国調停に造詣が深く，当時岡山大学助教授であった山田文の貢献があったようである．つまり，設立の当初から，手続を改善していく方向で検討がなされていた．

---

[8] 弁護士会仲裁センターの「和解あっせん」を「調停」として扱う．また，序論4節「用語について」参照．

貸与を受けたデータは，2002年から2007年の6ヵ年にわたってなされ，回答のあった334件の和解あっせん及び仲裁手続を対象としている．調査票は，手続が終了した段階で，当事者に渡され，事務局が受け取る形式である．調査票に当事者の氏名は書かない（匿名アンケート方式）．相手方が応諾せずに終了した事件については，調査票は配付されない．

岡山仲裁センターでは，同時期，表10-5（岡山仲裁センターの申立件数等の推移）のように，年間88～184件，合計748件の申立を受けている．応諾率は，8割前後であり全国平均（2008年度で76%）よりやや高い．また，受理事件対比解決率は，継続件数が多かった2002年度を除くと4割程度前後で推移しており全国平均の3割程度（2008年度で31%）よりも高い傾向がある．

アンケートデータ有効回答数は334件（応諾数603件に対して55%）であった．

3. 分析結果

基礎的データ

基礎的データは，下記のとおりである．

①申立人と相手方　Q1　表10-6
申立人と相手方はほぼ同数（165，164）である．
②代理人選任率　Q2　表10-7
代理人をどちらも選任していない割合は37.4%，両方選任している場合は23.4%である．相手だけ選任が23.1%，自分だけ選任が12.9%と，片方だけが代理人を選任している場合を比較すると自分だけが代理人なしの本人手続であった場合に回答率が高くなっている．代理人付きの場合に比べて，本人手続の場合に回答率が高くなっているのは，事件に対する思い入れの強さの現れと見ることができる．
③他の相談利用　Q4　表10-8
「仲裁の申立をする前に，調停・消費生活センターなど他の機関を利用されましたか（相談を含む）」と，質問している．他の相談機関を利用した割合は15.9%である．法律相談サービスを渡り歩く当事者も増えてきているといわれ

表 10-5 岡山仲裁センターの申立件数等の推移

		平成14 (2002)	平成15 (2003)	平成16 (2004)	平成17 (2005)	平成18 (2006)	平成19 (2007)	合計
①	申立数	184	159	120	104	93	88	748
②	不応諾数	35	28	26	26	17	13	145
③	応諾数	149	131	94	78	76	75	603
	応諾率 ③/①	81.0%	82.4%	78.3%	75.0%	81.7%	85.2%	80.6%
④	解決数	40	60	40	51	36	38	265
	解決率 ④/①	21.7%	37.7%	33.3%	49.0%	38.7%	43.2%	35.4%
⑤	仲裁判断	0	0	0	0	1	1	2
⑥	継続数	70	28	24	8	17	18	―

(注) 解決率：受理事件対比解決率
応諾率の全国平均は76%（日本弁護士連合会2008）

るなか，この程度の割合に留まっていることから，紛争が比較的早い段階で持ち込まれているということがわかる．

④期日回数　Q7　表10-9

岡山仲裁センターでは，「スピーディな解決を目指します」というキャッチフレーズを掲げているが，利用者にとって期日回数が実際に少ないかどうかは重要な指標といえる．

期日回数は30.6%が1回の期日で終わっている．2または3回の期日で終了している割合は，47.3%と最も多く，3回以内の期日数で終わっているものは77.9%を占めている．

⑤終了形態　Q22　表10-10

手続の終了形態は，アンケート結果によれば，和解契約書を作成して解決した割合は47.6%であり，仲裁人の判断によって終了したと回答している割合は12.6%（42件）である．ところが，現実に仲裁判断により終了した件数は，2006年と2007件に1件ずつの合計2件のみであり，42件のほとんどは，当事者の誤解によるものと思われる．このことは，当事者の一定割合は，弁護士が実際には妥当であると思われる解決の方向性を案として提示しているに過ぎないのに，当事者は，弁護士によって決定されたもので，それを覆すことはできないと誤解しているということを意味する．

表10-6　Q1 申立人相手方の別

		度　数	%	有効 %
有　効	申立人	165	49.4	50.2
	相手方	164	49.1	49.8
	合　計	329	98.5	100.0
欠損値	システム欠損値	5	1.5	
合　計		334	100.0	

表10-7　Q2 代理人の有無

		度　数	%	有効 %
有　効	どちらもなし	125	37.4	38.7
	相手だけ	77	23.1	23.8
	自分だけ	43	12.9	13.3
	両　方	78	23.4	24.1
	合　計	323	96.7	100.0
欠損値	システム欠損値	11	3.3	
合　計		334	100.0	

表10-8　Q4 他の相談利用

		度　数	%
	利用あり	53	15.9
	利用なし	281	84.1
合　計		334	100.0

表10-9　Q7 期日の回数

	度　数	有効 %
10回以上	11	3.5
6～9回	21	6.6
4・5回	38	12.0
2・3回	150	47.3
1回	97	30.6
合　計	317	100.0

表10-10　Q22 事件の終了形態

		度　数	%	有効 %
有　効	まとまらず取り下げ・打ち切り	102	30.5	32.4
	当事者間で解決，仲裁取り下げ・打ち切り	12	3.6	3.8
	仲裁センターで和解契約書作成	159	47.6	50.5
	仲裁人の仲裁判断によって終了	42	12.6	13.3
	合　計	315	94.3	100.0
欠損値	システム欠損値	19	5.7	
合　計		334	100.0	

結果の概観

①手続申込理由　Q3　図 10-5

「仲裁の申立をされたのは，なぜですか」という質問を，複数回答可能で聞いている．手続を申し込んだ理由は，弁護士の勧めが最も多い．この背景には，岡山仲裁センターで「相談前置」と呼ばれる仕組みを置いていることが影響している[9]．弁護士の法律相談等で仲裁センター利用が勧められ，実際に仲裁センターの手続が利用されている．弁護士の推薦が，弁護士会調停の利用促進にとって大きな影響力がある点を見て取れる．

次いで，解決が早い，納得いく解決，費用が安いなどが並ぶ．「裁判したくない」という回答が意外と少ないが，当事者として申立をすることにそれなりの覚悟を要するためと思われる．

②同席別席の別　Q8　表 10-11

岡山仲裁センターでは，原則として同席によるとされるが，実際には手続を行うものに任されている．すべて同席が 42.5%，同席が多いのは 17.6% と約 6 割は同席主体に行われている．別席が多いのは 6.1%，すべて別席は 14.4% と，約 2 割は別席主体に行われている．

③判断か話し合いか　Q17　表 10-12

話し合いの進め方について，「仲裁人は，自分の考えに基づいて判断を下すような感じでしたか，それともあなたと相手の話し合いを促す感じでしたか」と質問している．

この問いを用いて，話し合いを促す感じまたはどちらかといえば話し合いを促す感じと回答したものは 4 割強であり，判断を下す感じまたはどちらかといえば判断を下す感じと回答したものは 26.1% であった．岡山仲裁センターでは，自主交渉援助型を標榜しているが，全候補者に浸透しているわけではない[10]．

---

[9] 相談前置に関しては，メリットとデメリットがあるとされる．メリットは相談段階で適切な事案を振り分けられることが挙げられる．デメリットとしては，調停に向く事案であっても，相談担当者が理解していなければ事案を紹介しないことにある．手続が重くなるだけという判断を行って，二弁仲裁センターでは相談前置をやめている．岡山仲裁センターでは，会員数に比して候補者が多く，いわば「全員参加」の運営に近いため，そのようなデメリットが出づらいものと思われる．

[10] この定義は，岡山仲裁センター自身が，仲裁センター連絡協議会行った報告時におけるもので

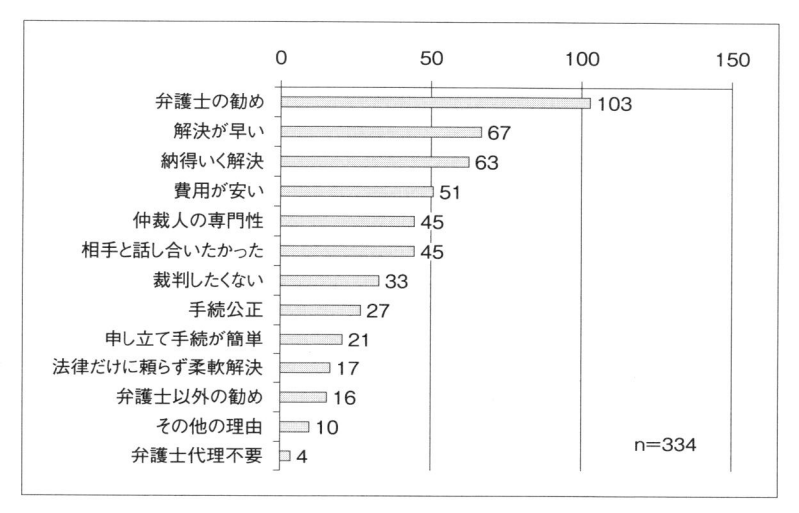

第 10 章　利用者のニーズと評価　275

```
          0         50        100       150
弁護士の勧め ████████████████████ 103
解決が早い ████████████ 67
納得いく解決 ████████████ 63
費用が安い █████████ 51
仲裁人の専門性 ████████ 45
相手と話し合いたかった ████████ 45
裁判したくない ██████ 33
手続公正 █████ 27
申し立て手続が簡単 ████ 21
法律だけに頼らず柔軟解決 ███ 17
弁護士以外の勧め ███ 16
その他の理由 ██ 10
弁護士代理不要 █ 4
                              n=334
```

図 10-5　手続申込理由

④解決内容の公正不公正　Q26　表 10-13

　解決内容の公正性についての評価は，非常に公正だった 14.2% とまあまあ公正だった 34.1% を合計すると，5 割弱が公正と評価している．非常に不公正 11.8%，やや不公正 14.2% の合計 26.0% は不公正と評価している．

⑤解決内容の有利不利　Q27　表 10-14

　調停による紛争解決は，いわゆる Win-Win になりうるということが宣伝される場合もあるが，現実にはどうであろうか．

　「解決の内容は，どちらに有利でしたか」という問いに，自分に有利と回答したものが 14.8% にとどまったのに対して，相手に有利と回答したものは 43.1% となっている．このデータだけからその背景原因を直ちに同定することは困難であるが，不満なものが多く回答している可能性と，そもそも当初期待した請求よりも減っているためという可能性が考えられる．後者の状況とは，たとえば，100 の請求に対して 80 の支払で合意した場合に，本来は 100 取れるはずなのに 20 を譲ったので，客観的に 80 の合意が妥当か有利であるかにか

ある（猪木（編）2008）．

かわらず,「相手に有利」「やや相手に有利」と回答している場合である.いずれにしても,紛争解決内容において,調停では相手に有利と考える当事者の割合がかなり高いという事実は注目に値する.

⑥解決内容の公正と有利不利の関係　Q26 × Q27　表 10-15

解決内容の公正さへの評価と,結果の有利不利の評価をクロス集計してみると,相関関係は明らかに存在し(カイ2乗検定10%水準で有意),有利だと公正だと評価し,不利だと不公正と評価する傾向がある.しかし,「相手に有利」または「やや相手に有利」と評価している場合にも,「まあまあ公正」などとしている回答数も一定程度存在する.紛争解決の結果を自分に不利と評価している当事者から,手続の公正さを評価されていることを意味するため,こうした事例をさらに詳しく研究することも有用と思われる.

⑦総合満足度　Q29　表 10-16

利用に関する満足度を,「岡山仲裁センターを利用された感想は,満足のいくものだったでしょうか」と聞いている.

大いに満足 8.9% とほぼ満足 33.2% の合計 42.1% が満足している.やや不満 14.7% と非常に不満 16.0% を合計すると 30.7% が不満と考えている.

先の質問（解決内容の有利不利）と併せて考えると,結果については相手に有利ではあったが,手続としてはよくやってもらえたと考えている当事者が一定程度存在することになる.

⑧利用の勧め　Q30　表 10-17

満足度を示すもう1つの質問として,他人への利用推薦意向を「今後知人から相談された場合,岡山仲裁センターの利用を勧めようと思いますか」と聞いている.

結果は,他人に利用を勧める 25.9%,または存在や長所を伝える 33.2% の合計 59.1% が肯定的な活動を行うとしている.利用しないように助言する 7.3%,短所だけを伝える 4.1% の合計 11.4% は否定的な助言を行うとしている.

表 10-11　Q8 同席別席の別

	度数	有効 %
すべて別席	45	14.4
別席が多い	19	6.1
半　々	61	19.5
同席が多い	55	17.6
すべて同席	133	42.5
合　計	313	100.0

表 10-12　Q17 判断か話し合いか

	度数	有効 %
判断を下す感じ	23	7.4
どちらかといえば判断を下す感じ	58	18.7
どちらともいえない	95	30.6
どちらかといえば話し合いを促す	79	25.5
話し合いを促す	55	17.7
合　計	310	100.0

表 10-13　Q26 解決内容の公正

	度数	有効 %
非常に不公正だった	25	11.8
やや不公正だった	30	14.2
どちらともいえない	54	25.6
まあまあ公正だった	72	34.1
非常に公正だった	30	14.2
合　計	211	100.0

表 10-14　Q27 解決内容の有利不利

	度数	有効 %
相手に有利	49	22.7
やや相手に有利	44	20.4
どちらともいえない	91	42.1
やや自分に有利	17	7.9
自分に有利	15	6.9
合　計	216	100.0

表 10-15　Q26 解決内容の公正と Q27 解決内容の有利不利のクロス表

Q26 解決内容の公正		相手に有利	やや相手に有利	どちらともいえない	やや自分に有利	自分に有利	合計
非常に不公正	度数	24	1	0	0	0	25
	%	96.0%	4.0%	0.0%	0.0%	0.0%	100.0%
やや不公正	度数	11	14	4	1	0	30
	%	36.7%	46.7%	13.3%	3.3%	0.0%	100.0%
どちらともいえない	度数	9	15	27	2	1	54
	%	16.7%	27.8%	50.0%	3.7%	1.9%	100.0%
まあまあ公正	度数	3	12	45	9	3	72
	%	4.2%	16.7%	62.5%	12.5%	4.2%	100.0%
非常に公正	度数	0	1	14	5	10	30
	%	0.0%	3.3%	46.7%	16.7%	33.3%	100.0%
合計	度数	47	43	90	17	14	211
	%	22.3%	20.4%	42.7%	8.1%	6.6%	100.0%

Pearson のカイ 2 乗 = 0.000

表 10-16　Q29 総合満足度

	度　数	有効 %
非常に不満	50	16.0
やや不満	46	14.7
どちらともいえない	85	27.2
ほぼ満足	104	33.2
大いに満足	28	8.9
合　計	313	100.0

表 10-17　Q30 利用の勧め

	度数	有効 %
利用しないように助言	23	7.3
センターの短所だけ伝える	13	4.1
どちらともいえない	93	29.4
センターの存在や長所を伝える	105	33.2
利用することを勧める	82	25.9
合　計	316	100.0

満足度の構造

①重回帰分析

主な単純集計結果はこれまでに見たとおりであるが，どのような項目が特に満足度に影響を与えているのかを調べるために，重回帰分析を行った．結果は表10-18のとおりである．

つまり，総合満足度に対して，手続満足度（進め方に対する満足度）と結果満足度（有利不利）の2つが大きな影響を与えているというモデルでその影響度を試算すると，相関及び重回帰係数βの値は手続の満足度の方が高い．この結果によれば，当事者は，有利であれば満足し，不利であれば不満に思うというよりも，進め方そのものに満足できているかどうかが結果に影響を与えている．この結果は，手続き的公正研究として知られている分野（本章1節「調停に関する既往の実証調査研究」参照）における知見と整合しているが，わが国の調停における研究として初めて確かめられた結果と思われる．

さて，手続満足度（進め方に対する満足度）がどのような構造を持っているかについても重回帰分析により試算した．影響度が強い項目として抽出された項目が，自分に対する手続（手数料含）の説明，傾聴・共感，感情の変容，事実関係の把握の4つである（表10-19）.

特に影響が大きいのが，自分に対する傾聴・共感と，事実関係の把握である．これは，本章2節「調停手続に対する期待の構造」の結果と整合している．つまり，自分の話をしっかり聴いて，事実を丁寧に理解しようという態度が手続満足度を構成する大きな部分であるといえる．さらに，手数料を含めた手続説明を行って欲しい，当事者間相互の気持ちの動きにも敏感に振る舞って欲しいということも示されている．調停人にとってはプロボノ意識でも，当事者からすると「高い」場合もあり，この点でも丁寧な配慮が求められる．感情に関しては苦手意識を持つ弁護士等の専門家も多いが，当事者の気持ちへの配慮はやはり重要であることが示されている．

②手続進行と総合満足度の関係

具体的な手続進行に関する質問と，総合満足度の関係を表したグラフが図10-6（手続進行と総合満足度の関係）になる．やや複雑なグラフではあるが，手続進行が満足度に与えている影響が観察されるので，詳しく見ていただきたい．

表 10-18　Q29 総合満足度への影響

総合満足度　Q29	相関係数	重回帰係数 β
手続満足度　Q21	0.797	0.537
結果満足度　Q27	0.586	0.277

表 10-19　Q21 手続満足度への影響

手続満足度　Q21	相関係数	重回帰係数 β
手続（手数料含）の説明　Q9	0.563	0.269
自分に対する傾聴・共感　Q11	0.724	0.480
感情の変容　Q15	0.466	0.192
事実関係の把握　Q16	0.669	0.276

先の，手続満足度に強い影響を与えている4つの質問項目に，後述するようにやはり満足度に影響を与えている「判断か話し合いか」という質問項目を加えたグラフである．

　まず，「手続の進め方や手数料について，分かるように説明してくれましたか」という問いに対して，「あまりしてくれなかった」と回答したものの満足度の平均は1.63だが，「よくしてくれた」と回答したものの満足度の平均は3.67にまで向上している．素朴な項目ではあるが，当事者に対する姿勢が端的に現れている部分として理解することも可能であろう．

　自分に対する傾聴・共感に関しても，同様に大きな違いが見られる．「あなたの話を聞いてくれましたか」という問いに対して，「まったく聞いてくれなかった」場合の満足度は1.33と，かなり低い値となっている．「よく聞いてくれた」場合には3.73に達している．

　感情の変容に関しては，「わだかまりが解消した」場合の平均満足度は4.33と非常に高い満足につながっている様子が見て取れる．当事者の感情から逃げずに，当事者関係の変容につなげられるように成功すれば，非常に高い満足度につながりうることが理解できる．

　事実の把握については，「まったく把握していなかった」と評価されている場合に，平均満足度は1.13と非常に強い不満を引き起こしていることも見て取れる．逆に，「正確に把握していた」場合の評価は3.96と高い満足度につながっている．当事者は，事実を把握することに関しては，非常に強い期待を持

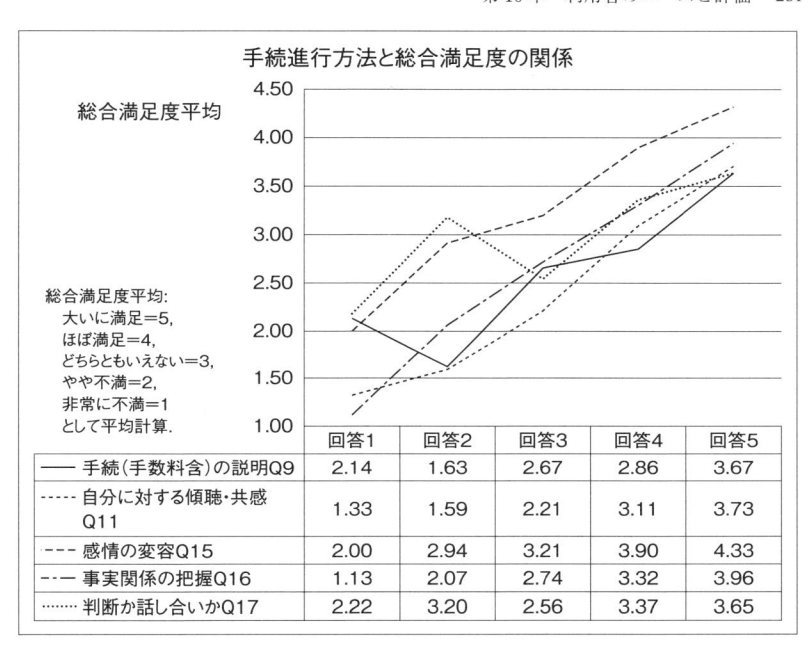

手続進行方法と総合満足度の関係

総合満足度平均:
大いに満足=5,
ほぼ満足=4,
どちらともいえない=3,
やや不満=2,
非常に不満=1
として平均計算.

	回答1	回答2	回答3	回答4	回答5
── 手続(手数料含)の説明Q9	2.14	1.63	2.67	2.86	3.67
┄┄ 自分に対する傾聴・共感Q11	1.33	1.59	2.21	3.11	3.73
─ ─ 感情の変容Q15	2.00	2.94	3.21	3.90	4.33
─・─ 事実関係の把握Q16	1.13	2.07	2.74	3.32	3.96
⋯⋯ 判断か話し合いかQ17	2.22	3.20	2.56	3.37	3.65

	回答1	回答2	回答3	回答4	回答5
手続(手数料含)の説明Q9	全くしてくれなかった	あまりしてくれなかった	どちらともいえない	ある程度してくれた	よくしてくれた
自分に対する傾聴・共感Q11	全く聞いてくれなかった	あまり聞いてくれなかった	どちらともいえない	ある程度聞いてくれた	よく聞いてくれた
感情の変容Q15	非常に悪化した	やや悪化した	変わらなかった	わだかまりが一部解消した	わだかまりが解消した
事実関係の把握Q16	全く把握していなかった	あまり把握していなかった	どちらともいえない	ある程度把握していた	正確に把握していた
判断か話し合いかQ17	判断を下す感じ	どちらかといえば判断を下す感じ	どちらともいえない	どちらかといえば話し合いを促す感じ	話し合いを促す感じ

図 10-6　手続進行と総合満足度の関係

っており，この期待が充足されないと強い不満につながるが，充足されると高い満足につながることがわかる．

「仲裁人は，自分の考えに基づいて判断を下すような感じでしたか，それともあなたと相手の話し合いを促す感じでしたか」という問いに対して，「話し合いを促す感じだった」とする満足度は 3.67 と高いのに対して，「判断を下す

感じだった」の満足度は 2.22 と低かった．「仲裁センター」という名称であっても，判断を下されるよりも，話し合いを促すことを基本姿勢に置いた方が満足につながっている様子が見て取れる．

　これらの結果をまとめると，当事者の話をよく聴くことと事実関係を把握しようとすることは，当事者として最低限求めている内容であり，充足されないと満足度がかなり下がる．その上で，感情面で当事者関係が改善することがあるとさらに高い満足につながっているということがわかる．手続進行については，話し合いを促すことを基本にするのが満足につながっている．費用面を含めた手続説明は，「事務的」な内容であっても，説明をよくしてくれたということで，満足につながっている．

　当事者は，結果が有利なら調停人を評価するという単純な見方にとどまっているのでなく，調停の具体的な進め方にきわめて強い関心を払っていることが見て取れる．調停人を弁護士に限定してもこれだけの差が出るのであり，手続きの進め方への規律を保つため，トレーニングその他の具体的な対策が求められるように思われる．

自由記述の回答

　自由記述の回答については，すでに全文が公開されている（猪木（編）2008）．個別の分析に合わせていくつか本文中にも紹介したが，改めて主なものだけ紹介すると，好意的な声としては「相手方の保険会社の態度が仲裁センターの話し合いで一変した」，「弁護士以外の専門家が参加していたので，相手の理解が早まった」，「仲裁してくださった先生は，弁護士としても人としても非常に尊敬できる心の優しい方でした」「存在について知らなかったので，これから他の方に教えてあげようと思います」といったものがあった．一方で，厳しい評価も見られる．「弁護士の手抜き手段と思った」「意地だけで押し切られた」「話を遮られて，あまり聞いてもらえなかった」「［弁護士調停人に──筆者注］急に別の仕事が入ったので忙しそうに切り上げようとした」「弁護士も一級建築士も相手方と顔見知りだったのだろう，こんな［申し立て内容──筆者注］らちもない事を……という発言を聞いたとき，泣き寝入りの方がまだましだと思った」などである．

好意的な記述も批判的な記述も，総じて熱心であり，当事者の気持ちの強さがうかがえる．

4. 結果の考察

同席と別席

これまで，調停技法に関する議論はともすれば水掛け論的になりやすかった．調停人にひどいことを言われたという不満を持つ当事者が，調停機関や調停人の活動を全否定する議論がある．一方で，「現行で行われている実務には，すべて理由がある」という，実務の全肯定というべき議論も存在する．同席調停と別席調停の議論もその典型であり，同席調停は，透明である公正な手続であるメリットが指摘されながら，「現実的でない」という「現場の抵抗」が強かった．

今回の分析結果をみると，その現場の抵抗にも理由があることがはっきりしてくる．つまり，当事者が感情的になり，当事者間の感情がかえってこじれる割合が同席の手続の方が高いのである[11]．しかし同時に，すべて別席や別席中心の手続進行では，当事者が積極的に満足したと感じることは少ないし，調停人・調停機関にもっと相手を説得して欲しいとか，もっと事実を調べて欲しいといった依存心を膨らませるデメリットも見過ごせない．可能な範囲で同席手続を進めることは，やはりメリットがあるといえる．

このように，メリット・デメリットを明確にしつつ，その対策を具体的に積

---

11) この点は，初期の段階から知られていた．岡山仲裁センターの鷹取司弁護士はアンケート回答数15件の段階で，以下のような発言をしている．「私はざっとしか見ていないので，あまり詳しい報告はできないのですが，非常に印象的だったのが不成立に終わったケースです．不成立に終わっても，仲裁人に対する印象としては『中立公正に進めている』というのがほとんどです．また，『仲裁人はよく話を聞いてくれる』というのがほとんどです．しかしながら『相手方に対する感情の変化がありましたか』という問いに対しては，『手続前より一層悪化した』というのがほとんどでした．これは我々にとっても非常にショッキングで，当センターで解決できなくても，紛争解決までの一連の大きな流れの中で解決の1つのステップになってくれればいいのではないかという考えもあったのですけれども，一層悪化したという回答を見せつけられますと，何か，かえって悪いことをしたのではないかと，そういう気もしまして，これからその分析をしなくてはいけないと思っております．ただ，今日の話を伺っていますと，単に同席するという形だけではなくて，同席した上で何らかの技法というものをこれから身に付けていかなくてはいけないのではないかということを感じております」（井上・佐藤（編）1999：p.51）．本研究で，その裏づけがはっきりしたといえる．

み上げていけば，この手続は改善されるであろう．当事者に媚びて満足度を得るということは本末転倒だが，当事者ニーズの本質は何であるかに向き合い，対応策を具体化していくことは望まれていると思われる．

当事者の満足度を上げるために

調停において，結果の有利不利とは別に，その進め方が満足度に大きな影響を与えていることが改めて確認できた．この結果は，手続実施における研修（トレーニング）の重要性を示しているといえよう．弁護士会の手続を選んでいるのだから，法律的解決を強く望んでいるに違いないといった決めつけは避け，話し合いを促し，当事者の声をよく聴く姿勢を保つことで，相当程度不満は避けられるといえる．また，調停人は仲裁判断を行っていないのに，当事者はそう受け取っている例も少なくないことが示されたが，調停人にとって，当然当事者は理解しているだろうという決めつけは危険である．

また，「相手当事者の話を聴いていなかった」とする当事者の観察結果は示唆的である．自分の味方になることよりも，両方の話を理解できる人に間に入って欲しいという気持ちが強く表れている．この結果は，共感能力は観察可能であるという解釈につなげることも可能であろう．「意地で押し切る」ことがないように，2人以上の調停人で実施することを含めて，調停プロセスの「ふりかえり」をシステム的に位置づけることが研究されてもよいと思われる．

より厳格な手続を望む当事者がいることも示唆された．費用をかけてもよいと思っている当事者や，代理人付きの当事者に不満が強く残っている．また，同席中心の手続の場合に，専門家としての見解をもっと言って欲しいというニーズもあった．裁判外手続を選んでいるのだから，簡易に処理して良いと調停人・調停機関サイドで決めつけず，必要に応じて，詳しく事情を確認する手続など，多様なメニューを持ち，さまざまな当事者ニーズに寄り添うスタンスが求められていると言えよう．

当事者教育その他の必要性

当事者側にも課題がある可能性が読み取れる．特に，申立人側は期待が大きくなりがちで，それが裏切られると，目の前の機関への不満に直結する．また，

裁判外手続だけでなく，裁判手続についても理解していないことが，調停への不満につながっている可能性もある．たとえば，裁判手続に移行した場合の，証拠提出などの手続が実効的であれば，調停の場面でも不誠実な態度は続けられないといったこともあるだろう．逆に，履行まで考えた場合に，逃げ得とも思えるような状況が放置されていれば，やはり調停の場面でも誠実な話し合いに応じないとも思えるからである．そのような現実に初めて直面した当事者が，調停人や調停機関への不満を持つ場合もあるに違いない．調停が提供できる機能の限界について，あらかじめ当事者に理解してもらうことも重要であろう．

　なお，調停機関が果たすべき機能には限界があり，当事者のニーズは調停機関だけで満たしきれないものである．調停の場面で明らかになる，社会システム上の不具合については，立法その他としての対策につながるような道筋がつけられることも必要であろう．

第 11 章　民間調停の促進に向けて

　第1部では，米国の調停の分析を行ってきた．自主交渉援助型調停がどのような文脈で発展を遂げたのか，現在はどのような課題に直面しながら活動しているのかについて分析してきた．問題解決のプロセスとして両当事者が互いに満足する手法という「満足のストーリー」は，米国の裁判文化の文脈の中で形作られ，それが米国の現代調停文化のアイデンティティ確立のために役立ったのは確かである．しかし，現代調停文化のルーツにあるコミュニティ調停運動は，むしろ，「社会正義のストーリー」の中から生まれ，その情熱が，新しい分野の建設にとって実質的な役割を果たしてきた．現在においては，Win-Winとしての問題解決という「満足のストーリー」を超えて，当事者の自己決定と結果の公正性を同時に追求するにはどうするかといった，社会全体の中での制度的位置づけをめぐる課題に直面しながら，さまざまな模索が続けられている．米国調停において，調停実務と調停理論が互いに影響し合いながら円環的に発展を遂げ，結果的に制度的支持を獲得し，大きな飛躍があった．こうした米国の調停実践が獲得してきたダイナミズムをいかに学ぶかが課題として提示される．

　第2部では，ここまで，日本の民間調停の分析を行ってきた．理論的には大正期に遡り，それが戦中にどのような変化を強いられ，また，戦後に戦中のそれがいかに引き継がれたかを見た．つまり，戦中に調停が，裁判で予想される結果から離れうる点に価値を見出されてしまったがために，戦後には，裁判で予想される結果といかに調停の結果を一致させるかということに関心が集中してしまった経緯がある．これが，調停の政策的な位置づけを困難にさせた根本原因であろう．その結果として，特に経済的な意味で，調停に携わるものが厳しい場所に置かれている．しかしながら，わが国の調停実務の中には，大正期

の震災後の調停のような積極的な姿勢もあった．そして現在の民間調停の実務の中にも，当事者及び社会に対して確かに価値を生み出している（9章「事例に見る民間調停活動の課題と成果」参照）．したがって，問題は，調停に関する考え方，位置づけである．制度的な推進力の乏しさは，理論的検討が足りないことの帰結でもある．

本章では，ステークホルダ別に政策的選択肢を整理する．本章の分析対象のステークホルダとしては，市民，裁判所，行政機関，弁護士会を挙げる．

ただし，民間調停促進政策として必要と考えられるものは，以降に挙げるものだけでなく，たとえば，調停人の証言拒否権[1]など，調停人の免責に関する議論もADR法では積み残されている．ここでは，マクロな政策として検討する視点だけに絞って論点を提示する．

第1節　市民にとっての民間調停

1. 定まっていない民間調停の位置づけ

本節では，市民にとっての民間調停の位置づけを整理したい．

意見書[2]が言うような「裁判に並ぶ選択肢」どころか，多くは存亡そのものが厳しい状況に置かれているのが民間調停の実際ではある．市民が知らないし使わないのだから，消滅してもよいという考え方さえありうるかもしれない．具体的に，民間調停と司法調停を比べた場合の長所短所の比較では，司法調停に分がある面も見てきた（6章3節「司法調停と民間調停の比較」参照）．

他方，岡山仲裁センターのアンケートを見ても，かなりの満足度を得ているし，利用者の多くは他の人に利用を勧めると言い，利用を勧めないとするもの

---

[1] ADR検討会第8回（2002年10月28日）では，証言拒否権について議論されている．発言者の委員は，証言拒否権を認める方向で議論しているが，結果的には立法化されなかった．実務的には，弁護士が調停人の場合には弁護士法上の守秘義務を活用できるが，弁護士でない調停人の証言拒否権に関しては，裁判所の判断に委ねられ，一般的に保護されているとまではいえない．米国統一調停法（UMA）では，証言拒否権が認められる．2章「制度及び件数の面での考察」参照．

[2] 意見書（司法制度改革審議会意見書）が，ADR法の制定に果たした影響に関しては，6章2節「ADR法制定に関わる諸問題」参照．

は少ない（10章3節「調停手続の満足・不満足の構造——岡山仲裁センターの利用者アンケートデータ分析」参照）．また，事例レベルで見ると，民間調停ならではの価値を利用者に提供していることもわかる（9章「事例に見る民間調停活動の課題と成果」参照）．

市民にとって，また，社会にとって，民間調停がどのように位置づけられるかが問われている．

裁判との比較対象となるか，司法調停との比較対象となるか，行政機関の相談窓口との比較対象となるか，専門家代理人交渉との比較はどうか，といった既存の手続のすきまで存在意義を見つけられるかどうかが問われているといえよう．もっと具体的な場面では，たとえば，法テラスで，民間調停を推薦される類型が生まれてくるのかという問題がある[3]．

2. 市民にとっての存在価値の可能性

ここでは，民間調停であれば早くて安くて満足度も高いといったキャッチフレーズには頼らず，具体的な存立可能性を検討する．本当に早くて安くて満足度も高ければ，現在のような低調な利用ではありえないはずだからである．

選択肢があることそのものが価値

市民にとっては，紛争解決に選択肢が存在することそのものが，利用者主権につながる望ましい状況である．手続が複数用意されていることで，好きな手続を選択できる（process pluralism）．手続を利用者に向けて改善しながら競争する環境が整備されていれば，利用者には望ましいといえる．もっとも，その選択肢が，既存の主な手続に匹敵する程度に，充分魅力的でなければ，真に選択肢があるとはいえない．

その意味でも，機関の棲み分けよりもむしろ，複数の手続が選択できる環境こそが望ましい．機関が競争環境に置かれることで，利用者側は選択が可能になり，利用者指向の手続が提供されると期待できる．

---

[3] 日本司法支援センター（法テラス）第一事業部長補佐の佐々木文によれば，2009年度に法テラスが受けた約40万件の情報提供件数のうち，認証ADR機関紹介件数は，わずか679件にとどまる（佐々木 2010：p. 50）．

政策としては，実質的な競争環境をどのように作り出すかが問題となる．90年代以降に日本を含めた先進各国は，通信・電力・ガスその他の公益事業において規制緩和を実施し，ユニバーサルサービスとしてどこでも妥当なコストで質を維持しつつ，競争促進によって消費者指向の革新を分野に呼び込むことに成功した．同様に，公的な紛争解決機能を損なうことなく，民間の創意工夫で紛争解決分野にもサービス向上の革新を呼び込む政策が求められる．全体としての公益性を損なわないように配慮しながら，「市場」の中に注意深く，利用者が選択可能な「冗長性」を作り出し，実質的な競争環境を構築できるかどうかが，利用者指向で手続が改善されていくための鍵となる．

司法・行政で実現しづらい当事者本位の柔軟な手続

民間調停は，司法や行政との競争環境にあって，新規参入者の立場になる．利用者が新規参入者の手続を選択するのは，既存の手続では実現しづらい価値を生み出してくれる場合になる．従来はともすれば，認知度が低いから使われないといった説明に終始していたように思われるが，むしろ本質的な課題は，価値の生み出し方を民間調停機関側も充分検討し切れていなかったところにある．

具体的には，9章「事例に見る民間調停活動の課題と成果」で機能上の利点を見たが，機関自身としての「売り」をどこに求めるかをはっきりさせる努力が不可欠であろう．

事例研究で見た機能上の主な利点を以下に挙げる．

① スケジューリングが柔軟　（司法調停のように期日間隔が1ヵ月といった制約がない．たとえば，土日にも実施できる．また，遠方に住む親族の帰省時に合わせて話し合うといったことも可能になる．）
② 場所　（裁判所に限らずさまざまな場所で実施できる．）
③ 同伴者　（元請，下請，施主のような三者以上の関係でも一堂に会して話し合える．また，夫婦関係の問題で，女性センター職員が同伴して話し合いを見守るといったことも可能になる．）
④ 債務者側からの申立　（支払う意向があるもののイニシアチブで手続を開始できる．）

⑤福祉機能　（明け渡しと生活保護，借金問題の整理とギャンブル依存など，関連機関との調整を含めて総合的な問題解決をはかる．）

このような形で，従来には泣き寝入りになってしまう当事者が民間調停手続を選択することは，「法の支配」を広げる意味でも有意義な活動といえる．その意味で，泣き寝入りになりやすい問題領域にいかに切り込んでいくかという機関側の意思決定，態度が重要になろう．後述する裁判所や行政機関とも協力の余地が生まれると考えられる．

なお，司法調停に関してではあるが，調停の事件掘り起こし効果は，歴史的にも確認されている．1920 年代から 30 年代前半までは訴訟件数と調停件数がともに増加しているが，30 年代後半以降は訴訟件数と調停件数が共に減少した（ヘイリー 2002：p. 121）．これに見られたように，調停には訴訟の代替となるだけでなく，潜在的な紛争を掘り起こす能力がある．

市民自治の方法として

市民にとって，自己のコントロールの下で紛争解決手続を進められることは，本質的な意味がある．その当事者自身のコントロールを徹底的に追求した手続が，当事者自身の声（voice）と選択（choice）を重視した，納得指向の現代調停といえる．

原後山治は，日本人の紛争解決手続への期待について，以下のように述べている．

> 日本は国民から武器を奪ったわけですよ．刀狩りをしたんですよ．ところが，それにかわって正義を実現するシステムがあまりにも弱くあまりにも不親切だ．私は，国民は裁判に大きな不満を持っている，と思います．国民の裁判への不満というのは，金がかかるとか時間がかかるとか煩わしいという外形的な問題よりも，裁判所の解決してくれる判断の内容が納得できない，あるいはやり方が納得がいかない，一言でいうと非常に不親切な裁判をしているという受け止め方だと思うんです．（那須ほか 1997a：p. 88 原後発言）

また，原後は，

> 心構えにおいて，裁判所みたいに弁論主義という影に隠れて法廷でいかに目を開けたまま眠るかというのと違って，これはやはり誠心誠意やらなければいかんのです．（那須ほか 1997b：p.136 原後発言）

という言葉も残している．

　原後のこうした発言の背後には，当事者と同じ高さの位置に立って一緒に悩みを直視しようという思想が感じられる．調停人はテミス像のような剣を捨てると同時に目隠しすることもやめようというわけである．原後の思想には，市民による市民のための自治的活動としての紛争解決の追求が見られる．

　民間調停であるからといって，どの機関も原後のような想いで活動しているわけではない．いや，むしろ，原後が始めた二弁仲裁センターを含めて，このような市民自治追求としての調停運動は，ADR法と業際問題によってかき消されつつあるかもしれない．また，ほとんどの業界型のように，はじめからこうした意図とは無縁の民間調停も少なくない．

　しかし，民間調停における，市民自治を実現するための運動としての価値が，まだ完全に消えたわけではないと思われる．また，調停トレーニングなどをきっかけに，新しく市民自治を目指した調停運動も立ち上がりつつあるように思える（たとえば，8章1節「日本の民間調停機関のケーススタディ」における愛媛和解支援センターの例を参照）．

3. 育て，検証することの必要性

　市民にとっても，民間調停の価値はさまざまに解釈しうる．ただ同時に，いかに高尚な動機の元に始められた活動であっても，堕落するおそれは常に隣り合わせにある．調停は，基本的に秘密の活動であるがゆえに，それが堕落していることを発見するのは難しい．ADR法のような機関に対する入口規制だけでこうした堕落を防ぎきれるものではない．むしろ，紛争解決手続が複数ある状態を維持することで，よい意味の競争環境を生み，その結果として，よい手続が妥当なコストで提供されるようになるということが望ましい．これが，意

見書の言う，拡充活性化された状態であろう．

　理想的な状況が一気にでき上がることは期待薄であるが，「市民自治の方法として」の民間調停運動を含めて，さまざまな良い動機の動きを育て，その後検証していく，社会的実験主義のスタンスを持つことが肝要であるように思える．仮説を持って実験的に実務に取り組み，機能的検証と利用者からの検証を行いながら，実務と理論をスパイラル状に成長させるのである．「育てる」アプローチが必要と思われる．

第2節　裁判所との関係

1．米国とは異なる存在意義に関する説明

　6章2節「ADR法制定に関わる諸問題」で指摘したように，民間調停を促進するはずのADR法は財政的な裏づけを持つことはなかった．法律扶助の対象化ができなかったし，法務省の年間1,000万円強というわずかなADR関連予算は認証関連業務に限られているようである．このことは，ADR法によって民間調停を生み，育てるために財政支出を行う理由が見つけられなかったという状況を意味する．

　米国の調停発展の歴史（2章「制度及び件数の面での考察」参照）で見たように，米国では，社会正義の実現を目指した下からの調停運動が，初期においては民間財団などの支援を得て，学際的な理論化と共に拡大定着した．法曹からの警戒や蔑視は受けつつも，成果をわかりやすく説明する中で，公的な支援も取り付けていった．特に，あまりに大きい裁判所の負担を何らかの形で減らすべきだという広範な合意を背景として，当事者満足度の高い紛争解決を安価に提供できるとする「満足のストーリー」が大きな役割を果たした．たとえば，カリフォルニアやフロリダの提訴額に基づく民間調停財源についても，結局は，裁判所の事件を代替するのがその財政システムが存在する理由であった．

　ところが，わが国ではそもそも裁判所が扱う容量そのものが大きくないので，裁判所の代替を裁判所の外で行うのが良いという点に対する社会的合意が乏しい．したがって，米国と同じような形で，裁判所で争うよりも民間調停で争う

方が賢明であるとする説明は，説得性を持たない．また，わが国では，民間財団の財政支援の規模は小さく，初期における実績作り，実務に基づいて新しく理論化するプロセスが生まれにくいという問題もある．

しかし，わが国の裁判所にとって，民間調停の存在は価値がないかといえば，そうではない．そこで，その現実的な意義を同定すれば，その範囲において，財政支援を含めた実質的促進政策への道が，少なくとも論理的には開けるはずである．わが国の社会的文脈の中で説得力があり，裁判制度と共存する「新しいストーリー」が必要である．以降に見ていくのは，そのメニューである．具体的にどの程度の効果が存在するかといった試算は現時点では困難であるが，少なくとも以降に示す4つのメニューについては，裁判所から見ても，民間調停が存在することがプラスに働く要素といえると思われる．

なお，民間調停による規範形成機能については，講学的には指摘されることはあるが，現実的に，裁判手続が持つ規範形成機能に比べて劣ることは認めざるをえないように思える．民間調停で新たな規範形成を行うための努力をすること自身は望ましいし，そのための環境を整えることも重要であろうが，秘密の手続である調停の結果を用いて規範を形成していくのは裁判手続よりも労力が必要になる．

2. 具体的効果を生む機能

直接的コスト削減機能

米国で言われている訴訟件数の削減と類似の効果は存在する．現在の司法予算から一気に拡大できない前提で，しかし，果たすべき役割が大きくなるとすれば，その機能の一部を民間調停に代替してもらうというのは合理的である．

たとえば，以下のような項目が考えられる．

①民間調停による解決が訴訟による解決を代替する（裁判官等の人件費，裁判所のスペースのコスト等）
②民間調停による事件振り分け機能の代替をする（書記官の人件費等）
③民間調停を行うことで任意履行率が高まり強制執行機能を削減する（執行官の人件費等）

理論的には，こうしたコスト削減効果の範囲において，民間調停を財政支援

することは許容されると思われる．特に，①に注目されることが多いが，②，③の価値も大きいと思われる．

ADR 法以外にも目を向けると，司法制度改革は短期の内に，広範な分野において実施され，特に法テラスや労働審判など「正義の容量拡大」に向けた方向での直接的な動きに関して，基本的に成功しつつある．これは，わが国の司法制度の機能を整えるためには，それなりに財政出動を伴ったとしてもよいと考える社会的合意があったためと見ることもできるように思える．

バッファ機能

園尾隆司は，明治期の勧解吏制度を廃止した背景，大正期に調停委員に民間人を登用した背景には，調停（勧解）事件の急激な増減に対応するには，非常勤処理体制が優れている（常勤官吏を抱えておく必要はない）からであるとした（園尾 2009：p. 127）．実際に，近年の特定調停件数の増減を見ても，非常に急激な変化が認められる．固定的な司法予算を前提とすると，短期に大量の案件を処理でき，事件がないときには大きな固定費を要しない調停制度の存在意義は大きい．

民間調停が能力を持ち，実質的に稼働できるようになれば，裁判所のスペースという物理的制約も超えて，その処理能力を拡大できるため，司法調停よりもさらにバッファ機能を拡大できる可能性がある．また，バッファ機能が現実的に担保されていれば，いわゆるグレーゾーン金利の違法性を明確にした判決のような，社会的影響力のある思い切った司法判断が可能になる．司法が民間調停によって代替され，存在価値がなくなるのではなく，司法がその資源を本来の司法機能に振り向けられるという意味がある．

裁判所の改善点発見機能

民間調停の活動が，裁判所の現場を改善する視点を提供する機能である．平たい言葉でいえば，システムの若さを保つための材料を得るということになろう．現実に，家事調停の進行が1時間から2時間に変更されたことや，民事調停でも現地期日を設ける運用が重視されるようになったのも，弁護士会の活動の影響があったという指摘もある．当事者にとって納得度，満足度が高い方法

を発見するために，代替的な手続として民間調停が存在する価値はあるように思える．

特に，司法調停が効果的に当事者の信頼と満足を得て運用するため，何をどう改善するかということの手がかりを得る機会としての価値があると思われる．

社会教育機能

わが国においては，宮沢賢治の「雨にも負けず」で「北に喧嘩や訴訟があればつまらないからやめろといい」とあるように，訴訟は賢明でないという考え方が強い．訴訟回避的な傾向が強くなり過ぎると，判例形成が少なくなり，詐欺や詐欺的商法が取り締まりづらくなるなどの副作用がでる．裁判手続への過剰な期待も過剰な回避もない，正しい理解は社会的に望ましいといえる．

民間調停関係者が活動に取り組み，併せて裁判所の諸手続を深く理解していく中で，むしろ関係者の裁判所への尊敬や信頼の醸成につながり，それが当事者による正しい裁判所理解にもつながるという社会教育効果がある．実際に，民間調停に取り組む中で，裁判所がいかに大変な仕事をしているのかという現実を理解し，敬意を高めることにつながっているような状況もある．民間調停活動の前提として，裁判所の諸手続への正しい理解を持たなければ，現実的にそれを進めていくことができない．民間調停の後ろにどのような手続が控えているかを正しく理解していなければ，当事者に説得力のある説明ができないからである．

3. 継続的な議論の必要性

わが国では，裁判官等司法システムで働くものの間での，民間調停の存在をどのように位置づけてよいのかに関する共通理解が乏しいように思える．

上記に見たように，裁判所にとって，民間調停が存在することには，一定のメリットがあるのは確かであるように思える．

もちろんそれが行き過ぎて，裁判所で機能している部分を破壊する副作用がもたらされないようにしなければならない．特に，わが国では，戦時体制下で裁判を代替する形で司法調停が肥大化した歴史もあり（7章3節「牧野英一の非常時立法論と戦中期の調停」参照），手放しの調停賞賛を危険と考えるのは健全な

態度でもある．

　ただ，裁判所が民間調停の存在を警戒し過ぎるのには，一種の買いかぶりの感もある．「民間調停のことは民間調停で」と，裁判所側がまったく手を貸さない態度では，単に民間調停の可能性を殺すだけになろう．

　裁判所の目指す目標実現のために，民間調停を1つの手段として活用する視点での議論が開始，継続されることが望まれる．

　そしてはじめは小さい支援でも，その効果を検証しつつ行っていけば，裁判所に利益をもたらすだけでなく，民間調停機関が裁判所の持つノウハウや経験によって鍛えられる効果も期待できる．米国に見られるような直接の財政支援だけでなく，研修会等の相互乗り入れを含む人材交流，部屋など設備面での現物支給，機能面での連携（たとえば，民間調停手続と即決和解手続を連携させる実務的な流れを整備する，裁判官・書記官が合意文書をレビューする，医務室の利用ができる……など）も検討されてよいと思われる．

第3節　行政機関との関係

1．行政機関が果たすべき役割について

　本書では，主な行政型ADRの設立の沿革などは，6章1節「戦後調停制度の沿革と件数の面での考察」に触れたが，実証研究の中心は弁護士会，司法書士会，市民団体といった民間型の機関について行った．つまり，行政型ADR機関の実際の活動の分析や行政機関による民間調停への支援についての検討は対象としなかった．その意味で，民間調停の拡充活性化のために行政機関が果たすべき役割像を描き出すまでの充分な材料が揃っていない．

　他方，第2部全体で分析したように公的な支援のない民間調停の運営はきわめて厳しい状況に置かれている．特に，8章2節「民間調停機関のコスト構造の分析」で示したように，市民にとってごく日常的な少額の紛争を受け止めるための手続としては，将来的にも展望が開けていない状況にある．その意味でも，今後，民間調停の拡充活性化のために，行政機関が果たす可能性についての項目整理的な分析は必要と思われる．ここでは，今後に開かれた議論が展開

することを願って，共通的な課題と対策を記すにとどめる．

　戦後に作られた建設工事紛争審査会，労働委員会などの伝統的な行政型ADR機関は存続し，それなりに使われているし，ADR法以降には，下請ADR（財団法人全国中小企業取引振興協会による「下請かけこみ寺」事業），地上デジタルADR（社団法人地上デジタル放送推進協会の受信対策障害対策紛争処理事業）など新たなADR手続も登場している．消費者分野では，従来から消費生活センターであっせんが行われていたが，新しく国民生活センターADR手続（独立行政法人国民生活センター法　改正2008年法律第27号）が生まれた．また，金融ADR（金融商品取引法　改正2009年法律第58号）についても法制化がなされ，金融分野における業界型ADRの取り組みを強化している．

2. 行政機関が関与するADRの共通的課題

不透明な相談と敷居の高すぎる調停

　行政機関が作る行政型ADRや，行政機関の指導で作られる業界型ADRは，社会的問題として浮上してきた事象に対処するために，裁判所の外側で問題解決を図るための手続として準備される．新しい社会問題への対応であるので，必然的に新規の事業となり，資源が足りない中での開始とならざるをえない．

　そこで，コストのかかりにくい相談（助言）での問題解決や，相談員が非公式に仲介し調整する活動による問題解決を選好したくなる現場の事情が存在する．

　しかも，特に業界型ADR機関の場合には，中立性に疑いがあるという視線にさらされるが，手続設計を行うために登場するわが国の法学者や有識者弁護士は，正式な調停手続における厳格さを求める方向での議論をしがちであり，結果的に，調停手続の敷居を高くし過ぎる傾向がある．その結果，調停手続の手続実施者を弁護士に限定するなどといった形で，見かけ上の中立公正をとりつくろう傾向が見られる．

　そのため，機関の現場ではなおさら，正式な調停手続を回避し，なるべく調停以前の段階での調整により問題解決する方向に誘導するインセンティブが働く．結果的に，相談件数はある程度あっても，調停件数がほとんど存在しない

機関ができ上がる。そして、その相談や非公式な仲介は、業界からの出向者や業界 OB によって、業界を守るという意識の下に行われている場合が多いように見受けられる。件数の多いこうした活動が規律されていないのはきわめて問題であると思われる。

したがって、こうした機関には、相談員による非公式な仲介活動も紛争解決手続として、中立性に疑いがないかを説明する責任が求められていると思われる。また、機関の運営そのものを、業界の利害とは一致しない消費者側などを含めた多様な構成員[4]によって実施していくことで、活動全般にわたる実質的な公正性を確保していくことが求められていると思われる。

タテ割

行政機関が作る行政型 ADR や、行政機関の指導で作られる業界型 ADR は、新しい問題が起きればまた新しく機関が設立するという林立状態、割拠状態となっている。利用者にとって、そもそもその機関の守備範囲がわかりにくい。たとえば、消費生活センターでは、損害賠償を要求する消費者のトラブルは扱わないし、フリーマーケットやネットオークションのような市民間の商取引も扱わない。これは個々の相談員に問題があるのではなく、業務範囲として定められているのである。確かに、税金を使って運営していく以上は、どこかで線引きをせざるをえず、紛争範囲を明確にすることは必要とはいえる。しかし、利用者にとっては、適切な機関を探索するコストが大きくなる。

また、タテ割のために、紛争を全面的に解決する道がはじめからふさがれている点も問題である。たとえば、隣家との紛争は、騒音と境界の複合問題であるかもしれない。「隣家の騒音」なら公害等調整委員会でも公害として取り上げられる。境界については、土地家屋調査士会がセンターを立ち上げている。騒音と境界の複合問題はどの機関に相談するのが適切なのか……こうした問い

---

[4] 機関によっては、消費生活相談員などを「外部識者」として扱っている場合もある。しかし、もっと日常的な運営そのものを多様性に富んだ公正なものに作り替えていくことが、真に信頼を獲得するための方法と思われる。たとえば、少なくとも過去における「銀行とりひき相談所運営懇談会」は、日常的な運営そのものを業界の内部の意見に囚われずに多様性に富む運用を進めるために設けられたものではなかった。懇談会メンバーは、多様で有能な有識者が参加していたが、「懇談」のレベルにとどまっていたように思える。

について，機関運営者自身がきちんと考えていない場合が少なくない．こうしたタテ割り体質が紛争の解決の障害になる．むしろ，伝統的には，こうしたタテ割り体質によって紛争当事者を泣き寝入りに誘導する役割を果たしてきたとさえいえるかもしれない．民間調停は，こうしたタテ割を乗り越える存在になりうるのか，あるいは，利用のほとんどない新たなタテ割の手続に過ぎなくなるのかが問われている．

さらに，上記のような調停機関間におけるタテ割とともに，行政機関と司法の間の連携が不充分という問題もある．たとえば，米国では，消費者行政が調査した結果を使って効率的に少額訴訟を行うといった活動が行われているようであるが[5]，わが国では見られない．7章4節「戦後の調停実務に見る戦前の調停観の影響」に見たように，戦後すぐには兼子一が「責任はなるほど裁判官が負うのだけれども相当調査官的なものを使って，それの調べたところなり，あるいはその意見によって裁判してもいい」（兼子ほか 1952：p. 30）と言っていたような方向での改善も検討されてよいと思われる．

民間調停への支援の躊躇

もう1つの問題は，自治体の責務として，ADR法では「裁判外紛争解決手続に関する情報の提供その他の必要な措置」（4条2項）という定義にとどまる点である．民間調停機関の実態は，公益目的のプロボノ的サービスであるのだが，有償であることと民間団体が運営していることから，たとえば自治体の会議室を民間調停の実施のために提供するといった活動が広がっていない．法律職団体の多くは都道府県単位に組織されており，市民生活にとって身近な市区町村役場などの施設を使って話し合いができることは当事者にとっても大きなメリットになる．8章2節「民間調停機関のコスト構造の分析」で示したように，民間調停機関の運営のためには固定費の削減がきわめて重要になるので，このような支援が広がれば，さほど大きな財政的手当を準備しなくても，民間調停の拡充活性化にとっては有効と思われる．

---

5) 米国では，消費者行政の調査結果を少額訴訟に利用する運用がなされている場合がある（有限責任中間法人ECネットワーク 2007）．

3. 検討すべき事項

　行政機関にも「正義の総量」の拡大のために貢献する責務を定義し，具体的な施策として確実に実施することが必要であろう．

　タテ割を打破するために，「ADR の拡充・活性化関係省庁等連絡会議」が内閣府に設置されているが[6]，この連絡会議の設置を謳った「司法制度改革推進計画（2002 年 3 月 19 日閣議決定）」に掲げられているポータルサイトの設置[7]も，人材育成のための研修を充実させる方策も，ほとんど放置されているに等しい状況にある．

　法務省は認証することだけが仕事であるかのように見えるし，他の省庁にもイニシアチブを取って民間調停を拡充活性化する主体が見あたらない状況である．誰が，いつまでに，何をするのかというアクションプランの見直しが必要といえるだろう．

　行政型 ADR と業界型 ADR について，具体的には，①機関間の連携が弱い点，②活動の総体が見えにくく，特に相談や非公式な事実上の仲介の活動についてのガバナンスが議論されていない点，③事務局職員の教育や属性などの議論も見えにくい点，④公正性の確保という議論は調停人が弁護士であるかどうかという議論に置き換えられがちで，多様性と民主性のある運営主体で説明責任を果たしながら活動するという観点が入っていない点，⑤法曹以外の活用という観点がほとんど視野に入っていない点，⑥役所の天下り先になって非効率な運営となるおそれを防止する仕組みがない点，などを問題として見直す必要があると思われる．

---

[6]　http://www.cas.go.jp/jp/seisaku/adr/index.html　2010 年 9 月 6 日アクセス．
[7]　最高裁判所のホームページには，「ADR ポータルサイト」というページが 1 ページだけ存在し，ADR Japan や法務省かいけつサポートなど 4 つのサイトへのリンクを示しているが，率直にいって貧弱な内容である．http://www.courts.go.jp/adr/index.html　2012 年 12 月 13 日アクセス．

第4節　弁護士会との関係

1. 弁護士法72条と民間調停の問題

　意見書でも弁護士法72条を民間調停実施の障害と見なし，その改革を提言した．結果的に，弁護士会の提案どおりに認証制度の枠組みで共同実施ではなく助言でも認めるという譲歩として決着した．
　しかし，重要な2つの問題を先送りした．
　第一に，弁護士会は独自に解釈して，助言方式についての条件を引き上げ，共同実施を原則とする基準を打ち出した．実際には，社会保険労務士会や行政書士会との認証機関での連携では，常に共同実施を要求しているわけではないが，ADR法・法務省ガイドラインから日弁連ガイドラインでは一定の後退が認められる（6章2節「ADR法制定に関わる諸問題」参照）．弁護士会が基準を引き上げている根拠として，個別弁護士による助言でも足りるためと言っている．しかし，現実には，たとえば，司法書士会ではほとんどの場合，個別弁護士を探せていない．懲戒権限を持っている弁護士会に睨まれたくないと考える弁護士一般の傾向を考えれば，日弁連の言い分には問題があることがわかる．
　第二に，非認証機関では，日弁連は共同実施を求めている点がある．もともとADR法では，非認証機関における活動には何も言っていなかった．たとえば，内堀宏達は，「……認証を受けずに民間紛争解決手続の業務を行うことができなくなるわけではなく，本制度は，国が民間紛争解決手続を行い得る者を選別するものでもありません．認証を受けるかどうかは，民間紛争解決手続の業務を行う者の自主的な判断に委ねられ，認証を受けなければ時効中断効等の法的効果は生じませんが，従来どおりの業務を行うことは妨げられません」（内堀2005：p.102）としている．ところが，これについても日弁連は，非認証機関では共同実施の厳格適用を打ち出している．
　こうした日弁連の解釈は，民間調停の可能性を大きく制約することになった．
　競争環境整備のための政策であるはずが，いつの間にか参入規制に姿を変えてしまったといえる．

2. 通信産業の規制緩和に学ぶ競争政策のあり方

　状況を理解するために，1つのアナロジーを用いて検討する．

　1990年代前半にインターネット産業を育成，促進するためには，インターネットサービスプロバイダ（ISP）事業を推進する必要があった．しかし，ISPは，既存の地域電話会社（NTT東西やかつてのNYNEXのような地域電話会社）の設備を活用し，他の通信会社と相互接続する必要がある．

　このとき，2つの政策が考えられる．

①ISPに既存の地域電話会社と共同の計画を提出する義務を課し，また，既存の地域電話会社は自由に設備提供条件を設定できるという規制

②既存の地域電話会社側に設備提供義務を課し，設備提供条件，価格について行う規制

　わが国の通信事業政策は，賢明にも②を選択した．①では，既存の地域電話会社側が反競争的な条件を提示し，新規参入事業者を妨げる可能性が考えられたからである．

　ところで，わが国の民間調停政策（ADR政策）の構造は，①の形式をとっており，実際に，既存事業者＝弁護士会は，もともと立法時に想定していた機能提供水準よりも高い水準を要求している．このような行動を放置していては，新しく革新的なプレイヤーの参入を期待できない．新しいプレイヤーが有力なライバルに育ちそうであればあるほど，既存事業者は非協力的に振る舞う可能性が「構造的に」存在するからである．

　したがって，競争促進政策として決定的に重要なのは，既存事業者が新規参入者に反競争的な振る舞いを行えないように監視する点にある．民間調停の文脈で考えれば，弁護士会が反競争的な振る舞いを行っていないかを監視しなければならない．しかし，現在のADR法のスキームでは，弁護士会側の活動は放任されている．

　また，そもそも弁護士会側に，すべての都道府県でさまざまな団体に「助言」できるほど充分な体制があるのかという問題もある．日弁連ガイドラインが，共同実施を原則としたのは，機関運営上のノウハウのなさの裏返しではないか．

3. 競争促進策として弁護士法規制緩和を行うための選択肢

以上のような見方で弁護士法規制緩和の問題を考えると，3つの具体的な選択肢が生まれる．

弁護士会側に協力義務を課す方法

通信事業の場合と同様に，弁護士会側に「助言義務」を課す方法である．民間団体である弁護士会が，別の民間団体である民間調停機関にサービスを提供しなければならない理由としては，弁護士法72条の公益性が挙げられよう．民間調停機関側の条件さえ整っていれば，弁護士会はその助言機能を提供しなければならないとするスキームである．この方式が優れているのは，「恩恵的な機能提供」が「義務的機能提供」に変わることで，新規の民間調停機関側に事業リスクの予測可能性が増す点にある．具体的には，助言形態，その費用，活動の頻度などを規制する構造を作る方式である．たとえば，週末に期日を持つことや，期日間隔を民間調停側のイニシアチブで決められるようにすることは意味があるだろう．

民間調停機関と弁護士会の話し合いを第三者が監視し，不適切な場合には指導する方法

交渉過程を監視する第三者を置く方法である．第三者は，競争促進的ではあるが中立的な観点で，一方または双方への指導を行う権限も置く．これも，前述のものと同様に，「恩恵的な機能提供」が「義務的機能提供」に変わる点がメリットであるが，さらに，互いに足りないところが何かを調整しながら計画を進められる点にもある．デメリットとしては，第三者のコストがかかる点にある．

公的機関に法的助言機能を持たせる方法

第三の方法は，弁護士会に申し入れを行わなくとも，民間調停機関が法的助言機能を受けられるように，裁判所または法テラスなどの公的機関側に機能を整備することである．弁護士会とのかけひきなしに民間調停機関のイニシアチ

ブで運営を開始できるようになれば，事業の予測可能性が増す．メリットとして，弁護士会側を法的助言の負担から解放する点にある．県によっては，弁護士会紛争解決センターができていない場合さえあり，それがその県の民間調停全体のボトルネックになる可能性があるが，公的機関側で機能を用意すればその点が解消される．裁判所または法テラスなどの公的機関側に仕事が増えるため，その分の財政的な手当は必要であるが，もともと能力を有している機関を活用すれば，増加コストは最低限に抑えられるはずである．

4. 弁護士の能力を生かすために

わが国の弁護士の標準的な能力は確かに高く，紛争に対峙した経験も豊かであり，倫理性も備えている．したがって，弁護士の能力の高さによって，民間調停機関がより良くなるようなスキームを持つこと自体は，一般的に望ましいといえるだろう．

しかし，弁護士会紛争解決センターの活動そのものの低調さに見るように，民間調停機関を経営する主体としての弁護士会の蓄積はさほど大きいとはいえない．もちろん，これまでの蓄積を生かしていく視点は必要であろうが，民間調停活動の総体そのものが弁護士会による弁護士会のための動きに収斂されてしまうようでは，民間調停の拡充活性化の大きな足かせになる．しかもこの弁護士会の動きは，弁護士にとって，新しいビジネスの可能性から得られる自身の利益を損なっている可能性さえある[8]．電電公社の改革に着手し，競争環境を整備したからこそ，NTT 東西だけでなく，NTT ドコモのような携帯電話事業者，OCN のようなインターネット事業者が生まれ，世界的に見ても見劣りのしない電気通信産業の発展を準備できたのである．民間調停においても，全体として公益性が害される状況に陥らないように慎重であることが求められるが，同時に，既得権益に切り込みながら，新規参入者を誘引しつづける環境作りとしての政策が決定的に重要と思われる．

なお，上記は，ビジネス環境としての競争促進策が必要という観点で述べてきたが，現実的には，公益型・プロボノ型活動に弁護士がいかに関わるかとい

---

8) 米国では，調停への弁護士の参入は少し遅れたが，実際に調停がビジネスとして成り立っているのは，弁護士資格を持つものが多いようである．

う問題もある．本来は，弁護士会自身のプロボノ活動と連携すればよいと思われるが，そもそもわが国の弁護士会全体のプロボノ活動が小さいという問題がある．プロボノでも調停をやってみたいと考えるものは少なくないが，それ自身に弁護士会が立ちはだかっている[9]．

---

9) 弁護士法72条は，公益保護目的の規定である．たとえば，大学の無料学生法律相談などは，弁護士法72条違反にはならない．しかし，実質的なプロボノ活動でも，弁護士会から圧力がかかる例がある．たとえば，8章1節「日本の民間調停機関のケーススタディ」で示した近畿司法書士会連合会の「対話調停センター」活動についての「断念要請」を参照．

結論　希望としての調停

1. 楽観的な見通し

　本書の終わりに，わが国における調停の展望を記したい．

　確かに，わが国における民間調停を取り巻く環境は厳しい．特に，意見書以前から言われていた財政面と弁護士法・弁護士会関係の問題が積み残されている点が大きい（6章2節「ADR法制定に関わる諸問題」及び11章「民間調停の促進に向けて」参照）．これらについては，今後も，社会の中で，開かれた議論を継続し，検討されるべきだろう．

　しかし，筆者は，現代調停の考え方・技術・システムが，日本の社会の中で広がっていくことに関して，楽観的な見通しを捨てるつもりはない．1つには，現代調停が日本の社会の中で必要とされている実感があるためである．また，もう1つには，日本の社会の中で，能力，意欲，倫理観を兼ね備えた担い手が現れうるという確信があるためである．筆者にとって，こうした確信は，調停トレーニングや調停事例研究などにおいて，実務家や研究者との議論を重ねる中で，強まりこそすれ弱まることはなかった．

2. 社会における必要性

　現代調停の考え方・技術・システムがまさに日本社会で必要とされているという確信がある．現在は，多様性を排除して一致団結し秩序を保つ社会システムから，多様性を包含しつつ自分たち自身で統治する社会システムへの移行期にあたるように思える．そのための新しい考え方・技術・システムが必要とされている．

　たとえば，企業においても新卒採用と終身雇用を基軸とする「多様性排除」

システムが崩壊しつつも，それをソフトランディングさせるための方向性が見えていない状態である．その結果，弱い個人に問題がしわ寄せされ，湯浅誠のいう「すべり台社会」(湯浅 2008)が現出している．年間3万人の自殺者や，100万人を超えるうつ病者[1]などには，多様性排除型の従来システムから多様性包含型の未来のシステムへの移行期における被害者が多く含まれているように感じられる．

1つの仮想的な状況を考えてみたい．特定の上司の下で，過去に何人もの部下がうつ病を煩って退職しているという問題である．そこには，今度配属された運が悪い若者に声をかけるでもなく，ああまたかと見過ごし，何ら行動しない傍観者だらけの，劣化した企業社会がある．「被害」に遭っている若者の気持ちをゆっくりと聴いてあげるだけの「コーチング技術」は，こうした問題の解決に，ほとんど何の役にも立たない．うつ病患者を早めに病院に連れて行こうという「啓蒙」だけでも，この状況は改善されない．保険点数目当てに上限いっぱいまで薬を処方する医師にあたれば，問題をさらに複雑にするおそれさえある．誰かがその上司と話し合わなければならない．もしかしたら，市場が拡大しない中で自分の立場を守るために，彼は部下を育てないのかもしれない．その上司を追い詰めている恐怖心が，部下へのモラルハラスメントとして現れているのかもしれない．そうであるなら，解雇の4要件について助言できる労働法の専門家が登場しても，ピッタリとくる解決策は探せない．特定の状況下で，どういう行動ならそれぞれが納得できる形で折り合っていけるのか，折り合っていけないのか，話し合ってみないとわからないが，少なくとも放置していても解決にはならない．もし仮に，社内に企業内調停の仕組みがあれば，未熟な部下でも，話し合いの場を作るための申込ができるかもしれないし，それをきっかけに，その上司の行動をその上司自身で見直せるかもしれない．その上司は企業に貢献していたからこそ，その首に鈴をつける人物が現れなかったのだろう．部下も上司も新しいやり方を探せるはずである．企業自身が，新人などいくらでも取り替えがきくと高をくくるのか，そのような状況を放置してはならないと一歩踏み出す勇気と叡智を持つのかが問われている．

---

1) 自殺者数は警察庁『自殺の概要』による．うつ病数は厚生労働省『患者調査』による．

このように，具体的な状況の中に一歩踏み込めば，既存のさまざまな「専門性」だけでは片づかない問題が山積していることがわかる．企業社会しかり，家族・親族関係しかり，地域社会しかりである．個別性に寄り添い，当事者自身自ら取り組みたいと思える方向性で，かつ，社会的に受容される健全な方向性を見つけていくための「支援」が求められている．

3. 担い手に関する希望

　担い手に関する希望もある．米国のような自主的で利他的な行動がないから，あるいは，宗教心も乏しいから，などさまざまな民間調停を進める難しさをいう議論もあるが，それらは一面的であるように思える．そもそもわが国の司法調停における調停委員も，素人が社会貢献する場，司法参加する場として作られたものであるし，現在においても多くの調停委員が献身的に価値ある活動をしていることも事実である．叙勲制度との関係や，特定団体からの推薦枠の問題など，既存の調停委員制度に問題があるにしても，調停委員の多くは，現代のさまざまな困難な紛争に真摯に向き合い貢献しているという事実への評価は正当になされなければならない．

　そして，その司法調停の伝統のルーツには，穂積重遠や彼の学生たちの献身的な活動があった点も忘れてはならないだろう（7章2節「穂積重遠の調停観と大正期の調停」参照）．不幸なことに戦時体制システムに調停が取り込まれる（7章3節「牧野英一の非常時立法論と戦中期の調停」参照）が，それ以前の動きの中には，現代調停と共通した考え方と実践が見られたのであった．

　愛媛和解支援センターの成功（8章1節「わが国の民間調停機関のケーススタディ」参照）は，設立者の経済的負担の側面に関心が集まりがちであるが，多様で有能，かつ献身的なボランティア参加者を集めたところにこそ評価されるべき点があるように思える．愛媛和解支援センターの設立当初から参加している税理士の中野雄策は，「調停人自身が，交通費もかけて自腹を切って調停をするが，調停の経験をさせてもらえて自分にプラスになった……"儲けた"という気持ちがある」と述べている．当事者の役に立つように，調停人自身のエゴと対決する覚悟を持って調停することが，結局は調停人自身の成長にもつながると知って，熱心に活動をしているのである．

このようなわが国における調停運動の状況を見ていると，わが国に自主的で利他的な行動がないという評価はまったくの先入観に過ぎないとしか思えない．ボランティア的活動に対する制度的支援の貧弱さの問題は指摘できるにしても，自主的で利他的な行動そのものはむしろ豊饒とさえ言ってよいように思える．ただ，多様性を内に含む中での統治という新しい考え方・技術・システムにまだ若干慣れていないところがあるだけなのではないかと思える．

4. 調停の展望

調停の展望を図解すると，図結-1（調亭の展望）のようになる．

調停運動そのものを，1つの民主的な運動として，多様性に富む活動として，しかし，きちんと成果を出せるような合理的なやり方で進めていく．

調停実務については，期待の調整，対話の支援，計画の調整，履行の支援の長い過程を通じて丁寧に進めていく．その際，公正さと個別性の両面に配慮しながら，現実的にかつ，現実追認にとどまらない支援と調整を重ねていく．

提供者（担い手）に対する報酬は，金銭的なものだけではなく，貢献感や成長感などの気持ちの面のものもある．現代調停が社会の中でひろがっていけば，経験者のキャリアパスとしての期待もそれに加わるだろう．

利用者の満足は，単に相手を打ち負かしたという結果からだけでなく，自らの課題を自らの手で解決していく方向性を見つけるにあたって，自分自身への満足，支援者（調停人及び活動に関わるさまざまな人々）への満足，手続進行への満足が含まれるはずである．

社会に対しても，賢明な私的自治のシステムが機能することは，強制力に基づくシステムコストを肥大化させない効果がある．従来切り捨てられていたかもしれない，真の「法化」を実現するために，裁判所や行政などの既存のシステムと協働できる可能性がある．

5. 学びの過程にあること

米国の調停から学べる範囲・余地は大きい．多様性を内に抱いて，他者との相異を認めながら，相互の承認と自己一致した表現・決定を支援する現代調停の考え方が，技術やシステムの形に具現化されつつあるからである．調停人の

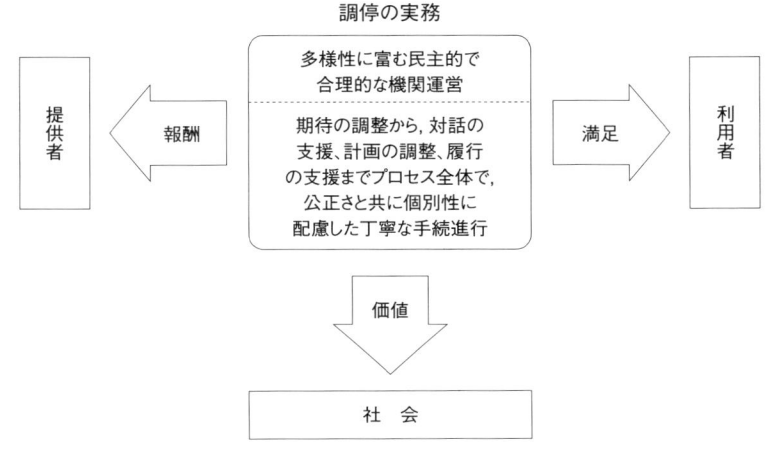

```
                    調停の実務
                ┌─────────────────┐
                │ 多様性に富む民主的で  │
                │ 合理的な機関運営    │
┌─────┐ ←報酬  ├─────────────────┤ 満足→ ┌─────┐
│提供者│         │ 期待の調整から,対話の │       │利用者│
│     │         │ 支援,計画の調整,履行 │       │     │
└─────┘         │ の支援までプロセス全体で,│     └─────┘
                │ 公正さと共に個別性に  │
                │ 配慮した丁寧な手続進行 │
                └─────────────────┘
                        │ 価値
                        ▼
                     ┌─────┐
                     │ 社 会 │
                     └─────┘
```

図結-1　調停の展望

心がけを唱和するといった段階に甘んじることなく，その「ぬえ」のようだとも言われる調停の質を管理するための理論化・システム化が進んでいるからである．

ところで，米国で調停トレーニングを受講していたときに，一緒に参加していた元裁判官の女性の言葉が，印象的であった．それは，

　私たちは，なおまだ学びの過程にある（We're still in the learning process.）

というものである．これは，米国の調停の状況について話していた際に出た言葉である．発言の趣旨は，決して米国の調停の現在の状況を完成したものと見なさず，まだまだ学ぶべきものが多いということであった．

我々はともすれば，「学ばないでよい理由」を探したくなる．「学ぶべき理由」をすべて消し去り，「学ばないでよい理由」で武装を固めて，知っている知識だけですばやく問題を処理する「先生」になりたいというわけである．

しかし，個々の調停手続にしても，調停機関建設といった調停運動にしても，これから進めていく上で，自分たちが学びを必要としているという自覚，また，学ぶことができるさなかにいるという自覚こそ最も重要といえるのではないだ

ろうか．米国調停から学びうることの核心は，まだまだ学び続けるのだという決意を含む，その「構え」にあるように思えるのである．

引用文献

ABA; AAA & ACR (2005), "The Model Standards of Conducts for Mediator 2005."
ABA; AAA & SPIDR (1994), "The Model Standards of Conducts for Mediator 1994." American Bar Association; American Arbitration Association; Association of Conflict Resolution.
Barrett, J. T. & Barrett, J. P. (2004), *A History of Alternative Dispute Resolution: The Story of a Political, Social, and Cultural Movement,* Jossey-Bass.
Beer, Jennifer E. & Stief, Eileen (1997), *The Mediator's Handbook,* New Society Publishers.
Bellard, Jan (ed.) (2001), *Developing and Managing Mediation Centers for Your Community,* NAFCM Training Institute.
Bernard, Phyllis (2002), "Dispute Resolution and the Unauthorized Practice of Law," *Dispute Resolution Ethics: A Comprehensive Guide,* Phyllis Bernard & Bryant Garth eds., American Bar Association, pp. 89-109.
Bingham, Lisa B. & Pitts, David W. (2002), "Highlights of Mediation at Work: Studies of the National REDRESS Evaluation Project," *Negotiation Journal,* 18 (2), pp. 135-146.
Bush, Robert A. Baruch (1994), "The Dilemmas of Mediation Practice: A Study of Ethical Dilemmas and Policy Implications," *Journal of Dispute Resolution,* 1994 (1), pp. 1-92.
Bush, Robert A. Baruch (2002), "Substituting Mediation for Arbitration—The Growing Market for Evaluative Mediation, and What It Means for the ADR Field," *Pepperdine Dispute Resolution Law Journal,* 3 (1), pp. 111-131.
Bush, Robert A. Baruch & Folger, Joseph P. (1994), *The Promise of Mediation: Responding to Conflict Through Empowerment and Recognition,* Jossey-Bass.
Bush, Robert A. Baruch & Folger, Joseph P. (2005), *The Promise of Mediation: Transformative Approach to Conflict,* 2nd, Jossey-Bass.
Felstiner, William L. F.; Abel, Richard L. & Sarat, Austin (1980), "Emergence and Transformation of Disputes: Naming, Blaming, Claiming..., The," *Law & Society Review,* 15, pp. 631-654.

Fiss, Owen M. (1984), "Against Settlement," *Yale Law Journal*, 93 (6), pp. 1073-1090.

Florida DRC, Florida State Supreme Court Dispute Resolution Center (2006), "Florida Mediation & Arbitration Programs: A Compedium 19th Edition Fiscal Year 2005-2006".

Folger, Joseph P., Noce, Dorothy J. Della & Antes, James R. (2001), "A Benchmarking Study of Family, Civil, and Citizen Dispute Mediation Programs in Florida," Institute for the Study of Conflict Transformation.

Fox, Erica L. (1996), "Alone in the Hallway: Challenges to Effective Self-representation in Negotiation," *Harvard Negotiation Law Review*, 1, pp. 86-111.

Friedman, Gary & Himmelstein, Jack (2006), "Resolving Conflict Together: The Understanding-Based Model of Mediation," *Journal of Dispute Resolution*, 2006 (2), pp. 523-553.

Galanter, Marc (2004), "The Vanishing Trial: An Examination of Trials and Related Matters in Federal and State Courts," *Journal of Empirical Legal Studies*, 1 (3), pp. 459-570.

Golann, Dwight & Folberg, Jay (2006), *Mediation: The Roles of Advocate and Neutral*, Aspen.

Hedeen, Timothy (2004), "The evolution and evaluation of community mediation: Limited research suggests unlimited progress," *Conflict Resolution Quarterly*, 22 (1-2), pp. 101-133, Special Issue: Conflict Resolution in the Field: Assessing the Past, Charting the Future.

Henikoff, Jamie & Moffitt, Michael L. (1997), "Remodeling the Model Standards of Conduct for Mediators," *Harvard Negotiation Law Review*, 2, pp. 87-113.

Kakalik, J. S. et al. (1997), "Just, Speedy, and Inexpensive? An Evaluation of Judicial Case Management Under the CJRA," RAND.

Kolb, D. M. (1994), *When Talk Works: Profiles of Mediators*, 1997 reprint, Jossey-Bass.

Kovach, Kimberlee K. (2000), *Mediation: Principles and Practice*, 2nd, West.

Kovick, D. (2005), "The Hewlett Foundation's Conflict Resolution Program: Twenty Years of Field-Building 1984-2004," Hewlett Foundation.

Kurtzberg, Joel & Henikoff, Jamie (1997), "Freeing the Parties from the Law: Designing an Interest and Rights Focused Model of Landlord/Tenant Mediation," *Journal of Dispute Resolution*, 1997 (1), pp. 53-118.

Lowry, L. Randolph (2005), "Get Busy, Get Paid! How to develop a financially success-

ful mediation practice (DVD)," mediate.com.
Mayer, Barnard S. (2004), *Beyond Neutrality: Confronting the Crisis in Conflict Resolution*, Jossey-Bass.
McEwen, C. A. (1981), "Small Claims Mediation in Maine: An Empirical Assessment," *Maine Law Review*, 33, pp. 237-268.
McEwen, Craig A. & Milburn, Thomas W. (1993), "Explaining a Paradox of Mediation," *Negotiation Journal*, 9 (1), pp. 23-36.
McGillis, Daniel. (1997), "Community Mediation Programs: Developments and Challenges," Department of Justice, Office of Justice Programs, National Institute of Justice.
Menkel-Meadow, C. (2005), "A Brief History of the Foundations of Dispute Resolution," *The Handbook of Dispute Resolution*, Michael L. Moffitt & Robert C. Bordone eds., Jossey-Bass.
Menkel-Meadow, C. (2009), "Chronicling the Complexification of Negotiation Theory and Practice," *Negotiation Journal*, 25 (4), pp. 415-429.
Menkel-Meadow, Carrie (1984), "Toward Another View of Legal Negotiation: The Structure of Problem Solving," *UCLA Law Review*, 31, pp. 754-842.
Menkel-Meadow, Carrie (1997), "Ethics in Alternative Dispute Resolution: New Issues, No Answers from the Adversary Conception of Lawyers' Responsibilities," *South Texas Law Review*, 38, pp. 407-454.
Merry, S. & Milner, N. (eds.) (1993), *The Possibility of Popular Justice: A Case Study of Community Mediation in the United States*, University of Michigan Press.
Moffitt, Michael L. (2006), "The Wrong Model, Again: Why the Devil is Not in the Details of the New Model Standards of Conduct for Mediators," *Dispute Resolution Magazine*, 12 (3), pp. 31-33.
Moffitt, Michael L. & Bordone, Robert C. (eds.) (2005), *The Handbook of Dispute Resolution*, Jossey-Bass.
Mosten, Forrest S. (2001), *The Mediation Career Guide: A Strategic Approach to Building a Successful Practice*, Jossey-Bass.
Nader, Laura (1979), "Disputing Without the Force of Law," *Yale Law Journal*, 88, 998-1022.
Nolan-Haley, J. M. (2008), *Alternative Dispute Resolution in a Nutshell*, 3rd, West.
NY CDRC, New York State Unified Court System New York State's Community Dispute Resolution Centers (2009), "Annual Report".

Pastan, T. (2006), "Permission Plus: Reaching the Pareto Optimal Guideline for Contingency Fees in Mediation," *The Journal of American Arbitration*, 5 (1), pp. 1–22.

Peppet, S. R. (2003), "Contractarian Economics and Mediation Ethics: The Case for Customizing Neutrality Through Contingent Fee Mediation," *Texas Law Review*, 82 (2), pp. 228–285.

Prause, Matthias (2008), "The Oxymoron of Measuring the Immeasurable: Potential and Challenges of Determining Mediation Development in the U.S.," *Harvard Negotiation Law Review*, 13, pp. 132–165.

Press, Sharon (1992), "Building and Maintaining a Statewide Mediation Program: A View from the Field," *Kentucky Law Journal*, 81 (4), pp. 1029–1065.

Press, Sharon (1996), "Institutionalization: Savior or Saboteur of Mediation?," *Florida State University Law Review*, 24, pp. 903–918.

Ray, Larry (1997), "Community Mediation Centers: Delivering First-Class Services to Low-Income People for the Past Twenty Years," *Mediation Quarterly*, 15 (1), pp. 71–77.

Riskin, Leonard L. (1996), "Understanding Mediators' Orientations, Strategies, and Techniques: A Grid for the Perplexed," *Harvard Negotiation Law Review*, 7, pp. 7–51.

Rogers, Susan J. (1991), "Ten Ways to Work More Effectively with Volunteer Mediators," *Negotiation Journal*, 7 (2), pp. 201–211.

Sander, Frank E. A. (2009), "Ways of Handling Conflict: What We Have Learned, What Problems Remain," *Negotiation Journal*, 25 (4), pp. 533–537.

Stipanowich, Thomas J. (2004), "ADR and the 'Vanishing Trail': The Growth and Impact of 'Alternative Dispute Resolution'," *Journal of Emprical Legal Studies*, 1 (3), pp. 843–912.

Streeter-Schaefer, H. A. (2004), "Look at Court Mandated Civil Mediation," *Drake Law Review*, 49, pp. 367–389.

Stulberg, Joseph B. (2005), "Reporters' Note (Reporters' Note for the Model Standards of Conduct for Mediators)," September 9, ed.

Stulberg, Joseph B. (2006), "The Model Standards of Conduct: A Reply to Professor Moffitt," *Dispute Resolution Magazine*, 12 (3), pp. 34–35.

Stulberg, Joseph B. & Love, Lela P. (2008), *The Middle Voice: Mediating Conflict Successfully*, Carolina Academic Press.

The Supreme Court of The State of Hawaii (2002), "Guidelines for Hawaii Mediators."
Welsh, Nancy A. (2001), "The Thinning Vision of Self-Determination in Court-Connected Mediation: The Inevitable Price of Institutionalization?," *Harvard Negotiation Law Review*, 6, pp. 1-96.
Young, Paula M. (2006), "Rejoice! Rejoice! Rejoice, Give Thanks, And Sing: 1 ABA, ACR, And AAA Adopt Revised Model Standards Of Conduct For Mediators," *Appalachian Journal of Law*, 5, pp. 195-239.

青山善充 (2010)「ADR 検討会の議論からみた ADR 法の現状」『仲裁と ADR』5 号, pp. 8-13.
安西明子 (2007)「ADR 促進法の構造」『ADR　理論と実践』和田仁孝 (編), 有斐閣, pp. 23-33.
池内ひろ美・町村泰貴 (2006)『勝てる !?　離婚調停　年金分割完全対応版』日本評論社.
石川明・梶村太市 (編) (1986)『注解　民事調停法』青林書院.
石山勝巳 (1994)『対話による家庭紛争の克服——家裁でのケースワーク実践』近代文藝社.
石山勝巳 (1998)「紛争当事者間の対話促進法——日米比較」『判例タイムズ』967 号, pp. 98-109.
市村光一 (1959)『家事調停の実証的研究』司法研修所.
伊藤孝夫 (2000)『大正デモクラシー期の法と社会』京都大学学術出版会.
稲村厚・岡住貞宏・斎藤幸光・江原崇人 (2009)「パネルディスカッション　司法書士 ADR の可能性と将来像」『群馬司法書士会・執務現場から』41 号, pp. 20-41.
井上匡子 (2007)「ADR の現代的意義と市民社会——社会構想の必要性」『社会国家・中間団体・市民権』名和田是彦 (編), 法政大学出版局, pp. 39-65.
井上敬子 (2004)「家事調停事件における家庭裁判所調査官の役割について——最近の動向を中心に」『ケース研究』282 号, pp. 199-210.
井上治典・佐藤彰一 (編) (1999)『現代調停の技法——司法の未来』判例タイムズ社.
猪木健二 (編) (2008)『第 12 回全国弁護士会仲裁センター連絡協議会・報告書』日本弁護士会連合会.
入江秀晃 (2005)「自主交渉を援助する調停人の役割」『JCA ジャーナル』52 巻 2 号, pp. 10-16.
入江秀晃 (2009)「自主交渉援助型調停と法の接点」『仲裁・ADR フォーラム』2 号, pp. 63-73.

入江秀晃（2010a）「コスト面から見た ADR 利用推進のために求められる政策」『自由と正義』61 巻 8 号, pp. 78-86.
入江秀晃（2010b）「事例に見る民間調停の価値創造」『東京大学大学院情報学環紀要情報学研究』78, pp. 79-106.
入江秀晃（2010c）「米国における調停論：〈情報を得た同意〉をめぐって」『ソフトロー』16 号, pp. 65-95.
岩田ななつ（2010）『岩佐美代子の眼――古典はこんなにおもしろい』笠間書院.
岩瀬純一（2008）『司法臨床におけるまなざし――家事調停にかかわるあなたへ』日本加除出版.
内堀宏達（2005）『ADR 法　概説と Q&A』商事法務.
内堀宏達（2006）『ADR 認証制度 Q&A』商事法務.
エマーソン／フレッツ／ショウ（1998）『方法としてのフィールドノート――現地取材から物語作成まで』佐藤郁也・好井裕明・山田富秋（訳）, 新曜社.
大川宏（2010）「解決ツールとしての ADR――ADR の上手な利用方法」『紛争解決手段としての ADR』日本弁護士会連合会 ADR センター（編）, 弘文堂, pp. 2-34.
大阪地方裁判所簡易裁判所活性化民事委員会（編）（2003）『大阪簡易裁判所における民事調停事件の諸手続と書式モデル』判例タイムズ社.
太田勝造（1990）『民事紛争解決手続論――交渉・和解・調停・裁判の理論分析』信山社.
太田勝造（1998）「裁判外紛争解決のコスト」『裁判外紛争処理法』小島武司・伊藤眞（編）, 有斐閣, pp. 192-202.
太田勝造（2004）「民事裁判の時間的費用と金銭的費用」『法社会学の可能性』和田仁孝・樫村志郎・阿部昌樹（編）, 法律文化社, pp. 276-293.
大村敦志（2007）『消費者法　第 3 版』有斐閣.
小川保男（1944）『調停の研究』日光書院.
垣内秀介（2004）「国による ADR の促進」『ADR の基本的視座』早川吉尚・山田文・濱野亮編著, 不磨書房, pp. 61-92.
垣内秀介（2010）「和解と当事者の訴訟手続評価」『現代日本の紛争処理と民事司法 3　裁判経験と訴訟行動』ダニエル・H・フット／太田勝造（編）, 東京大学出版会, pp. 217-240.
加藤俊明（2008）「神奈川県司法書士会調停センターの創設と将来的な課題」『市民と法』53, pp. 45-51.
金子宏・新堂幸司・平井宜雄（編集代表）（2008）『法律学小辞典　第 4 版 補訂版』有斐閣.

兼子一・柳川真佐夫・久米愛（1952）「『調停』をめぐる座談会 2 『調停』疑なきにしもあらず」『ジュリスト』20 号，pp. 26-31.
川島武宜（1967）『日本人の法意識』岩波書店．
川島武宜（1982a）「裁判外司法手続（仲裁・調停）と裁判外司法手続との相関関係」『川島武宜著作集 第 3 巻 法社会学 3 争いと法』岩波書店，pp. 341-347. 初出：『JCA ジャーナル』1976 年 23 巻 1 号．
川島武宜（1982b）「調停における当事者の力関係」『川島武宜著作集 第 3 巻 法社会学 3 争いと法』岩波書店，pp. 371-391. 初出：『ケース研究』1976 年 158 号．
川島武宜（1986a）「想い出すことなど」『川島武宜著作集 第 11 巻 家族および家族法 2』岩波書店，pp. 292-295. 初出：『ケース研究』1976 年 158 号．
川島武宜（1986b）「穂積重遠先生の家族法学」『川島武宜著作集 第 11 巻 家族および家族法 2』岩波書店，pp. 289-291. 初出：1974.
川島武宜（1986c）「穂積重遠博士の家族制度観――日本法律思想史の一断面」『川島武宜著作集 第 11 巻 家族および家族法 2』岩波書店，pp. 264-286. 初出：『穂積先生追悼論文集 家族法の諸問題』1952，有斐閣．
川島武宜・長野潔・長谷部茂吉・新村義廣ほか（1956）「座談会 民事調停の実情と欠陥」『法律時報』28 巻 2 号，pp. 33-51.
日下部克通（2006）「民事調停実務の潮流」『仲裁と ADR』1 号，pp. 19-31.
小島武司（1981）「当事者主導型の調停――調停モデルの多様化の提唱（正義の総合システムの諸相）」『判例タイムズ』32 巻 5 号，pp. 40-41.
小島武司（1986）「Carrie Menkel-Meadow, Toward Another View of Legal Negotiation: The Structure of Problem Solving, 31 U. C. L. A. Rev. 754-842（1984）〈論文紹介〉」『アメリカ法』1986-1 号，pp. 131-136.
小島武司（1989）『調停と法――代替的紛争解決（ADR）の可能性』中央大学出版部．
小林徹（2005）『裁判外紛争解決促進法』商事法務．
小林隆・林詩子・及川由佳（2008）「東京家庭裁判所における調停委員のためのロールプレイの実際」『ケース研究』297 号，pp. 101-114.
小山昇（1977）『民事調停法 新版』有斐閣．
小山昇（1991a）「調停制度の現代的機能と課題」『小山昇著作集 第 7 巻 民事調停・和解の研究』信山社出版，pp. 35-46（1974 年発表）．
小山昇（1991b）「民事調停と民事訴訟」『小山昇著作集 第 7 巻 民事調停・和解の研究』信山社出版，pp. 3-21.
坂元和夫（2007）「家事調停の黄昏」『鴨川法律事務所事務所便りかもがわ』41 号，pp. 3-4.

佐々木文（2010）「法テラスに寄せられる法的トラブルとADR」『法律のひろば』63(9), 47-51.
佐々木吉男（1974）『増補・民事調停の研究』法律文化社.
サスカインド／クルックシャンク（2008）『コンセンサス・ビルディング入門——公共政策の交渉と合意形成の進め方』城山英明・松浦正浩（訳），有斐閣.
潮見俊隆・市川四郎・大濱英子・中川善之助ほか（1958）「家事調停の実情と科学化（座談会）」『法律時報』30巻3号, pp. 314-328.
澁井保之・細井仁（2004）「『家裁における書記官事務の指針（家事編）』を参考とした東京家庭裁判所の運用について——夫婦関係調整調停事件の場合を中心として」『ケース研究』280号, pp. 107-131.
司法制度改革審議会（2000）「『民事訴訟利用者調査』報告書」.
司法制度改革審議会（2001）「司法制度改革審議会意見書——21世紀の日本を支える司法制度」.
下山晴彦（2003）「臨床心理学の実践活動」『よくわかる臨床心理学』下山晴彦（編），ミネルヴァ書房, pp. 10-11.
末弘厳太郎（2000）「小知恵にとらわれた現代の法律学」『役人学三則』末弘厳太郎（著）・佐高信（編）, pp. 115-146. 初出：『嘘の効用』改造社, 1923年.
菅原郁夫（1997）「手続き的公正」『紛争解決の社会心理学』大渕憲一（編），ナカニシヤ出版, pp. 162-183.
菅原郁夫（1998）『民事裁判心理学序説』信山社.
杉山元治郎（1925）「小作調停事例の一二」『全国小作争議調停の実際』古瀬傳藏（編），二松堂書店.
菅野和夫（編）（2008）『労働審判——事例と運用実務（ジュリスト増刊）』有斐閣.
千賀敏照（2007）「調停人の養成・ADR担い手養成事業（2006年度）」『JCAジャーナル』54巻6号, pp. 15-26.
園尾隆司（2009）『民事訴訟・執行・破産の近現代史』弘文堂.
髙木佳子（2003）「ADR検討会第13回　髙木委員提出資料（1）」.
髙木佳子（2009）「原後山治先生のこと」『自由と正義』60巻4号, pp. 5-7.
鷹取司（1997）「岡山仲裁センターについて」『弁護士会仲裁の現状と展望』第二東京弁護士会（編），判例タイムズ社, pp. 342-345.
鷹取司（1999）「岡山仲裁センターのケース」『現代調停の技法——司法の未来』井上治典・佐藤彰一（編），判例タイムズ社, pp. 589-602.
高橋裕（2004）「借地借家調停と法律家——日本における調停制度導入の一側面」『ADRの基本的視座』pp. 93-134.

高橋裕（2008）「Both Sides Now——交互面接方式調停と同席方式調停」『仲裁とADR』3号，pp. 89-98.
竹下守夫（2010）「司法制度改革審議会における審議過程から見たADR法の状況」『仲裁とADR』5号，pp. 1-7.
田中圭子（2010）「NPO法人日本メディエーションセンター（JMC）」『メディエーション研究』1号，pp. 87-89.
田中成明（1996）『現代社会と裁判——民事訴訟の位置と役割』弘文堂.
棚瀬孝雄（1992）『紛争と裁判の法社会学』法律文化社.
棚瀬孝雄（2009）「医療事故と医療訴訟の間——医療メディエーションの機能的ニッチ——」『仲裁とADR』4号，pp. 1-14.
茶谷勇吉（1933）「借地借家の現行法規に関する若干の考察」『司法研究報告書』司法省調査課.
東京大阪養育費等研究会（2003）「簡易迅速な養育費等の算定を目指して——養育費・婚姻費用の算定方式と算定表の提案」『判例タイムズ』54巻7号，pp. 285-315.
トクヴィル（1987）『アメリカの民主政治（上）』井伊玄太郎（訳），講談社学術文庫.
利谷信義（1985）『日本の法を考える』東京大学出版会.
豊蔵亮（1997）「大阪弁護士会民事紛争処理センター」『弁護士会仲裁の現状と展望』第二東京弁護士会（編），判例タイムズ社，pp. 310-317.
内閣府大臣官房政府広報室（2008）「総合法律支援に関する世論調査」内閣府.
長島毅（1924）『小作調停法講話』清水書店.
中村芳彦（2004）「ADR法立法論議と自律的紛争処理志向」『ADRの基本的視座』pp. 233-279.
中村芳彦（2007）「弁護士会仲裁センター」『ADR 理論と実践』pp. 144-156.
中村芳彦（2008）「ADRにおける事実認定と対話」『市民と法』53号，pp. 73-81.
那須弘平・遠藤昭・中村芳彦・森本宏一郎ほか（1997a）「弁護士会仲裁と法化社会（プレシンポジウム座談会第1回）」『弁護士会仲裁の現状と展望』第二東京弁護士会（編），判例タイムズ社，pp. 81-116（シンポジウム開催日1996年1月11日）.
那須弘平・遠藤昭・中村芳彦・森本宏一郎ほか（1997b）「弁護士会仲裁と法化社会（プレシンポジウム座談会第2回）」『弁護士会仲裁の現状と展望』pp. 117-151（シンポジウム開催日1996年1月22日）.
21世紀政策研究所（2000）「21世紀日本の司法制度を構想する」.
第二東京弁護士会（1993）『仲裁解決事例集 加除式』第一法規出版.
第二東京弁護士会（1997）『弁護士会仲裁の現状と展望』判例タイムズ社.
第二東京弁護士会仲裁センター運営委員会（2001）「二弁仲裁センター10年の歩み」.

第二東京弁護士会仲裁センター運営委員会（編）(2007)『ADR 解決事例精選 77』第一法規出版.
日本調停協会連合会（編）(1954)『調停読本』最高裁判所事務総局.
日本弁護士連合会 (2008)『仲裁統計年報』.
日本法理研究会（編）(1942)『明治初期の裁判を語る　日本法理叢書別冊四』巖翠堂書店.
野口悠紀雄 (2002)『1940 年体制――さらば戦時経済（新版）』東洋経済新報社.
萩原金美 (2007)「ADR・調停に関するやや反時代的な一考察」『日本法制の改革――立法と実務の最前線』小島武司（編），中央大学出版部，pp. 258-282.
原後山治 (1990)「建設工事紛争仲裁制度の実情と諸問題」『現代法律実務の諸問題 [下]〈平成元年版〉』第一法規出版，pp. 291-343.
バーンズ，ブルース E.／小島武司 (1989)「日米調停制度の比較」『調停と法――代替的紛争解決（ADR）の可能性』小島武司（編），中央大学出版部，pp. 256-279.
廣瀬忠夫 (2005)「私の調停論とその実践」『調停時報』162 号，pp. 102-109.
廣田尚久 (2004)「ADR とは何か――調停現場の事例に学ぶ活用・成功の条件」『JCA ジャーナル』51 巻 6 号，pp. 50-61.
廣田尚久 (2006)『紛争解決学　新版増補』信山社出版.
深山卓也 (2010)「法務省からみた ADR 法の状況」『仲裁と ADR』5 号，pp. 14-24.
藤巻元雄 (1997)「新潟の実験――交通事故の示談斡旋から一般事件へ」『弁護士会仲裁の現状と展望』第二東京弁護士会（編），判例タイムズ社，pp. 318-323.
フット，ダニエル (2006)『裁判と社会――司法の「常識」再考』NTT 出版.
ヘイリー，J. O. (2002)『権力なき権威――法と日本のパラドックス』財団法人判例調査会.
法務省 (2006)「裁判外紛争解決手続の利用の促進に関する法律の実施に関するガイドライン」.
細川幸一 (2007)『消費者政策学』成文堂.
穂積重遠 (1917)『法理学大綱』岩波書店.
穂積重遠 (1920a)「裁判所の簡易化 (1)」『法学協会雑誌』38 巻 4 号，pp. 395-416.
穂積重遠 (1920b)「裁判所の簡易化 (2)」『法学協会雑誌』38 巻 5 号，pp. 598-617.
穂積重遠 (1920c)「裁判所の簡易化 (3)」『法学協会雑誌』38 巻 6 号，pp. 735-757.
穂積重遠 (1920d)「裁判所の簡易化 (4)」『法学協会雑誌』38 巻 7 号，pp. 864-884.
穂積重遠 (1920e)「裁判所の簡易化 (5)」『法学協会雑誌』38 巻 8 号，pp. 978-1007.
穂積重遠 (1924)「大震火災と借地借家調停法」『法学協会雑誌』42 巻 5 号，pp. 917-943.

穂積重遠（1929）「調停法」『現代法学全集』38，日本評論社，pp. 225-290.
穂積重遠（1954）『やさしい法学通論』中川善之助補訂，有斐閣.
穂積重遠（1997）『欧米留学日記（1912～1916年）――大正一法学者の出発』穂積重行（編），岩波書店.
穂積陳重（1924）「法律文の民衆化について」『法学協会雑誌』42巻6号，pp. 1125-1126.
堀内節（1970）『家事審判制度の研究』中央大学出版部.
堀内節・大橋誠一・森盛一郎・秋根久太ほか（1952）「『調停』をめぐる座談会」『ジュリスト』20号，pp. 17-31.
前田順司（2008）「奈良における調停運営改善の試みについて――当事者の満足を目指して」『調停時報』171号，pp. 51-65.
牧野英一（1926a）「小作の調停――其の意義及び限界」『生の法律と理の法律』有斐閣，pp. 61-94. 初出：『法学志林』1924（大正13年），第26巻第8号.
牧野英一（1926b）「焼け跡の仮小屋」『生の法律と理の法律』pp. 95-126. 初出：『法学志林』第25巻（1925），第10号.
牧野英一（1940）『理屈物語』日本評論社.
牧野英一（1941）『非常時立法の発展』有斐閣.
牧野英一（2004）『昭和一八年――一九年講義　牧野英一先生　法学通論』㈶印刷朝陽会.
松下純一（2008）「愛媛和解支援センターの歩み」『市民と法』53号，pp. 60-66.
松下純一・江原崇人・泉純平・茂木光男ほか（2010）「松下純一代表インタビュー＆ADR大放談会」『群馬司法書士会・執務現場から』42号，pp. 56-77.
松村良之・木下麻奈子・藤田政博・小林知博（2006）「『日本人の法意識』はどのように変わったか：1971年，1976年，2005年調査の比較」『北大法学論集』57巻4号，pp. 474-435（1-40）.
水野聡・増田卓司・塩見渉・福本博之ほか（2008）「紛争解決センター認証取得記念座談会――あっせん・仲裁手続の利点と今後の展望」『愛知県弁護士会会報』568，pp. 18-25.
溝口喜方・真野毅・本村善太郎・長谷川太一郎ほか（1955）「調停制度の前進のために（座談会）」『法律のひろば』8巻4号.
宮崎澄夫（1942）『調停法の理論と実際』東洋書館.
宮田親平（1995）『だれが風を見たでしょう――ボランティアの原点・東大セツルメント物語』文藝春秋.
ムーア，クリストファー（2008）『調停のプロセス――紛争解決に向けた実践的戦略』

レビン小林久子（訳・編）日本加除出版．
矢口洪一（2004）『矢口洪一　オーラル・ヒストリー』政策研究大学院大学COEオーラル政策研究プロジェクト．
安田幹太（1933a）「私法轉化の段階としての調停（1）」『法学協会雑誌』51巻4号，pp. 611-652.
安田幹太（1933b）「私法轉化の段階としての調停（2）」『法学協会雑誌』51巻5号，pp. 909-945.
安田幹太（1933c）「私法轉化の段階としての調停（3）」『法学協会雑誌』51巻6号，pp. 1015-1049.
安田幹太（1933d）「私法轉化の段階としての調停（4）」『法学協会雑誌』51巻7号，pp. 1248-1283.
山口絢（2010）「Prause Matthias "The Ocxymoron of Measuring the Immeasurable: Potential and Challenges of Determining Mediation Development in the U. S.," 13 *Harvard Negotiation Law Review* 131（2008），p.132-165」『メディエーション研究』1号，pp. 83-85.
山本和彦・山田文（2008）『ADR仲裁法』日本評論社．
山本和彦（2010）「認証ADR事業者に対するアンケート結果」『仲裁とADR』5, 66-100.
山本和彦・町村泰貴・中川深雪・森倫洋ほか（2010）「ADR法施行3年を経て——認証制度の現状と課題」『仲裁とADR』5号，pp. 35-65.
山本克己（1998）「手続ルールの検討」『裁判外紛争処理法』pp. 60-67.
湯浅誠（2008）『反貧困——「すべり台社会」からの脱出』岩波書店．
有限責任中間法人ECネットワーク（2007）「サービス産業紛争解決システム調査」．
吉岡桂輔（2008）「ケースに見る弁護士会仲裁の可能性」『仲裁とADR』3号，pp. 55-61.
吉田勇（2009）「日本社会に対話促進型調停を定着させる二つの試み（二・完）」『熊本法学』118巻，pp. 163-220.
竜嵜喜助（1985）「地域社会の私的紛争解決制度——アメリカ合衆国のコミュニティー・ボードの例（海外学術調査報告シリーズ2）」『判例タイムズ』557号，pp. 20-33.
レビン小林久子（1994）『ブルックリンの調停者』信山社．
レビン小林久子（1998）『調停者ハンドブック——調停の理念と技法』信山社出版．
六本佳平（2007）「末弘法社会学の視座——戦後法社会学との対比」『末弘厳太郎と日本の法社会学』六本佳平／吉田勇（編），東京大学出版会，pp. 233-262.

我妻栄（1952）「家事調停序論」穂積重遠・末川博（編）『家族法の諸問題　穂積先生追悼論文集』有斐閣，pp. 545-578.

我妻栄（1969）「穂積重遠先生の人と学問（特別企画・日本の法学者―人と学問）」『法学セミナー』157号，pp. 129-137.

和田直人（2008）「認証基準・ガイドラインの意義　ADR認証制度を考える」『ADR認証制度　ガイドラインの解説』和田仁孝・和田直人（編著），三協法規，pp. 15-38.

和田安弘（1996）「幻想としてのインフォーマル・ジャスティス」『紛争処理と合意』棚瀬孝雄（編著），ミネルヴァ書房，pp. 23-42.

和田仁孝・和田直人（2008）『ADR認証制度　ガイドラインの解説』三協法規．

和田仁孝（1994）『民事紛争処理理論』信山社出版．

和田仁孝（2007）「日本型ADRにおける専門性と不偏性」『ADR　理論と実践』和田仁孝（編），有斐閣，pp. 34-50.

和田仁孝（2008）「ADR認証制度をめぐって」『ADR認証制度　ガイドラインの解説』和田仁孝・和田直人（編著），三協法規，pp. 2-14.

和田仁孝（2009）「メディエーションと医療機関の文化変容　ソフトウェアとしてのメディエーション」『医療安全』6巻1号，pp. 90-93.

渡部晃・九石拓也（2009）「弁護士会と隣接士業との協調関係の現状　いわゆる『日弁連ガイドライン』をめぐって」『自由と正義』60巻1号，pp. 22-36.

渡部晃・前田一年・板東一彦・藤田耕三ほか（2010）「弁護士および利用者サイドからのADR活用法――パネルディスカッション」『紛争解決手段としてのADR』日本弁護士会連合会ADRセンター（編），弘文堂，pp. 35-70.

渡邊一平（2003a）「JCAA商事調停への提言――名古屋弁護士会あっせん・仲裁センター商事紛争の経験から」『JCAジャーナル』50巻5号，pp. 14-21.

渡邊一平（2003b）「名古屋弁護士会あっせん・仲裁センターの五年間――原後山治先生への手紙」『自由と正義』53巻10号，pp. 49-57.

あとがき

　大阪の蛙と京都の蛙という昔話がある．
　京都見物をしようと思いたった大阪の蛙と，大阪見物をしようと思いたった京都の蛙が，間にある天王山の山頂で出逢う．そこで，大阪の蛙は京都の蛙に向かって大阪なんかつまらないから行くのはおよしなさいと言い，京都の蛙は大阪の蛙に向かって京都なんかつまらないからおよしなさいと言う．では，ということで，行き先の街を見下ろしたつもりが，地元の街を見て，なんだ同じようなところだという感想を持ってそれぞれ元の街に帰ることに決める．蛙の目は頭の上に付いているので，立ち上がると後ろの方を見てしまうから，大阪の蛙は京都を見ているつもりで大阪の街を見ていたし，京都の蛙は大阪を見ているつもりで京都を見ていたというオチである．

　わたしは，米国型調停に関する議論を聞いていると，しばしばこの昔話を思い出す．
　米国で近年発展している新しいタイプの調停は，お金のかかる裁判とは異なり，柔軟で実情に即した解決ができるこれからの解決手続だという宣伝がよくある．しかし，私ならこの話を聞いても，日本では昔から分かっていたし，やってきたことだと感じてしまう．調停の研究において，このような既視感に囚われずに探求の旅を続けることは可能だろうか．
　本書が取り組んだのはこの問題である．高いところからの眺めで見たつもりにならずに，できるだけ近くまで足を運び，直接見えたものを大切にしながら，それぞれの全体像を明らかにしようとしたのである．全ての姿を見尽くした，書き尽くしたとはとても言えないが，これまで取り組んできたものに一応の形を与えられたことに，喜びを感じている．

＊

　本書は，研究者，実務家，政策担当者，そして一般の方々に読んでいただきたいと思って書いた．

　研究者の方々には，批判を賜りたいと考えている．本書のアプローチは，少なくとも近年の日本ではめずらしいはずである．率直に申し上げれば，高踏的な議論にとどまりがちな従来の研究への批判を含んでいる．調停現場で起きている具体的な事実関係に基づいた議論のための素材と共に，わたしなりの見方を提示したつもりである．わたしの議論には様々な甘さがあろう．批判を期待している．

　実務家の方々とは，理念に立ち返った議論ができればと考えている．本書は，調停の理念，制度，運用実態についての研究書であって，実践のためのハウツーを示したものではない（良き実践を具体的に行うための方法についても，いずれ書いていきたいと望んでいる）．しかし，本書は良き実務家の導きで出来たと言って過言ではない．技法は所詮手段に過ぎない．現在及び未来の良き実務家と，調停の実践が意味する理念を語り合いたいと望んでいる．

　政策担当者（ADR法及び司法調停，行政型ADR機関等）が，わたしの議論を相手にしてくださるかどうかは定かではない．しかし，アリバイづくりとしての調停政策・ADR政策でよしとしない方にとっては，いくつかの問題提起を読み取っていただけるものと期待している．国民性が違う，認知度が低い，執行力の問題であるといったこれまでありがちだった議論の延長線上には展望がないことははっきりしている．さらに，弁護士と隣接法律専門職の業際問題として矮小化しないことを切に願う．角を矯めて牛を殺すことがないように考えるべき要素を明確にしたつもりである．

　そして，すべての読者に申し上げたいことは，プレモダン（話し合いによる紛争解決という近代社会以前の古くから存在する活動）ともポストモダン（近代の裁判システムの成熟後に制度化された活動）とも理解できる調停手続と格闘することを通じて，現代のこの社会について，共に考えたいということである．子どもが2人いれば親として調停せざるを得ない．友人グループの中で，

あるいは職場で，葛藤と関わりなしに社会生活を営むことは不可能であり，小さな調停活動は至るところにある．調停を考えるということは，われわれの住む社会を考えることである．

＊

わたしが調停の研究をはじめたのは，当時働いていた民間シンクタンク（三菱総合研究所）での調査研究がきっかけであった．2002 年に小さな文献調査を行い，2003 年に米国の調停機関 11 箇所へのインタビュー調査を行った．このときに会った方々から受けた印象が，わたしにとっての調停研究の原点にある．しっとりとしたやさしさ・親切さという印象とともに，芯の強さ・自信・ある種の厳しさも併せ持った魅力を感じたのである．昔の日本人はこういう人たちだったのではないだろうかと感じたことを今でも思い出す（これもある種の既視感である）．

その後，調停トレーニング教材の試行作成というプロジェクトや，調停トレーニングの受講，調停トレーニングのトレーナーとしての経験を重ねる中で，現代の調停とはどのような営みを指すのか，どのような意味を持った活動なのかを考え続けてきた．

そして，2006 年から東京大学大学院法学政治学研究科の博士課程に入学し，会社を辞め，調停の研究に専念することにした．本書は，その博士論文原稿を修正してとりまとめたものである．

＊

未熟な本書ではあるが，多数かつ錚々たる方々の指導と協力を得た．

全員の方の名前を挙げることはできないが，博士論文のご指導をいただいたダニエル・フット先生には第一にお礼を述べたい．自分が教員の立場ならここまでつきあえただろうかと思えるほど，多くの時間を割き，粘り強く指導していただいた．まがりなりにも形作ることができたのはフット先生の懇切のたまものである．日本における現代調停を文字通り切り開いたレビン小林久子先

生には，執筆中から励ましていただき，光栄にも九州大学へ誘っていただいた．調停トレーニングの師匠である稲葉一人先生には，常にメンターとして相談に乗っていただいた．東京大学の太田勝造先生，佐藤岩夫先生，石川雄章先生，早稲田大学の和田仁孝先生にも格別のご指導をいただけた．さらに，本書を特徴付ける実務研究への道筋をつけてくださった中村芳彦先生，鷹取司先生，松下純一先生には特にお礼を申し上げたい．様々な団体にもお世話になったが，とりわけ全国青年司法書士協議会の関係者の方々にお礼と同志としてのエールをお伝えしたい．そして，調停トレーニングに参加してくださった方々を含め，わたしの調停に関する考察を深めてくださったすべての方々に感謝を申し上げる．

本書の編集は，東京大学出版会の斉藤美潮さんにご担当いただいた．斉藤さんの的確な導きを得て，世の中に出せる幸せを強く感じている．なお，本書の出版に当たって日本学術振興会平成24年度科学研究費補助金（研究成果公開促進費）を受けている．

最後に，この旅につきあってくれている家族にお礼を述べたい．ありがとう．

2012年12月

入江 秀晃

人名索引

あ 行

安西明子　132
井垣康弘　190
石山勝巳　184
伊藤孝夫　150
稲葉一人　190, 197
岩瀬純一　185

か 行

カーツバーグ Kurtzberg　104
垣内秀介　259
兼子一　178
川島武宜　152, 186
ガランター Galanter　43
小島武司　189
小山昇　149, 178, 184

さ 行

坂元和夫　185
佐々木吉男　116, 254
サンダー Sander　39
潮見俊隆　183
下山晴彦　9
末弘厳太郎　150, 152
菅原郁夫　258
スタルバーグ Stulberg　89
ストリーターシェファー Streeter-Schaefer　34

た 行

高木佳子　130, 135, 187
竹下守夫　124
棚瀬孝雄　8
茶谷勇吉　158
ティボー Thibaut　258
デイヴィス Davis　54
トクヴィル Tocqueville　53

な 行

長島毅　7
中村芳彦　133, 195, 201, 203, 229

は 行

バーガー Burger　39
パウンド Pound　151, 153, 163
萩原金美　194
鳩山秀夫　151
原後山治　187, 188, 193, 204, 291
日下部克通　138
ヒディーン Hedeen　54, 56
ヒメルスタイン Himmelstein　107
ヒューレット Hewlett　40
廣田尚久　130, 187
フィス Fiss　48, 87
フォルバーグ Folberg　35
福井秀夫　135
ブッシュ Bush　27, 47, 90
フリードマン Friedman　107
ヘニコフ Henikoff　98, 104
穂積重遠　149–165, 168, 174, 182, 186, 309

ま 行

牧野英一　149, 156, 164–174
マキューエン McEwen　27, 40
マクギリス McGillis　55
メイヤー Mayer　50, 104
メンケル＝メドウ Menkel-Meadow　27, 45
モフィット Moffitt　98

や 行

矢口洪一　125
安田幹太　156, 169
山田文　270, 197
山本克己　6

ら 行

ラブ Love　89
リスキン Riskin　27, 46
竜嵜喜助　64
レビン小林久子　125, 189, 197

わ 行

我妻栄　151, 153, 156, 160, 169, 177

和田仁孝　7, 135, 136, 190

渡邊一平　195

渡部晃　136

事項索引

あ 行

愛知県弁護士会紛争解決センター　195
アウトリーチ活動　74
アクションプラン　300
アクセス拡充　154, 155
あっせん　16
誤った法情報や解釈　98
案の提示　97
違憲判決　156
ウィン・ウィン Win-Win　46, 86, 238
運動としての ADR　194
ADR 関連予算　133, 292
ADR 検討会　4, 124
ADR の拡充・活性化関係省庁連絡会議　300
ADR の発展は ADR 自身の努力に待つ　129
ADR のメインストリーム化　47
ADR 法　4, 16, 121, 123, 127
ADR 法の制定理由　123
ADR 法への批判　132
ADR 利用誓約（pledge）　41
受付　220
愛媛和解支援センター　201, 309
応諾要請　222
岡山仲裁センター　197
　　──の当事者アンケート　270

か 行

解決内容の公正性　275
解決内容の有利不利　275
外国人弁護士　227
階段付設式昇降機　241
概念法学　166
カウンセラー的な役割　125
家裁調査官　182, 183
家裁の地裁化　185
家事審判法　114, 182
家事調停　121
課題　82
価値観の違い　80, 86
家庭裁判所　182
神奈川県司法書士会　140, 200

仮小屋　166
勧解　24
管轄　224
関係者の立ち会い　237
関係者への申し入れ　236
感情面の解決　155
関東大震災の調停　160
企業内調停　308
期日回数　272
期日間隔　139, 147, 232, 234
期日の早い設定　231
規制改革会議　135
期待の調整　10, 219
既得権的な考え方　131
機能上の利点　289
機能ステージモデル　8
技法面における受容　191
義務的機能提供　303
業域拡大の期待　29
行政型 ADR　122, 296
業界団体　29
業界型 ADR　15, 120
業際問題　136
行政型 ADR　15
強制調停　156
　　──の廃止　175
競争促進政策　302, 304
共同法務（collaborative law）　36
金銭受け渡し　246
金銭債務臨時調停法　167
金融 ADR　122
形骸化　54
計画の調整（結論の創出）　10
経団連　124
ケースマネージャ　222
ケースマネジメント　70
ケース・ワーク　183, 184
見解や心証の開示　89
顕彰　241
建設工事紛争審査会　115, 186, 187
謙抑的調停論　177
合意文書定型書式　60

交渉理論　81, 86
公害等調整委員会　116
公正な手続期待　269
交通事故紛争処理センター　117
候補者の多様性　146
声と選択　290
国民生活センター　117
コスト削減効果　293
個別労働関係紛争の解決の促進に関する法律　120
コミュニケーション技法　77, 80
コミュニティ調停　52
コミュニティ調停機関数　55
コミュニティ調停プログラム運営マニュアル　66
コミュニティ紛争解決センタープログラム（Community Dispute Resolution Centers Program：CDRCP）　37
コンフリクトエンゲージメントアプローチ　50

さ　行

サイエンティスト・プラクティショナーズ・モデル　162
財源　68
財政基盤　204
財政支援　28, 128
財政面での運営支援　25
裁判官不在の調停　180
裁判外紛争解決手続（Alternative Dispute Resolution：ADR）　15
裁判所委員会による当事者アンケート　256
裁判所の簡易化　152
裁判所の下請　63
再モデル化　98
裁量性　175
参入規制　301
サンフランシスコ・コミュニティ・ボード・プログラム（SFCB）　47, 54
（行政機関による民間調停の）支援　299
事業再生 ADR　5, 122
自己決定能力に関する懸念　91
事実の解明　249
自主交渉援助型調停　19, 27, 46, 75
自主交渉援助型調停の流れ　81
自主交渉援助型調停人の役割　76
静かな革命　44
システムの若さ　294

私設調停するなかれ　28
事前調整　225
下請 ADR　122
執行力付与　28
実情主義、本人主義、素人主義　165
実務研究の蓄積　147
市民紛争解決プログラム Citizen Dispute Settlement（CDS）　33, 41
私的自治のシステム　310
司法型 ADR　15
司法書士会調停　143, 146
司法制度改革審議会意見書　4, 123
司法調停と民間調停の比較　137
司法調停の長所と短所　144
市民自治　291
市民による市民のための紛争解決手段　151, 157, 170
社会学的法律学　153, 154
社会教育　295
社会的実験主義　292
社会変革　63
借地借家調停法　149, 152
住宅紛争審査会　120
終了形態　272
証言拒否権　287
消費生活センター　117
女性センター　120
冗長性　289
情報提供　89, 103
情報を得た同意　87, 88, 92, 100
事例集　194
人事調停法　149, 182
親切で行き届いた司法　174-176, 188
スクリーニング　72
正義のプラネタリ・システム　155
成功報酬料金体系　213
政策的選択肢　287
セクハラ　232
説教調停　179
設立断念の要請　199
1974 年の民事調停法改正　175
1940 年体制　169
戦時民事特別法　149
全体主義　164, 171, 180
全体主義的調停イデオロギー　173
選択肢　84
専門委員　230

事項索引　335

専門家の民間調停に対する理解　248
専門性　142
総合紛争解決センター　140, 198
総合法律支援に関する世論調査　252
総合満足度　276, 279
創始者特権（grandfather privilege）　26
訴訟の費用　207
損益分岐点　212

た　行

第三者専門家の意見　244
大正デモクラシー　150
タイムチャージ　35, 42
代理人選任率　271
対話の支援　10, 87, 228
多数の相手方　237
タテ割　298
多様性　69, 73, 307
チームワークによる調停　185
地裁調停部　144
仲裁　16, 57
仲裁センター運動　188
仲裁センター実務懇談会　222
中立性　100
調整機関の機能ステージ　11
調停　16
調停委員による法の無視　176
調停委員の待遇改善　115
調停裁判説　176, 255
調停実施場所　226
調停制度の肥大化　175
調停前置　34, 42, 49
『調停読本』　180
調停トレーニング　74, 75, 199
調停内部の手続き的事項　80
調停に代わる裁判　167
調停に関する世論調査　255
調停に取り組むインセンティブ　36
調停による訴訟の代替　168
調停人行動規範（第一版）　47, 91, 99
調停人行動規範（第二版）　33, 99
調停人養成教材　138
調停の事件掘り起こし効果　290
調停人の報酬の体系　209
調停の爆発　30
調停の秘訣　161
調停のメリット　157

調停プログラムの事例研究　58
調停への参加誘導　25
手続期間中の相談　231
手続割拠 process segmentation　25, 30
手続進行と総合満足度の関係　279
手続説明　282
手続多元論 process pluralism　30
手続き的公正　258
手続満足度　279
手続申込理由　274
テント張り　160
〈問い〉を立てる方法　77
統一調停法　17
東京司法書士会　201
当事者アンケート　185
当事者教育　284
当事者の自己決定　100
当事者満足度　142
　──計測の不在　142
同席手続　181
同席調停　184, 283
同席別席の別　274
東大セツルメント　152, 162
特定調停法　118
徳望家　116
都市型公設事務所の費用体系　209
図書館の窓の開け閉め　81
取引的な調停　48
努力目標　244

な　行

内部補塡　206
日弁連ガイドライン　133, 301
日弁連交通事故相談センター　118
二弁仲裁センター　4, 119, 140, 187, 193
二弁仲裁センターの料金体系　208
日本海運集会所　115
日本商事仲裁協会　115
　──の商事調停規則　85
日本メディエーションセンター　203
ニューヨーク州　34, 37
二流の正義　88
認証 ADR の認知度　252
認証機関全体の申立受理件数　5
認証制度　127
認知度　131
年収制限　64

農村問題　167

は　行

『ハーバード流交渉術』　47, 77
ハーバード大学交渉学プログラム（Program on Negotiation）　40
ハーバード調停プログラム　104
パウンド会議　39
パウンドの社会学的法律学　163
バッファ機能　294
早さ　139
判例研究会　152
PL センター　120, 122
被災地　226
非指示性　92
ビジネス的側面と法的側面　108
非常時立法論　164, 168, 174
非認証 ADR　134
非認証機関　301
非弁行為（Unauthorized Practice of Law：UPL）　25, 109
非法曹の調停実践　26
評価型調停　27, 46
費用収益構造　205
費用体系　205
ファンドレイジング　67, 74
福祉的機能　225, 247, 248
不透明な相談と敷居の高すぎる調停　297
普遍主義型法重視　176
不倫　227
プロセス志向の調停論　7
プロボノ型活動　304
フロリダ州　33, 41, 47, 50, 58, 90
紛争解決についてのアンケート　261
紛争行動の研究　259
閉鎖性　251
閉鎖的な運営　229
閉鎖的な姿勢　249
別席調停（コーカス）　106, 108, 265, 283
弁護士以外の法律職団体　29
弁護士会紛争解決センター　19, 24, 193, 304
弁護士の関与　134
弁護士の手抜き手段　282
弁護士法運用上の硬い態度　28
弁護士法 72 条　301
　　――の緩和　129
変容型（トランスフォーマティブ）調停　27, 48, 90
法意識調査　253
法テラス　121
法の欠缺　166
法務省ガイドライン　301
法律から離れる条件　158
法との乖離　219
法律は 1 つの社会事業　157
法律扶助　129
補助金　68

ま　行

マアマア調停　179
学びの過程　311
マニュアル　230
マルチドアコートハウス　25, 39
民間型 ADR　15
民間調停　19
　　――の長所と短所　146
民事司法改革法（Civil Justice Reform Act of 1990：CJRA）　41, 47
民事訴訟利用者調査　258
民事調停の申立費用　208
民事調停法　114
ムード　126
無料カウンセリング　106
メリーランド州　43
問題解決的交渉　46

や　行

安さ　140
4 つのステージ　216
4 つのストーリー　48
養育費算定表　119

ら　行

来所調停　61
ラフ・ジャスティス　151
ラブレター方式　222, 224
ランド研究所　27, 41
利害関係人　235
利害に基づく交渉　241
理解に基づく調停モデル　107
履行状況のフォロー　246
履行の支援　10, 245
罹災都市臨時示談斡旋仲裁センター　198
リスキングリッド　57

利他主義　57
立証が困難　242, 243
利用の勧め　276
臨時法制審議会　152
隣人調停　26
隣人調停センター（Neighborhood Justice
　　Center：NJC）　40
隣接法律職　121
倫理的ジレンマの研究　90
（裁判所と民間調停の）連携　296
労働委員会　115
労働審判　121
労働局　120
ロールプレイ手法　185
ロサンゼルスカウンティ　34
論争主義的交渉　46

わ　行

和解あっせん　19
和解の仲介　16

AAA　40
DRPA（Dispute Resolution Programs Act of
　　1986）　41
DV　234
JAMS　35, 40
MACRO　43
Med-Arb　57
NAFCM　56, 66
REDRESS　36
UMA　42

著者略歴
1969 年　大阪市生まれ．
1992 年　東京大学農学部農業工学科卒業．
1994 年　同大学大学院修士課程修了．三菱総合研究所での勤務を経て．
2011 年 3 月　東京大学大学院法学政治学研究科博士課程修了．博士（法学）．
現　在　九州大学大学院法学研究院准教授．

[主要著書]
『現代日本の紛争処理と民事司法 3　裁判経験と訴訟行動』（共著，東京大学出版会，2010 年）

現代調停論
日米 ADR の理念と現実

2013 年 1 月 24 日　初　版

[検印廃止]

著　者　入江秀晃（いりえ ひであき）

発行所　一般財団法人　東京大学出版会

代表者　渡辺　浩

113-8654 東京都文京区本郷 7-3-1 東大構内
http://www.utp.or.jp/
電話 03-3811-8814　Fax 03-3812-6958
振替 00160-6-59964

印刷所　株式会社三秀舎
製本所　誠製本株式会社

© 2013 Hideaki Irie
ISBN 978-4-13-036144-6 Printed in Japan

JCOPY 〈（社）出版者著作権管理機構　委託出版物〉
本書の無断複写は著作権法上での例外を除き禁じられています．複写される場合は，そのつど事前に，（社）出版者著作権管理機構（電話 03-3513-6969，FAX 03-3513-6979，e-mail: info@jcopy.or.jp）の許諾を得てください．

現代日本の紛争処理と民事司法　［全3巻］
A5　平均290頁　各5600円

松村良之／村山眞維［編］

① **法意識と紛争行動**
〈執筆者〉木下麻奈子／藤本亮／松村良之／山田裕子／村山眞維／杉野勇／尾崎一郎／上石圭一／濱野亮／南方暁／田巻帝子

樫村志郎／武士俣敦［編］

② **トラブル経験と相談行動**
〈執筆者〉樫村志郎／高橋裕／佐藤岩夫／阿部昌樹／鹿又伸夫／菅野昌史／武士俣敦／仁木恒夫／小佐井良太／和田仁孝

ダニエル・H・フット／太田勝造［編］

③ **裁判経験と訴訟行動**
〈執筆者〉河合幹雄／長谷川貴陽史／神長百合子／和田安弘／垣内秀介／前田智彦／太田勝造／飯田高／守屋明／入江秀晃

変革の中の民事裁判	長谷部由起子	A5	4200円
法曹の比較法社会学	広渡清吾［編］	A5	7000円
末弘厳太郎と日本の法社会学	六本佳平／吉田勇［編］	A5	4800円
家族協定の法社会学的研究	越智啓三	A5	13000円
実践法律相談	菅原郁夫・下山晴彦編	A5	2600円

ここに表記された価格は本体価格です．ご購入の際には消費税が加算されますのでご了承ください．